美容行业职业技能等级认定培训教材

世界技能大赛成果转化教材

美容师理论知识

（高级）

人力资源社会保障部教材办公室
中　国　美　发　美　容　协　会　组织编写

中国劳动社会保障出版社

图书在版编目（CIP）数据

美容师理论知识：高级 / 人力资源社会保障部教材办公室，中国美发美容协会组织编写. --北京：中国劳动社会保障出版社，2022

美容行业职业技能等级认定培训教材

ISBN 978-7-5167-5305-7

Ⅰ.①美… Ⅱ.①人…②中… Ⅲ.①美容－职业技能－鉴定－教材 Ⅳ.①TS974.1

中国版本图书馆 CIP 数据核字（2022）第 059461 号

中国劳动社会保障出版社出版发行

（北京市惠新东街 1 号 邮政编码：100029）

*

北京市艺辉印刷有限公司印刷装订 新华书店经销

787 毫米 ×1092 毫米 16 开本 20.25 印张 352 千字

2022 年 8 月第 1 版 2023 年 9 月第 2 次印刷

定价：69.00 元

营销中心电话：400-606-6496

出版社网址：http://www.class.com.cn

美容行业职业技能等级认定培训教材 Beauty Industry

各教材目录导图

- 美容行业概述
- 美容师职业发展指引
- 美容医学基础知识
- 美容化妆品基础知识
- 美容美学基础知识

- 美容院接待与咨询
- 美容院产品销售
- 美容仪器
- 面部基础护理
- 化妆基础

- 美容师操作姿态要求及基本功训练
- 护理前的准备工作
- 护理后的结束工作
- 面部护理基本流程及操作要领
- 身体护理基本流程及操作要领

- 特殊部位皮肤护理
- 面部常见问题皮肤护理
- 高级美容仪器
- 芳疗美容护理
- SPA 身体护理
- 生活化妆

面部护理基础仪器
身体护理基础仪器
面部淋巴引流按摩
身体按摩
手足护理
脱毛

睫毛嫁接
文绣
美甲基础
脱毛
中医美容
医疗美容咨询
专业英语
培训与指导
美容院经营管理

《美容行业职业技能等级认定培训教材》

编审委员会

唐德高　闫秀珍　郑明明（中国香港）　王　芃　徐家华　毛戈平
凌雪怡（中国香港）　董元明　罗红英　陈桂钦　王　建　杨　哲
徐　巍　程利国　史先锋　高文红　朱志英　郭　东　孙　琍　刘莉莉
尹海月　高　颖　雷三林　王桂平　李伟成　雷红嵩　肖　莉　王洪宇
夏福标　徐术原　林瑞芳　余一尘　张文英　李　安

主　编　王　芃

副主编　Marisa Wang（美国）　王雪荣　雷红嵩

编　者（按姓氏笔画排序）

万　俊　马艺侨　马莎莎　王　宏　王　佳　王　春　王　铮　王　琦
王　葵　王　珮　王玮玲　王莉博　王雪荣　王维艳　毛晓青　尹海月
孔晶晶　邓　亦　邓　军　古　青　叶丹茗　田　可　冯前荣　冯晓玉
冯鉴鸿　司献凤　曲　娜　邬　芳　邬田红　刘　瑛　刘嘉嘉　许　婷
阮　杰　孙　琍　孙开婷　孙多勇　杜　娟　李　宁　李　伟　李　莉
李　峰　李　娟　李　瑜　李小凤　李文怡　李红丽　李真芹　李桂杰
李继斌　李雪埌　李锋利　杨　欣　杨　婕　杨　韵　肖　军　肖　丽
吴　澎　吴美美　邱莉军　何哲翔　余海燕　宋　婧　宋　勤　宋钰琼
张　月　张　红　张　楷　张小静　张婧姝　张琳娜　张鑫瑶　陈　琴
陈　渝　陈志杰　陈咨言　陈霜露　林敏红　罗杏青　周　放　周　矩
周述娟　周婷婷　郑　芸　郑建勋　郑函乔　郑雅婷　宗诗月　赵　颖
段贺文　姜丽莉　姜勇清　夏　竞　夏雨欣　顾炜恩　殷惠莉　高　颖
高鹏飞　唐　颖　唐春梅　唐雪茹　黄　露　黄冰洁　黄国庆　曹　伟
崔　黎　梁英英　彭　波　程树军　雷　丹　雷红嵩　简　义　廖　英
谭邦兰　戴国红　Marisa Wang（美国）

审　稿（按姓氏笔画排序）

马晨彬　王　佳　王　春　王　铮　王　葵　王桂平　王雪荣　王维艳
尹海月　孔晶晶　邓　军　田乐乐　丛连钢　冯前荣　华雪莲　刘嘉嘉
孙慧玲　玛　丽　李　宁　李　伟　李　安　李　莉　李　峰　李　娟
李小凤　李红丽　李真芹　李雯丽　杨　艳　杨　婕　连沛茹（中国澳门）
肖　军　肖杰华　吴　俊　吴振裘　张秀丽　张艳红　陈　琴　陈树军
陈美香（中国香港）　林敏红　周　放　周述娟　郑　芸　姜勇清
姚　姝　夏　竞　顾炜恩　徐映红　凌　敏　凌雪怡（中国香港）
高　颖　高文红　郭秋彤　唐海燕　黄国庆　董　萍　谢韵婷（中国台湾）
雷红嵩　蔡成功　谭　红　薛　萍　魏晨琛　Janie Eng（新加坡）
Marisa Wang（美国）

前言 Preface

《美容师国家职业资格培训教程》自 2005 年正式出版以来，对中国美容行业美容师职业技能培训和鉴定工作的开展及美容行业人才队伍建设起到重要的促进作用。

在美容行业新的历史发展时期，为对标国际标准，培育更多国际化人才，推动中国美容业高质量发展，满足人们高品质生活需要，提升美容师职业培训质量，在美容师从业人员中推行国家职业技能等级认定制度，中国美发美容协会组织参加美容师国家职业技能标准、国家基本职业培训包和国家题库编写及审定的行业专家，世界技能大赛美容项目中国队专家教练团队和选手，美国、新加坡及国际 CIDESCO 美容组织教育官等国内外美容专家，编写了《美容行业职业技能等级认定培训教材》（暨世界技能大赛成果转化教材，以下简称《教材》）。

《教材》理论知识部分研究并参考美国、英国等国际美容界有影响力的培训考证教材，如瑞士 CIDESCO、英国 TIEC、CITY&GUILD、IFA 等国际美容师、芳疗师、化妆师培训考证教材，将国际美容行业先进理念、世界技能职业标准融入教材，以知识服务技能为宗旨，以皮肤护理即皮肤管理知识为核心，拓展了医学基础、化妆品、美容仪器、产品及服务销售等核心专业知识的广度和深度，旨在强调掌握扎实的专业理论知识对实践及科学护肤的重要性。同时，增加了职业生涯规划及职业素养知识，强调了美容师良好的职业素养及职业生涯规划能力在职业生涯发展中的重要性。

《教材》操作技能部分的编写贯彻落实《国务院关于印

发国家职业教育改革实施方案的通知》，以活页式、工作手册形式呈现，方便企业岗位培训和学生实操练习、评估和提交批阅作业。实操技能由历届世界技能大赛中国队获奖选手和行业技术能手示范，具有国际水准，符合行业技术标准及规范。

《教材》封面的中国美容师人物形象，由为国家、为行业争光，代表我国及世界青年技能最高水平的世界技能大赛选手塑造，旨在为美容师树立学习榜样，引导、激励更多青年走技能成才之路。

《教材》充分运用信息化手段及方法，以图文并茂、视频示范的形式生动立体地表达重要知识和技术要点，使教材更具科学性、趣味性和创新性，让美容师爱学、易学和易懂。

《教材》既可作为企业、培训机构、技工院校、中职、高职、应用型本科美容专业教学参考教材，美容师、皮肤管理师职业或工种职业技能等级认定培训教材，文绣、美睫、化妆等专项职业能力证书培训教材，社会从业人员职业转换的自学教材，也可作为世界技能大赛及各类行业比赛的培训参考教材。

《教材》与国家职业技能标准、国家基本职业培训包和国家题库形成有内在联系的培训考核体系，能全面、系统地指导职业技能等级认定机构规范开展美容师职业技能等级认定工作。睫毛嫁接、医学美容接待咨询、美甲基础、文绣等内容入编《教材》，起到支撑相关专业课程体系的作用。

《教材》从级别上分为基础知识、初中级、高级、技师、高级技师，但理论知识分册不分离，仅为学习者使用方便设置，职业等级的具体认定范围以题库为准。

本书在编写过程中得到人力资源社会保障部职业能力建设司，上海、江苏美发美容协会以及其他各地方协会，王芃技能大师工作室，重庆城市管理职业学院，深圳市巨邦科技发展有限公司，东方美集团，江苏王春美容实业有限公司，深圳市首脑美容美发艺术有限公司，润芳可（北京）科技有限公司，武汉信息职业传播学院海峡美容学院，武汉天姿美容美发化妆学校，福韵施健康管理公司，长春雪茄美度美容院，北京色彩时代商贸有限公司，MAKE UP FOR EVER 中国区，成都大华文绣学校、赵春艳插画工作室等单位的大力支持，在此也一并致谢。

由于时间仓促，不足之处在所难免。美容行业新理念、新知识日新月异，本《教材》力求紧跟国内外美容市场及时改版更新，为行业提供国际化、专业化的资讯，更好地服务行业。欢迎各界人士提出宝贵意见。

人力资源社会保障部教材办公室

中国美发美容协会

目录

Contents

第一章

特殊部位皮肤护理

大多数人会注重面部皮肤的保养，却常常忽视眼部、颈部、手部等特殊部位的皮肤护理。实际上，这些特殊部位和身体的其他部位一样，都应得到足够的关注和呵护，护理得当也能起到延缓衰老的作用。

眼部、唇部、手部等部位的护理是美容机构的常规附加服务项目，也是顾客比较喜欢的护理项目。这些部位的皮肤有自己的特点及常见问题，护理时需要采取不同的方法。本章节重点讲解眼部、唇部、颈部、上胸、手部和足部等几个特殊部位的皮肤生理特点，常见皮肤问题以及护理要点。美容师应该全面掌握相关知识，才能为顾客提供更专业、细致的服务。

要点提示

1. 掌握眼部皮肤的生理特点、常见皮肤问题及护理要点。
2. 掌握唇部皮肤的生理特点、常见皮肤问题及护理要点。
3. 掌握颈、上胸部皮肤的生理特点，常见皮肤问题及护理要点。
4. 掌握手部皮肤的生理特点、常见皮肤问题及护理要点。
5. 掌握足部皮肤的生理特点、常见皮肤问题及护理要点。

关键术语

眼部　唇部　颈部
上胸　手部　足部

第一节 眼、唇部皮肤护理

一、眼部皮肤护理

双眼是面部的焦点，是最容易暴露真实年龄的部位之一，眼部也是整个面部皮肤中最早迈入衰老期和最容易出现皮肤问题的部位。一般女性在 25 岁以后眼部就开始出现初期衰老迹象，如黑眼圈、眼袋、鱼尾纹、浮肿、干燥、松弛等。随着年龄的增长，眼部问题会更加明显。这些问题不仅会使人看起来疲惫不堪，还会对女性的容貌、心理产生一定的影响。所以，眼部皮肤的护理和保养非常重要。

1. 眼部皮肤的生理特点

（1）眼睑是人体皮肤中最薄的部位，其比面部皮肤薄大约十倍，敏感脆弱、柔细纤薄，真皮和皮下脂肪很少，故比其他部位的皮肤更容易受到伤害。眼周皮下组织薄弱，易发生色素沉着；由于眼部皮肤仅有少量的胶原蛋白、弹性蛋白、脂肪组织，缺少肌肉支撑，故弹性较差，易被推拉而形成皱褶。

（2）眼部皮肤缺少油脂和水分，自我保湿滋润能力较差，水分经表皮蒸发较快，所以眼部周围的皮肤容易干燥、缺水、产生干纹。

（3）眼睛是人体运动最多的部位，人每小时眨眼 900 ~ 1 200 次。频繁眨眼和面部表情动作容易使眼睑皮肤弹性减退，导致肌肤提早衰老而产生皱纹。

（4）眼部的皮下结缔组织疏松、柔软而富有弹性，聚集的毛细血管多，而毛细血管壁有一定的通透性，组织液容易外渗，渗出的液体容易积聚而形成浮肿、黑眼圈，疏松的皮下组织也容易充血而形成血肿。

（5）心理压力过大、吸烟、强紫外线照射、暴露在寒冷干燥的空气中等因素也会导致皮肤弹性减退，容易使眼部皮肤老化、起皱。

2. 常见眼部皮肤问题及成因

（1）黑眼圈

1）黑眼圈的分类。当眼周特别是下眼睑皮肤的颜色变深时，就会出现黑眼圈（见图 1–1）。黑眼圈按照颜色可分为血管型的青蓝色（或青黑、青紫色、紫红色）和色素型的深褐色（或茶色、咖啡色）两种。而两者所产生的原因完全不同，护理的方法也不一样。两者的区别是：闭上眼睛时，血管型的色素沉着一般集中在下眼睑，而色素型则上下眼睑都有色素沉着。另外，有的理论将因眼袋松弛而在脸上形成的阴影称为结构型黑眼圈。

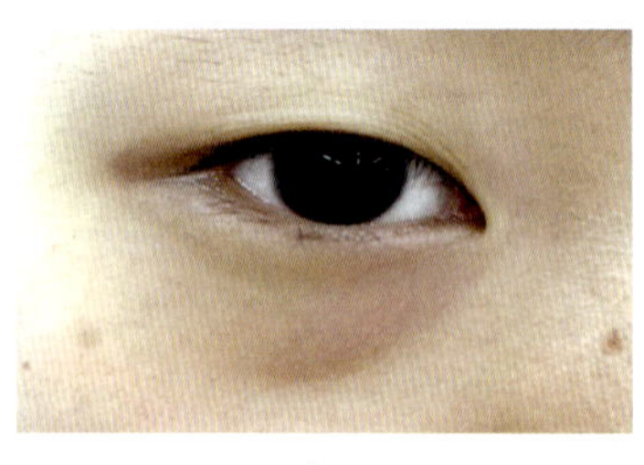
a)

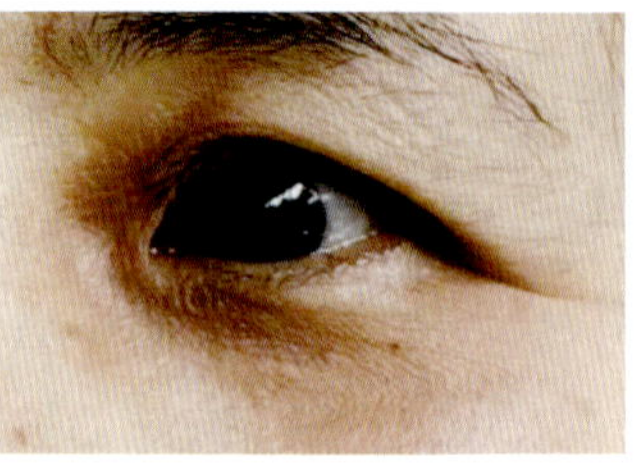
b)

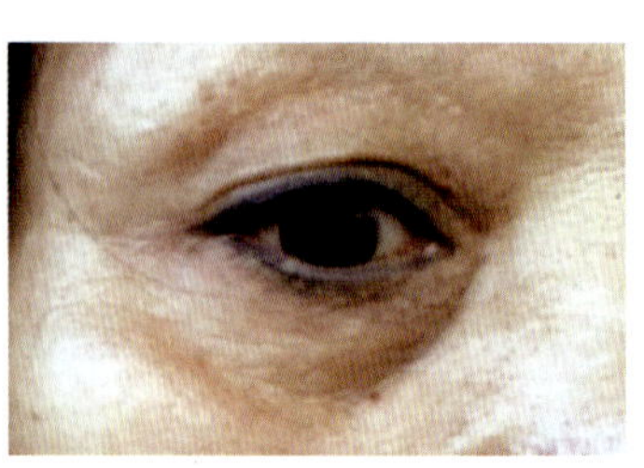
c)

图 1–1　黑眼圈
a）血管型　b）色素型　c）结构型

①血管型黑眼圈。血管型黑眼圈通常为暂时性或急性，是最常见的黑眼圈类型，由皮下静脉微血管的血液滞留所致，多为后天性，多见于喜欢熬夜的年轻人、抽烟者。

②色素型黑眼圈。色素型黑眼圈通常为永久性或慢性，由黑色素生成和代谢不良而导致的色素沉着所致，多为遗传性，也可能与年龄增长、长期日晒、卸妆不彻底等因素有关。

③结构型黑眼圈。结构型黑眼圈又称凹陷型或松弛型黑眼圈，是由下眼睑皮肤老化松弛、眼袋而形成的阴影在视觉上造成的假性色素加深所致，多为后天性。

2）黑眼圈的成因

①遗传因素。遗传因素会引起眼周色素过多，特别是肤色较深的人更容易因色素沉着过度形成黑眼圈，过敏体质也容易引起表皮黑色素沉着。

②作息时间不规律。多数的黑眼圈都是由睡眠不足、用眼过度，眼睛太过疲劳而造成。由于眼部微血管在熬夜时长时间处于紧张收缩状态，血液循环变慢，组织供氧不足，血管中的二氧化碳和代谢废物积累过多，导致眼睛下方出现青蓝色的眼晕，甚至瘀血、肿胀，从而形成黑眼圈。

③皮肤老化松弛。衰老引起的黑眼圈往往是混合性的。松弛、下垂的皮肤会在下眼睑内侧凹陷造成泪沟阴影，形成皱纹型黑眼圈；下垂眼袋会造成阴影，形成眼袋型黑眼圈；随着胶原蛋白和脂肪的流失，皮下组织减少，皮肤变得干燥，眼眶周围的真皮变薄，从而更容易呈现出充血的微细血管，出现蓝黑色的眼晕，又因眼窝变得深陷而产生黑眼圈或加深黑眼圈的颜色。

④色素沉着。分先天性和后天性，先天性是由于眼周皮肤色素含量比邻近部位多，导致皮肤颜色深暗；后天性是由于微血管内血流速度过于缓慢，血液滞留，造成黑色素代谢缓慢，眼周色素沉着增加，肤色晦暗，久而久之便形成黑眼圈。造成后天性色素沉着的原因很多，如饮酒、过敏、湿疹等会使皮肤干燥，使人搔抓或过度摩擦眼周皮肤，从而加重色素性黑眼圈；眼部疲劳、长期日晒、长期揉搓眼睛、药物、过度使用化妆品、皮肤清洁不彻底等会使色素颗粒渗透，导致色素型黑眼圈；卸妆方法不妥而造成的慢性刺激也会导致色素产生。

⑤健康状况不良。据中医理论，黑眼圈是肝肾阴虚或脾虚的一种表现。肝病、肾病、肠胃疾病、心血管病和微循环障碍患者易因血液循环不良产生青紫色黑眼圈。

⑥鼻病、炎症。鼻塞、鼻窦炎、过敏性鼻炎会导致鼻窦部位充血，由于眼周微血

管与鼻部相通，鼻窦部位充血也会使眼部血流变缓、不通畅、充血，间接地造成青紫色黑眼圈。

⑦妇科疾病。黑眼圈经常出现于月经不调、月经紊乱、原发性痛经、经期过长、经量过多、功能性子宫出血及卵巢疾病患者身上。这些患者或多或少兼有贫血或轻度贫血，气血运行失常，造成眼周肌肤瘀血及浮肿而出现青紫色黑眼圈。

⑧其他原因。皮肤过度干燥，长期抽烟，营养不均衡，情绪波动大，心理压力过大，性生活过度，枕头材质、软硬、枕型不合适等都容易导致或加重黑眼圈。

3）黑眼圈的护理方法。对不同类型的黑眼圈有不同类型的护理和治疗方法。美容院提供的护理服务只能对暂时性黑眼圈进行缓解，其重点是改善血液循环。具体来讲，可以通过热敷、按摩、使用超声波美容仪器、使用眼膜等护理手段，来改善局部血液和淋巴循环，减少瘀血滞留，增加毛细血管壁的弹性，促进多余水分和代谢废物的排除，改善皮肤暗沉，激活新陈代谢，以缓解黑眼圈。护理的效果一般都不会立竿见影，需要持续几个疗程，并且被护理者还要充分休息才能起到良好效果。如果是疾病引起的黑眼圈，美容师应建议顾客去医院就诊。暂时性黑眼圈的护理要点如下。

①美容院护理要点

a. 去角质。去角质选择可用于敏感性皮肤的酵素去质霜，或说明书上注明可用于眼唇部的去角质剂。这些美容产品可温和地去除老化角质，提亮眼周暗沉的皮肤，促进美容产品的吸收。

b. 超声波导入。超声波导入的目的是促进美容产品吸收和局部血液循环，使皮下组织充满活力。进行超声波导入时每只眼持续 5 min 左右，注意避开眼球。同时，可根据黑眼圈的种类选择与具有保湿滋润、抗衰老、美白、促进血液循环等作用的眼部精华液或各类眼部美容仪配合使用来改善黑眼圈问题。

c. 按摩。眼部按摩通常包含在面部按摩服务中，也可单独进行按摩护理。最好用滋润型眼部精华液和眼霜，按摩动作应轻柔舒缓，双眼一起按摩约 5 min，时间不宜过长。手法以淋巴引流和眼部穴位的按压为主，可起到促进循环、活血化瘀的作用。

d. 热敷。涂上面膜后可选用含有薰衣草、决明子等草本成分的眼枕进行热敷，以促进血液循环。可用微波炉或热毛巾柜来加热眼枕，用前应先在手腕内侧试温，以防过热，并先在双眼盖上纸巾或小毛巾。也可用热毛巾敷眼。

e. 眼膜。可选择封闭性较好的固凝胶片状保湿眼膜，或选择可使用于眼部的软膜或膏状面膜。使用眼膜的时间应控制在 10 ~ 15 min。

②家居护理要点

a. 血管型黑眼圈。可使用含有维生素 K（能预防微细血管破裂并维持其完整性、加速血液循环、减轻血液淤积）及视黄醇（增加真皮厚度、改善血液循环）成分的眼霜，使用时应用指腹蘸取少量眼霜后轻拍在眼周，之后以打小圈的手法轻柔地按摩，以促进血液循环；睡前或休息时可使用具有加热功能的眼部按摩器或眼枕、眼罩、毛巾热敷眼部；因血管扩张引起的黑眼圈也可用冷敷法缓解，可以使血管收缩、消肿并抑制充血，也可用冷热敷交替法；平时应保持健康的饮食习惯及规律的生活作息，不熬夜、不抽烟、不饮酒；睡觉时可用稍高一点的枕头垫高头部，防止液体在眼周积聚而导致浮肿。

b. 色素沉着型黑眼圈。可使用含左旋维生素 C、果酸、视黄醇、熊果素等美白抗衰成分的眼霜，既可为皮肤保湿、抵抗自由基并淡化色素，又可改善血液循环并加强血管壁弹性（美白眼霜无法改善血管性黑眼圈）。外出时应特别注意眼周的防晒工作，戴宽大的太阳镜；平时应避免用手搓眼睛。遗传性黑眼圈一般护理和治疗效果不佳，容易复发，平时可采用化妆掩饰的方法来补救；卸妆要彻底，以防止色素颗粒渗透。眼周有皮肤病者应尽快治疗，以降低色素形成的可能性。

c. 衰老型黑眼圈。可使用含视黄醇、果酸、多肽成分的眼霜，以刺激胶原蛋白再生、增加真皮厚度、加速眼部新陈代谢，使眼周皮肤更加紧致。若眼霜中含有维生素 B_5、维生素 E、植物提取物、透明质酸等成分，则能增强皮肤的保湿能力，防止水分流失，改善细纹、皱纹。

d. 健康饮食。应多吃有利于眼部健康的食物，如胡萝卜、番茄、马铃薯、西蓝花、菠菜、动物肝脏、豆类等富含维生素 A 和维生素 B_{12} 的食物；多食用含抗氧化物质的蔬菜、水果，有助于消除自由基，增强抗氧化能力，补充皮肤水分；多吃富含 ω-3 脂肪酸和优质蛋白的深海鱼、牛油果、坚果、橄榄油等，有助于延缓衰老，保持皮肤柔软、有弹性，预防和减少眼部皱纹的形成；多喝水，有助于保持皮肤湿润；并应减少糖的摄入量，避免过多食用不健康的食物。

③医疗美容方法

a. 色素型黑眼圈。严重的先天性色素沉着需要用激光、化学换肤等疗法才能达到理想的治疗效果。由于复发概率高，术后必须长期、不断地使用褪斑膏或美白剂，并且要注重防晒才能维持疗效，防止复发。因过敏和皮肤炎等引起的后天性炎症后色素沉着，应在病愈后用调 Q 激光来粉碎色素颗粒，淡化或消除色素斑，从而缓解黑眼圈。

b. 血管型黑眼圈。此类黑眼圈常伴随毛细血管扩张，可用激光或射频来封闭异常的血管组织，改善毛细血管扩张，使眼部血液循环通畅，抑制黑色素，缓解黑眼圈。

c. 结构型黑眼圈。因眼袋阴影产生的黑眼圈，需要通过眼袋手术来切除膨出脂肪，使循环通畅；泪沟阴影引起的黑眼圈可通过注射透明质酸（也称玻尿酸）或脂肪的方式或通过整形手术切除多余的皮肤和脂肪的方式缓解。

此外，注射胶原蛋白可以改善眼部周围皮肤营养状况，增强眼部肌肤弹性，达到修复、紧致、去皱、亮肤的目的，对以上各类型黑眼圈具有缓解作用。

（2）眼袋。眼袋是指下眼睑浮肿。由于下眼睑皮肤和眶隔膜松弛薄弱，当眶内脂肪组织肥大就容易脱垂于眶外，在眶下缘上方形成袋状凸起，睑沟加深，形成眼袋。眼袋分为暂时性和永久性，而且不同的形成原因会表现出不同眼袋类型。随着年龄的增长，眼袋的出现或加重是不可避免的。若平时注意保养，可以延缓和预防眼袋的出现或加重。

1）眼袋的分类

①暂时性（假性）眼袋。暂时性眼袋是后天性的，眼部过度疲劳、失眠、作息时间不规律、长期在计算机前工作、睡前大量喝水、肾病、月经不调、怀孕、不适当的按摩等都会导致局部血液和淋巴液循环不良，继而造成暂时性体液堆积和浮肿，形成眼袋。只要休息好，日常注意保养，护理及时得当，情况就会得到改善。

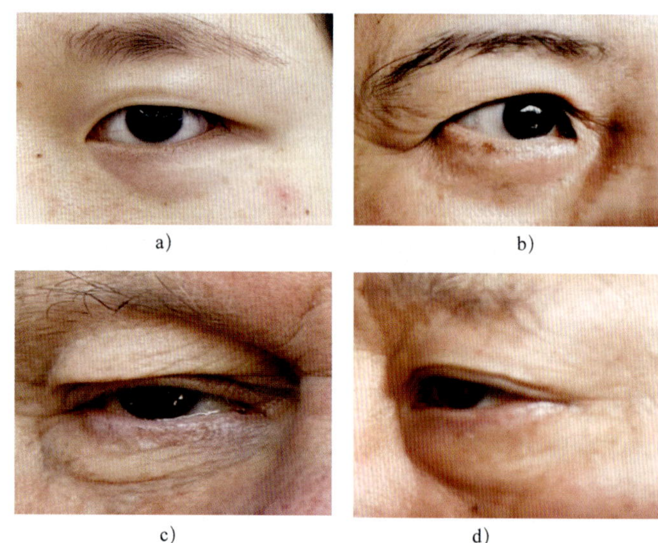

a)　b)　c)　d)

图 1–2　永久性眼袋的四种类型
a）单纯眶隔脂肪膨出型　b）眼轮匝肌肥厚型
c）眼轮匝肌松弛型　d）混合型

②永久性（真性）眼袋。此类眼袋有以下四种不同的类型（见图 1–2）。

a. 单纯眶隔脂肪膨出型（脂肪型）。主要是由遗传因素引起的眶隔脂肪过度发育，脂肪颗粒膨大，但无下睑皮肤松弛或皱纹。长期睡眠不足或身体疾病也有可能出现脂肪型眼袋。此类眼袋多见于年轻人。

b. 眼轮匝肌肥厚型。主要是因为眼轮匝肌增生而引起的肌肉肥厚宽大，而在近下睑缘处形成弧形臃肿眼袋。该型眼袋有的伴有皮肤松弛和脂肪突出，有的则无。

c. 眼轮匝肌松弛型。主要因为下睑部组织功能老化而减退，导致下睑皮肤松弛，眶隔脂肪膨出，细小皱纹增多。

d. 混合型。由多种老化因素共同引起，这种最为常见的眼袋主要表现为下睑皮肤及眼轮匝肌松弛、皱纹明显、脂肪突出并伴有泪沟，常见于中老年人。

2）眼袋的成因

①遗传因素。有家族遗传史，一般眼袋在 20 多岁就会出现，主要是由眶隔脂肪颗粒膨大引起，多为单纯眶隔脂肪膨出型，并且连带形成黑眼圈。随年龄的增长，症状会越加明显。

②衰老因素。随着年龄的增长，皮下组织萎缩，皮肤弹性减退，下睑皮肤松弛，眼轮匝肌和眼隔膜张力、支持力下降，脂肪颗粒开始膨大。这些因素共同造成下睑内的脂肪量与支持结构失去平衡，支持结构因兜不住体积膨大的脂肪团而使眶隔脂肪脱垂并伴有泪沟，从而形成各种程度的袋状膨大。

③疾病因素。如肾病患者会因血液、淋巴液等循环功能减退，造成眼睑部位体液堆积，从而形成或加重眼袋。局部感染，某些药物、食物、化妆品，过敏等因素也可引起眼睑水肿，形成暂时性眼袋。

④其他因素。妊娠期、睡眠不足、眼部疲劳、经常哭泣、临睡前摄入过多盐分或喝水太多、枕头过低等都会造成眼睑部位体液堆积，形成暂时性眼袋；佩戴隐形眼镜时不正确的翻动或拉扯、搓揉眼部等也会导致眼睑部位皮肤失去弹性，继而松弛而形成皱纹型或单纯皮肤松弛型眼袋。

3）眼袋的护理。需要根据眼袋的不同类型而选择不同的护理和治疗方法。美容院可以通过按摩，使用眼袋冲击机、眼膜、冷敷等方式对暂时性眼袋进行护理，以达到促进血液和淋巴液循环、排出多余体液、减少脂肪堆积、增加皮肤弹性、缓解眼袋的目的。永久性眼袋一旦形成，只能通过整形手术来矫治。因此，美容师不能盲目承诺治疗效果，以免招致不必要的纠纷。如患者因肾病、过敏引起黑眼圈，美容师应建议

①美容院护理要点

a. 按摩。可配合眼部精华液、眼霜进行按摩，以滋润皮肤，促进眼睛周围的血液循环，消除眼周肌肉的疲劳，放松眼轮匝肌。

b. LED 红蓝光美容仪。红光可以刺激胶原蛋白的产生，紧致皮肤，减少眼周的细纹、皱纹。蓝光有助于减轻颈及上胸部的痤疮。更多内容详见本书第三章中“LED 红蓝光美容仪”的相关知识。

②家居护理要点

a. 眼霜。眼部专用护肤品的成分和面部产品相同，但质地更稀薄，活性成分浓度更低，刺激成分较少。建议选择集保湿滋养、抗衰紧肤、修复舒缓于一体的多功能眼霜，其成分包括抗氧化剂（如维生素 C、维生素 E）、维生素 A、多肽、表皮生长因子、透明质酸、甘油、胶原蛋白、植物精华提取物等，可以保护肌肤免受自由基的伤害，防止蛋白质被氧化，促进胶原蛋白生成，增加皮肤的弹性、厚度、湿润度，修复受损的肌肤，从而达到减少皱纹的效果。

b. 健康的生活方式。吸烟会在体内产生自由基，从而加速皱纹的出现。保持充足睡眠和心理健康也有助于减少皱纹的形成。

c. 防护。应每天涂抹防晒霜，戴太阳镜，戴宽边遮阳帽，以保护眼部免受阳光等环境因素的伤害，以免加速皮肤的光老化，减少皱纹的出现。

d. 避免用热水洗脸。皮肤分泌的皮脂对皮肤的保护有助于防止鱼尾纹和皱纹的产生，所以应避免用热水洗脸，以免过多地洗去皮脂而使皮肤干燥。

③医疗美容方法

a. 注射 A 型肉毒毒素。适合轻度的静态鱼尾纹以及动态鱼尾纹，需要注射至肌肉层。注射肉毒毒素去除鱼尾纹的原理是通过阻断神经冲动向肌肉的传导，以减少肌肉收缩时对皮肤的挤压来控制因表情所产生的动态鱼尾纹，一般效果可以维持 4 ~ 6 个月。注射透明质酸和肉毒毒素这两种方法可以配合使用。

b. 注射小分子透明质酸。适合静态性鱼尾纹，需要注射至真皮层。透明质酸具有高度的亲水性，与身体组织相容性很高，被分解后可以排出体外，能填充真皮的褶皱及凹陷处，从而改善面部皱纹和鱼尾纹。透明质酸具有吸水、锁水的作用，可增强皮肤的长时间保水能力，使皮肤变得光滑柔软而富有弹性，一般效果可以维持 6 ~ 12 个月。

c. 其他方法。除了注射剂，还可以使用射频、微针、化学换肤等疗法来促进胶原蛋白和弹性蛋白的产生，减少轻度鱼尾纹和眼周细纹、皱纹，使眼周皮肤更加光滑紧致、有弹性。

二、唇部皮肤护理

健康、红润、饱满的双唇在人体美学中的作用与眼睛同等重要，尤其是对女性而言。由于唇部是身体最娇嫩、脆弱的部位之一，更容易受到外界的刺激而导致干燥、起皮、敏感和衰老，所以唇部保养对女性来讲非常重要。专业唇部护理可以滋润双唇、缓解干燥，使其恢复柔润饱满和健康的状态。通过护理，嘴唇干裂的状况通常在 2 ~ 3 周内会得到明显的改善。如果状况加重，建议咨询皮肤科医生。

1. 唇部皮肤的生理特点

（1）唇部没有汗腺、皮脂腺和毛囊附属器官。由于唇部不能分泌油脂和汗液，无法形成皮脂膜保护层而得不到天然皮脂的保护，导致皮肤自身滋润、抑制病原体和调节温度的能力差。所以唇部比其他部位更容易失去水分而变得干燥。

（2）缺乏黑色素。唇部由于缺乏黑色素的保护，抵抗紫外线的能力差，更容易受到日照的伤害，导致皮肤干燥，出现干纹和皱纹。

（3）皮肤薄弱。唇部皮肤厚度大约只有其他部位的 1/3，角质层不发达，皮肤非常纤薄透明，容易受到外界因素的伤害而使水分经表皮流失，使皮肤变得干燥。真皮组织中含有丰富的血管，使肤色较浅、黑色素较少的人双唇呈现粉红或红色，而肤色较深、黑色素较多的人双唇呈现较暗的红色。

2. 常见唇部皮肤问题及成因

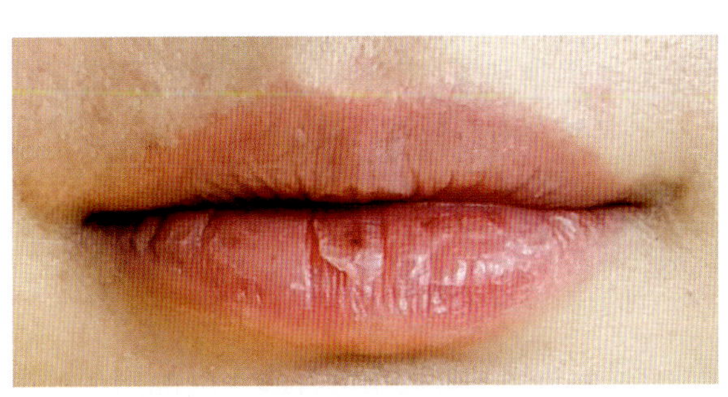

图 1-4　嘴唇干裂

（1）嘴唇干裂。嘴唇干裂的情况很常见，一般由皮肤外层受损破裂和发炎而引起，表现为片状红色或血腥色，干燥起皮、龟裂，唇纹深时会流血，甚至感染、红肿、发炎（见图 1-4）。嘴唇干裂的主要原因如下。

1）环境因素。寒冷干燥、大风等环境刺激是导致嘴唇干裂的最常见原因，长时间在打开暖气和空调的房间中、长途飞行、受到强烈日照也会使嘴唇干裂。

2）其他因素。体内缺水，衰老，舔、咬嘴唇，食用辛辣食物，发生过敏反应，患上炎症或缺少某些维生素，服用抗组织胺、感冒药、降低胆固醇的药物、利尿剂等，长期使用含油分少、滋润性弱的持久型不脱色粉质唇膏、廉价唇膏等，都会使唇部上黏膜变得干燥。

（2）嘴唇变薄。女性通常在 30～40 岁时嘴唇开始萎缩变薄，失去其自然饱满的轮廓、形状、体积和柔软度，出现嘴角下垂等衰老迹象。嘴唇与其他部位的衰老原因一样，主要是由胶原蛋白、结缔组织、透明质酸的流失引起。

（3）唇色不健康。人的身体健康状况可在唇部体现。人体气血不足、脏腑功能失调、慢性疾病等都会导致唇色暗沉、发紫、发灰、唇色不均。保养不当如长期卸妆不彻底、卸妆手法过重、反复摩擦、日晒以及抽烟等都会导致唇色暗沉。

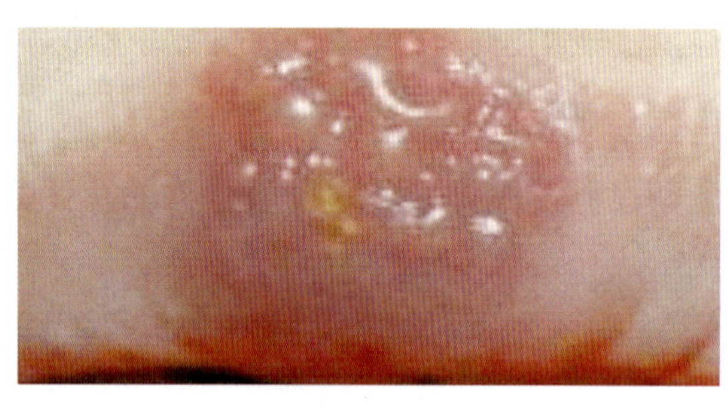
图 1–5　唇疱疹

（4）唇疱疹。当机体抵抗力下降时，体内潜伏的单纯疱疹病毒容易被激活而产生唇疱疹（见图 1–5），其原因包括身体疲劳、月经期、妊娠期、感冒、胃肠功能紊乱、身体不适、情绪改变、精神压力、文唇刺激、病灶感染等。唇疱疹的传播方式主要是直接接触传染，美容师应避免与唇疱疹患者接触，待唇疱疹消失后才可以进行皮肤护理，并建议顾客尽快就医。

（5）口角炎。口角炎俗称“烂嘴角”，好发于早春、晚秋及冬季。如果顾客嘴角裂口，并出现刺痛、出血、结痂、痒、红肿、化脓等状况，美容师应建议其尽快就医，以确诊是否患有口角炎，并在医生的指导下进行治疗。

3. 唇部皮肤的护理

（1）美容院护理要点

1）去角质。可选用适合眼、唇部用的保湿类酵素去角质产品清除干燥翘起的唇皮，使唇部皮肤更加光滑和柔软。操作时可先用凡士林或植物油打底，并用湿热棉片或一次性洗面巾敷唇 3 ~ 5 min，以软化死皮，然后将棉片折叠成小块并轻轻打圈按摩去除死皮或用柔软的小牙刷抹上凡士林或植物油，轻轻刷掉唇上的死皮。操作时应注意避开受损流血的部位，避免使用难清洗而粗糙的磨砂膏。由于双唇可能是一个性敏感区域，一般不建议美容师按摩双唇。

2）使用唇膜。使用唇膜能增加双唇的湿润度，使双唇恢复光滑细腻。操作时可使用棉签涂上保湿修复精华、精油、润肤油或滋润型眼霜打底，并轻轻按摩至产品充分吸收，之后可选择用滋润、修复类免洗软膜敷面，在涂抹全脸时将嘴唇覆盖。软膜的封闭性可加强产品的渗透，保湿效果较好，也可使用唇膜贴片。

（2）家居护理要点

1）润唇膏的选择。可选用含神经酰胺、大麻籽油、杏仁油、乳木果油、蜂蜡、可可脂、凡士林、橄榄油、维生素 E 等具有锁水、滋润、修复成分的油性润唇膏。唇裂时皮肤非常敏感，建议选用没有香味和味道的优质润唇膏。应避免使用含柑橘、薄荷脑、樟脑、肉桂、羊毛脂、水杨酸苯酯等具有致敏性和刺激性调味料、防腐剂、香料、保湿成分的产品。

2）润唇膏的使用。建议随身携带润唇膏，在吃饭和喝水后随时补涂薄薄一层即可。润唇膏含有大量具有封闭性的蜡和油性物质，能在唇黏膜和外部环境之间形成一个隔离层，具有锁住皮肤水分的作用，能防止并缓解双唇干裂。

3）去死皮。可使用天然原料自制磨砂膏（如砂糖与椰子油、橄榄油、润肤油、蜂蜜等混合），轻柔按摩片刻以去除死皮，使双唇变得柔软和光滑。当唇部非常干燥时，睡觉前可先用热毛巾敷唇 3 ~ 5 min，再用柔软的刷子轻轻刷掉唇上的死皮，然后抹上润唇霜、眼霜、润肤油或凡士林。每周去一次死皮即可，不可过于频繁，否则会刺激双唇而使其变得更加干燥。

4）避免舔、咬嘴唇和用嘴呼吸。有些人在唇干时经常无意识地咬、舔嘴唇，而唾液蒸发后会使嘴唇变得更加干燥，容易引起肿胀、掉皮、发炎甚至产生湿疹。而且用牙咬或用手撕掉翘起的死皮会损伤黏膜，容易造成出血或感染，不利于伤口的愈合。用嘴巴呼吸会使空气不断经过唇部，容易使唇部的水分挥发，从而使双唇变得更加干燥。

5）防晒、保护。干裂的嘴唇更容易被太阳灼伤，从而引发唇疱疹。白天可选用具有隔离与防晒功能的润唇膏。户外活动时每 2 小时补涂一次，日照强烈时应避免长时间在室外停留。寒冬外出时可选择用围巾包住脸部，以免嘴唇受到恶劣天气的伤害而变得更加干燥。

6）唇膏（口红）的选择。唇部易开裂者及在秋冬季节最好使用优质的滋润性和无刺激口红。哑光或持久唇膏含有更多的蜡和色素，而油脂含量较少，不能在皮肤上形成保护层，也容易沉淀在干裂缝中而加重嘴唇干裂。建议先用唇膏霜打底，可有效防止唇部干燥。

7）补充水分、健康饮食。多喝水，多食富含维生素和水分的蔬菜和水果，以及富含优质蛋白的食物，适量补充多种维生素，尤其是 B 族维生素。吸烟会加速唇部皮肤衰老，应避免；皲裂嘴唇应避免吃辛辣食物、喝过热的饮料，否则会刺激皮肤而进一步破坏皮肤屏障，使唇裂情况更加严重。

8）加湿器。冬天在室内可放置加湿器，以增加空气的湿度，避免双唇因干燥开裂。

（3）医疗美容方法

1）填充剂或植入物注射。常用的填充剂或植入物注射可调整唇部形状，让老化而变薄的嘴唇达到自然饱满的状态。如透明质酸填充剂，不仅能丰唇、润唇，还能在注射后长时间内持续刺激胶原蛋白的产生，改善皱纹，恢复皮肤弹性。

2）激光美唇。可淡化唇部沉淀已久的黑色素，改善暗沉和不均的唇色，淡化浅层斑点，去除死皮。同时还可刺激胶原蛋白的产生，减少皱纹，使双唇恢复活力。

3）手术。可通过手术方式将厚唇变薄，或将唇形美化为 M 唇、微笑唇等。

第二节
颈及上胸部皮肤护理

一、颈及上胸部皮肤的生理特点及容易出现的问题

许多女性日常仅在面部涂抹护肤或防晒品，忽视了常暴露于外的颈和上胸部。但是，这些部位也是身体最早出现衰老迹象的部位之一，所以对这些部位的日常保养和定期护理对预防和延缓皮肤衰老起着重要的作用。颈和上胸部是美容机构中常规面部护理的一部分，长期坚持护理能起到减少假性皱纹、均匀肤色和保持皮肤光滑柔软的作用，而真性皱纹只有借助医疗美容的方法解决。

1. 颈及上胸部皮肤的生理特点

（1）与面部皮肤相比，颈前部的皮肤薄而细腻，皮下脂肪和支持组织较少，血液循环较差，敏感且很容易松弛、起皱、干燥；而颈后部的皮肤及皮下脂肪较厚。颈部肌肤的结实度比面部高，伸缩性及弹性较好，使头部做抬高伸展的活动范围较大。所以，颈部皮肤护理一般指的是颈的前面部位。

（2）颈部的皮脂腺、汗腺、毛囊较少，但角质层的含水量相对较高。由于颈部油脂分泌量较少，锁水能力差，加上长期暴露在外，水分难以保持，皮肤容易干燥。颈部皮肤的黑色素少，故容易产生色素沉着。

（3）与颈部相似，上胸部皮肤比面部薄，娇嫩细腻，皮脂腺少，血液循环较差，皮下脂肪少，黑色素少，容易受到外界因素损伤而失去弹性，产生皱纹和色素沉着。

2. 颈及上胸部皮肤容易出现的问题及成因

（1）皱纹（见图 1–6）

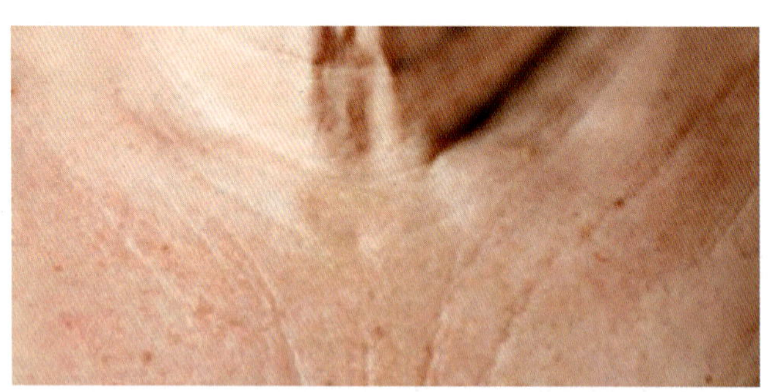

图 1–6　颈及上胸部皮肤皱纹和色素沉着

1）年龄。随着年龄的增长，皮肤中胶原蛋白和弹性蛋白流失，皮下结缔组织萎缩，皮肤含水量减少、真皮变薄松弛，颈部皮下脂肪沉积，颈部活动频繁导致颈纹逐渐增多，上胸皮肤出现垂直皱纹。

2）不良姿态。低头看手机、计算机等重复性颈部运动会使颈阔肌长期受到牵拉；睡眠姿势不良及枕头过高容易使颈部处于弯曲状态，给肌肤造成一定的压力，容易产生类似表情纹的颈部横纹。长期垂肩和驼背坐会使胸前皮肤褶皱，久而久之就会产生皱纹。

3）日晒。由于颈部、上胸皮肤薄、黑色素少，长期暴露在紫外线下会使皮肤中的弹力纤维变性，致使皮肤失去弹性而产生深度皱纹，以及色素沉着、肤色不均、皮肤粗糙等问题。

4）其他因素。如遗传、吸烟、环境干燥和污染、缺少护理等。秋冬季节气候干燥，风沙较大，尤其容易使皮肤干燥而加速皮肤老化，产生皱纹。

（2）色素沉着（见图1–6）。由于颈部、上胸黑色素少，皮肤自我保护能力差，长期暴露于紫外线下会因色素沉着产生色斑、老人斑。

（3）粉刺。上胸部也是粉刺痤疮的常发部位。除与面部痤疮相同的成因外，锻炼时衣服摩擦和出汗也可能诱发痤疮。

二、颈及上胸部皮肤的护理

1. 美容院护理要点

（1）去角质。颈及上胸部的角质代谢较慢，皮肤容易变得粗糙、暗沉，甚至产生痤疮。由于这些部位的皮肤细薄，应选择温和去角质剂，如酵素、低浓度果酸等去除角质，不仅可以去除死皮细胞、提亮肤色，还可以预防和减少粉刺痤疮。应避免用强力的物理性去角质方法，以免损伤薄弱的皮肤。

（2）按摩。颈及上胸部的血液循环较差，按摩可以促进血液循环，促进氧的输送和营养物质的供给，增加肌肤的弹性，延缓肌肤衰老。按摩时前颈部的力度要轻柔，可用手掌从颈底线往上用按抚手法做提拉式按摩，以抵抗重力作用引起的肌肤松弛下坠。后颈部则需要一定的力度按摩来缓解肌肉紧张。上胸部按摩重点为促进淋巴排毒，放松肌肉。

（3）由于颈部及上胸部的皮肤比面部薄且娇嫩，在清洁、按摩、涂抹产品时动作要轻柔。过度摩擦、拉伸、拉扯会损害皮肤，加速皮肤衰老而导致更多的皱纹。

（4）LED红蓝光美容仪。红光有助于刺激胶原蛋白的产生，减少细微皱纹，修复受损皮肤。蓝光有助于减轻颈及上胸部的痤疮。更多内容详见本书第三章相关内容。

2. 家居护理要点

（1）保湿、抗衰老。使用护肤品时一定要将颈及上胸部位也涂抹上。建议使用含

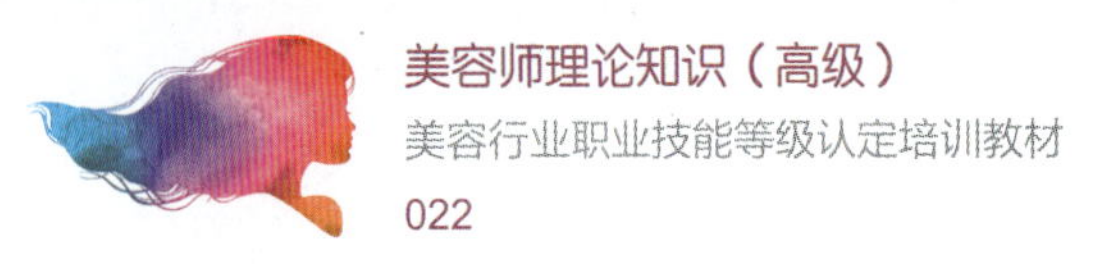

维生素 C、透明质酸、肽等抗氧化、保湿和抗衰老成分的面霜或紧肤颈霜，可起到保湿滋养、修复损伤、紧致皮肤、淡化色素、增加胶原蛋白产生的作用。每周可做一两次颈、上胸膜。晚上可涂抹含低浓度的维生素 A 和果酸的护肤品，改善皮肤皱纹，逆转衰老迹象。

（2）防晒。最重要的抗衰老产品是防晒霜，其可防止颈、上胸部长时间遭受曝晒导致衰老。除一般的防晒外，建议穿能遮盖胸前的衣服，天凉时系戴围巾，穿高领衣服。

（3）注意颈部姿态。避免长时间低头、睡高枕头、侧卧，工作时应坐直并保持肩膀向后，应平躺与侧卧交替着睡。这样可防止上胸部细薄的皮肤起皱，减少皱纹的产生。

（4）保持皮肤清洁并注意清洁方式。锻炼、工作出汗后应及时清洁皮肤，锻炼时穿透气宽松的衣服。淋浴时避免使用过热的水、强碱性沐浴露或香皂，因为这样会洗去过多油脂，加剧皮肤干燥。可选用中性的浴液产品，在身体上停留片刻后彻底冲洗干净，否则会造成皮肤干燥。皮肤特别干燥时用热水冲洗即可。淋浴后用毛巾轻轻沾至半干，并立即涂抹护肤乳，以锁住水分，使皮肤保持润滑。每周进行几次全身去角质，保持毛孔疏通，以防颈部和上胸产生粉刺痤疮。

（5）按摩。应经常做颈部按摩，以促进颈部血液循环。应常做颈部保健操，如前后屈伸、左右侧屈、头部最大限度地按顺时针方向与逆时针方向交替画圆、双手扩展胸部、胸背后伸运动等，以强健颈部肌肉，预防皮下脂肪堆积、皮肤松弛和颈椎病。

3. 医疗美容方法

去除皱纹的方法较多，具体需要根据皱纹的类型严重程度和部位来选择最为适合的方法。轻度颈纹最常见的治疗方法是注射填充剂、激光除皱等。颈部拉皮术适合严重的皮肤松弛下垂。微针、激光疗法、化学换肤等治疗方法常用于上胸，可以淡化色素沉着、均匀肤色、减少皱纹。注射填充疗法一般不用于前胸。

（1）颈部注射填充。颈阔肌注射肉毒毒素适合治疗动态性的颈纹，注射透明质酸和肉毒毒素的联合治疗方法适合治疗静态性的颈纹。通过注射填充透明质酸，可补充其在结缔组织间的流失，可维持皮肤水分和弹性，填充颈纹凹陷处，消除较深的颈部皱纹。

（2）颈部拉皮除皱手术。颈部拉皮除皱手术适合治疗颈部皮肤严重下垂和颈部皱纹，其原理是通过在耳后做一个小切口，去除下巴和脖子附近多余的皮肤和脂肪，向上拉紧松弛的皮肤，从而减少颈纹，紧致皮肤。

（3）二氧化碳点阵激光除皱。激光能激活成纤维细胞活性，进而使其分泌更多的胶原蛋白，减少颈部、上胸细纹和轻度皱纹；促进皮肤再生，改善肤质，缓解光老化和色素沉着。

（4）化学换肤。果酸、维 A 酸、生物草本换肤也具有与点阵激光除皱相似的作用，常用于上胸皱纹和色素治疗。更多内容详见第二章第八节相关内容。

第三节 手足部皮肤护理

一、手部皮肤护理

人们常说手是女人的第二容颜。拥有一双白皙嫩滑、保养得当的双手能增添女人的魅力，彰显女人的风情。人们的双手由于生活和工作的需要，必然会经常接触各种物体并受到如风吹、日晒、污物及化学物质的伤害，所以手部皮肤很容易老化，比身体其他部位更能反映出人的真实年龄。而手部皮肤的问题很难借助化妆来掩饰，给爱美女性增添了几分尴尬和无奈。因此，手部更需要加以细心的呵护，日常保养和美容院专业护理能保持手部皮肤的光滑细腻，减少干纹，淡化色素，预防和延缓皮肤衰老。

1. 手部皮肤的生理特点

（1）手背皮肤。手背和手掌的皮肤性质不同。手背皮肤较薄和细腻，皮下脂肪很少，仅有一层疏松的蜂窝组织，皮脂腺的数量远少于其他部位，有少量的毛发，所以水分很容易流失。

（2）手掌皮肤。手掌皮肤角质层较厚，无毛，皮下脂肪垫厚并有大量结缔组织，使手掌能承受较大的摩擦力而不易受损；但其天然保湿因子不足，无皮脂腺，保湿能力差，黑色素较少，当受到外界因素影响时皮脂膜容易受损从而使皮肤干燥甚至皲裂。另外，手掌有独特的脊纹，会随着年龄的增长而加深。

（3）手部皮肤汗腺分布较丰富，容易出汗，春至夏季易患汗疱疹。手部也容易受真菌感染而患手癣。美容师应避免直接用手接触手癣患者的患处。

2. 常见手部皮肤问题及成因

（1）皮肤干燥、粗糙、干裂

1）人为因素。手部在人做家务和工作时经常会受到化学品、洗涤剂、表面活性剂、酒精和消毒液、高低温、机械性作用等伤害，会使缺乏皮脂的皮肤屏障受损，手掌角质层增厚，变得干硬、发脆，尤其是医务人员、美容美发师、手部摩擦过多的体力劳动者。举重锻炼、体力劳动由于手掌摩擦较多，容易导致角质层增厚而产生手茧。

2）气候因素。冬季天气寒冷干燥，皮肤因血液循环差、皮肤弹性降低而容易缺水、干燥、发硬、增厚，产生裂痕甚至出血、疼痛、产生冻疮。

3）年龄因素。随着年龄的增长，新陈代谢缓慢，容易堆积死皮，皮肤保湿因子减少，保水能力下降，皮肤容易干燥。

4）其他。身体缺少水分、维生素 A、维生素 E，以及患湿疹、牛皮癣、遗传性角化代谢异常，或免疫力下降、生育后新陈代谢紊乱等，都可导致手部干燥、脱皮和龟裂。

（2）皱纹、色素沉着

1）自然老化。随着年龄的增长，胶原蛋白和皮下脂肪逐渐减少，真皮组织越来越薄，手背皮肤变得松弛，静脉血管越来越突出，使手背皮肤显得苍老干瘪。

2）日晒。大多数人都不会刻意为双手做防晒，使得手部皮肤长期暴露于紫外线下，容易形成晒斑、老年斑、皱纹甚至皮肤癌。所以，手部的皮肤通常比脸部皮肤老化得快。

3. 手部皮肤的护理方法

（1）美容院护理要点。手部皮肤护理一般在面部护理、身体护理或美甲护理后作为附加项目进行，有的美容机构也提供单独的手部护理服务。手部皮肤护理可以软化角质，滋润干燥的双手皮肤，修复干裂，使手部皮肤光滑细腻，有助于预防皮肤老化。对于手部老化引起的皱纹和色素沉着，只有通过医疗美容才能得到改善。

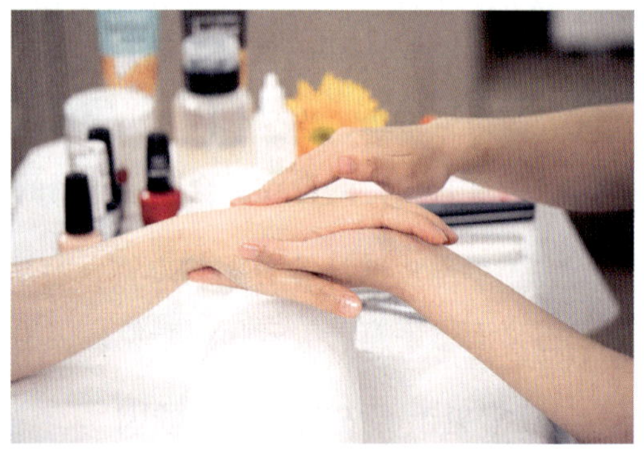

图1–7　去角质

1）去角质（见图1–7）。通常使用磨砂膏去除手部和下臂的死皮，手法与身体磨砂相同，也可使用超声波去角质仪。对于皮肤老化、细纹、干燥、色斑、暗沉等问题，使用果酸去角质更加有效。使用果酸时应避免涂抹于皮肤裂开处和刚晒伤的部位，护理后需要防晒。

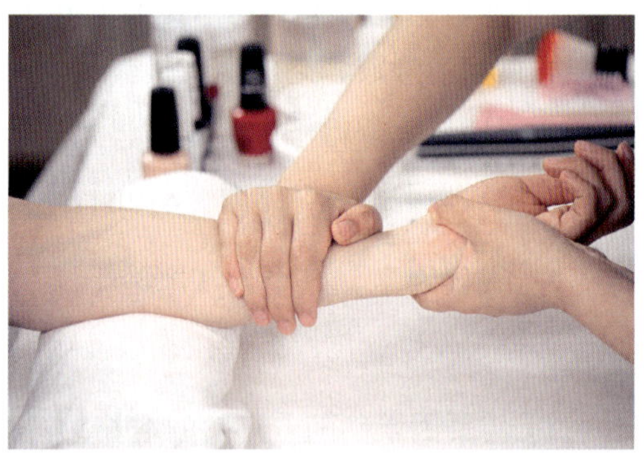

图1–8　按摩

2）按摩（见图1–8）。可选用精油、按摩油、硅霜、凡士林霜等对手部进行按摩至产品吸收，以滋润皮肤，放松手部肌肉，缓解手部的劳累。

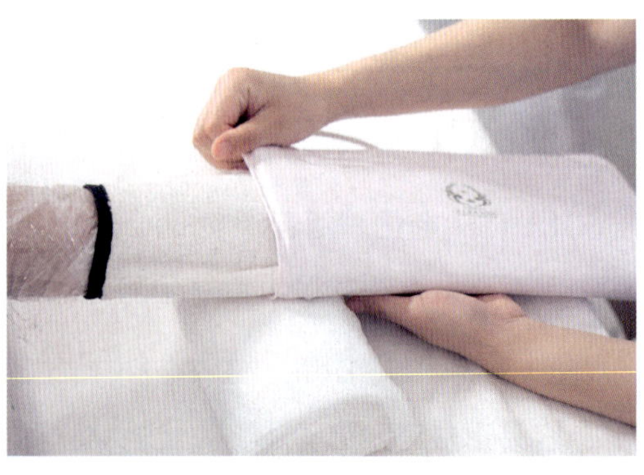

图1–9　手膜

3）手膜（见图1–9）。可根据皮肤的状况和需要来选择使用滋养性和保湿修复性的手膜。面膜、体膜都可以用作手膜，其中蜡质膜的保湿性能最好，常用于干燥的手、足部皮肤护理。使用膏状面膜时可先用刷子将其均匀地刷满手臂，然后用锡纸、保鲜膜、塑料袋等将手臂包好，再包裹热毛巾或套上加热手袋热敷10 min左右，再打开锡纸或保鲜膜，用湿热毛巾按压一会并擦去面膜，最后用一次性洗面巾或洗面海绵清洗双手，涂抹手霜。蜡质膜有很多种类，具体使用方法需参照厂家的说明书。

（2）家居护理要点

1）保持手部清洁。要养成勤洗手的习惯，以及时清除各种有害物质。要用温水洗手，因为过热的水会洗去多余的油脂，使皮肤更加干燥。定期去角质，促进表皮细胞的新陈代谢，使手部皮肤更加光滑、细腻。手茧的处理方法与处理足茧相同。

2）保湿滋润。保持手的湿润度可避免因干裂或敏感而引起的接触性皮炎。每次洗手后要立即涂抹富含甘油、荷荷巴油、可可脂等的脂质护手霜。皮肤特别干燥时可使用含乳酸的手霜，在去除干燥死皮的同时又能湿润皮肤。

3）戴手套。做家务时应戴橡胶手套，避免接触会大量洗掉手上油脂的洗衣粉和洗涤剂，以防止皮肤粗糙、干裂、起皱。

4）防寒保暖、防晒。冬季手部容易干裂，血液循环差，应注意双手的保暖。外出、开车时应戴手套，避免生冻疮而加剧皮肤干裂。紫外线会使手部皮肤变黑、粗糙、过早老化，白天可选用防晒手霜。

5）坚持做手部运动。常做手指操并按摩手部，增加手部关节的运动，可以增强其灵活性、协调性，保持手指柔软灵活。

6）手膜。应定期为手部敷膜。晚上睡觉前，先去角质，再用具有抗衰老、美白保湿功效的手霜、凡士林或加热的护肤油按摩至吸收，也可再涂抹一层家用手足蜡膜后用保鲜膜包好双手，再用热毛巾包裹，或用加热式手袋热敷 5 ~ 10 min，去掉保鲜膜和蜡膜后戴着柔软的棉手套睡觉，可使手部肌肤的干燥状况得到改善。

7）多吃含有健康油脂、优质蛋白的食物及蔬菜和水果，多喝水，可以保持皮肤的水分和滋润度，防止皮肤干燥，特别是寒冷季节。

（3）医疗美容方法

1）填充注射。自体脂肪、透明质酸等注射常用于填充手部皱纹，改善皮肤不平滑、静脉血管突出的现象，能使皮肤变得饱满、光泽、平滑。自体脂肪的安全性很高，过敏和排斥的风险非常低。

2）点阵激光或调 Q 激光。这类方法常用于淡化手部色斑、同时刺激胶原蛋白的产生，使皮肤看起来更加细腻光滑。

3）其他。射频治疗可通过深层加热技术刺激胶原蛋白产生，从而紧致皮肤，使皮肤看起来更加年轻和健康。果酸换肤能有效淡化色素，减少细纹和皱纹，改善肤质。

二、足部皮肤护理

双足每走一步都要承受全身的重量，并长时间处于紧张的状态，容易产生疲劳，但往往缺少人们的关注。每天与鞋发生摩擦，长时间站立、行走、运动等都会导致足部皮肤粗糙、干燥、增厚；双足夏天容易出汗，可能产生汗疱疹；足底冬天容易干裂；衰老会使足部皮肤干裂、起皱；过度的日晒会使双足皮肤变黑和过早衰老；若不注意，足部还会感染脚气等皮肤病。这些因素都会影响双足的美观和健康。所以，足部皮肤护理对保持足部的健康和美观很重要。

1. 足部皮肤的生理特点

（1）足背皮肤。足背皮肤较薄，皮下脂肪组织少，皮脂腺不发达，血管丰富，容易干燥、起皱。

（2）足底皮肤。足底角质层比身体其他部位厚，皮下脂肪较多，无毛发，故较厚的足底皮肤能承受更多的压力和摩擦。由于足底和趾间没有皮脂腺且较干燥，防御机能较差，但汗腺却比身体其他部位丰富，较容易出汗；与手掌一样，足底皮肤黑色素较少。

2. 常见足部皮肤问题及成因

（1）粗糙、足跟龟裂。足部由于缺少皮脂而很难锁住水分，加之平时缺乏保养，常暴露于紫外线下，一般足部皮肤较干燥、粗糙，脚底死皮多，当硬化的角质层无法适应足部活动所产生的拉力时，足跟会干裂。足背皮肤容易产生色素沉着。

（2）异味。足部是汗腺最密集的地方。一般的人夏天容易出汗，特别是肥胖者，但脚汗症患者一年四季都在出汗，这可能与遗传有关。足部出汗多的人通常是年轻人，且男性多于女性。鞋袜不透气、不注意个人卫生、受到心理压力、荷尔蒙变化、药物都会引发足部出汗。出汗的足部在不透气的鞋袜里会滋生大量细菌，这些细菌会在湿热的环境中繁殖而产生臭气。

（3）老茧。老茧通常是由于鞋不合脚及长时间站立、行走或跑步而产生的过度摩擦和挤压所引起，以上因素均会导致角质层增厚变硬，从而形成厚茧，如鸡眼（形如圆锥体）、老茧，走路时可能会感到疼痛。

（4）跖疣。跖疣是由病毒感染引起的足底小肿块，走路时疼痛。主要是在肮脏、潮湿的地面上行走而不穿鞋时通过皮肤的微小破损自身接种传染。如果出现这些情况，应去医院就诊。

（5）足癣。足癣又称脚气或香港脚，一般冬重夏轻，是常见的具有传染性的皮肤病，可通过床单、毛巾、衣服等途径传染。症状包括皮肤干燥、瘙痒、脱皮、发炎、水疱、皮肤开裂。足癣是由一种在更衣室、健身房淋浴间、游泳池旁等温暖、黑暗、潮湿的环境中繁殖的真菌引起。趾甲也容易因皮肤癣菌感染而引起灰指甲（甲真菌病、甲癣）。如果出现这些情况，应去医院就诊。

3. 足部皮肤的护理方法

（1）美容院护理要点（见图 1–10）

1）足部皮肤护理以清洁、去角质、保湿、修复为主，其步骤和方法与手部护理相同。按摩的目的以放松肌肤和促进血液循环为主。具体内容请参照实操章节。

图 1–10　足部皮肤护理

2）足背的皮肤薄，皮下组织少，使用磨砂膏去角质时要轻柔，避免过度摩擦足趾缝间的柔嫩皮肤，并避开开裂、流血处，着重于对死皮堆积较厚的足底，特别是足跟处进行护理。足背护理一般不建议使用果酸、生物草本去角质或换肤法。

3）为避免真菌感染，美容师进行足部护理时应佩戴一次性手套，避免用手直接接触。面部、身体和足部的毛巾分开用。涂抹足膜时，先用一次性塑料用品包裹双脚，避免直接用毛巾包裹。操作完以后需要消毒双手，再继续做面部护理。

（2）家居护理要点

1）清洁、泡脚。足部护理的重点是清洁。每晚用温水和中性肥皂清洗双脚，尤其应注意清洁足趾缝间。每周可用温水泡脚，可根据皮肤的状况添加足浴盐、红茶、绿茶、香精油、中药等，不仅可软化死皮、老茧，为去角质做准备，也能促进血液循环，舒缓脚部肌肤疲劳，有养生保健的作用。泡脚时间不宜过久，以免导致皮肤变干。

2）去角质。可定期用磨砂膏、磨砂石、磨砂板、锉刀等清除死皮、鳞屑、老茧

及硬化角质，以防角质增厚。注意不要挫伤正常皮肤组织。

3）保湿滋润。可每天用凡士林或含有甘油、尿囊素、维生素 E、柠檬酸等保湿、修复、杀菌成分的护肤品或脚跟角质软化修复保湿膏涂抹于足部，以滋润深层皮肤，保持足部皮肤的柔软，缓解干燥、防止干裂。每周可用与手部护理同样的护理方法和产品进行足膜护理。另外，足部也应该注重防晒。冬天应注意双足保暖，以预防皮肤干裂、起冻疮。

4）保持足部卫生、干爽。应常检查足部情况。足部容易出汗，应注意预防足部细菌感染。建议用抗菌肥皂洗脚，且注意脚趾间的清洁。每天清洁双脚并保持皮肤干燥，清洁后可涂上脚粉、婴儿粉、抗真菌粉，以防感染脚气、汗疱疹。并应定期修剪趾甲，保持卫生。注意足部卫生，防止足部外伤和感染可以有效预防糖尿病足的发生。

5）选择合适的鞋和袜。大部分的足部问题都是由不合适的鞋袜引起的。应尽量少穿高跟鞋，以减少对足趾的压力和对皮肤的摩擦，保持良好的血液循环，防止产生鸡眼、足茧等；人字拖鞋和平底鞋不能为足部提供足够的支撑，容易使足部疲劳，建议换鞋穿，使用鞋垫、穿厚袜子来减少对足部的摩擦和挤压；避免穿不透气的尼龙、塑料等材质的鞋和不合脚的鞋，应穿透气性好的布鞋和吸湿排汗、松软宽松的袜子；应避免赤足行走，每天更换鞋袜，以保持鞋内干燥卫生，袜子可在太阳下暴晒，常清洗，以避免滋生细菌及产生异味。

6）预防足部感染。在公共淋浴室、更衣室和游泳区应穿自己的拖鞋，避免赤足行走，保持双足干燥，避免触摸他人的跖疣或身体其他部位的疣，防止感染跖疣、足癣。如果患上足癣，可用非处方足部杀菌消臭药剂，祛除脚部真菌、细菌，改善脚痒、脚臭等问题，或在医生的指导下进行治疗。

（3）医疗美容方法

1）跖疣。首先需要皮肤科医生确诊是否患有跖疣，如确患有跖疣，医生可用激光或小手术取出。

2）鸡眼。鸡眼通常会自行消失，不需特别治疗。如不严重，可用非处方的水杨酸（如水杨酸贴）或尿酸来软化角质，以去除鸡眼、老茧。如果鸡眼痛得厉害，面积大、厚而顽固，出现红肿或长鸡眼者患有糖尿病，则应就医，糖尿病患者不要尝试自行治疗鸡眼、老茧，需由医生处理。

3）足癣。足癣俗称脚气，若怀疑患有脚气应就医，由医生根据脚气的种类进行对症治疗。治疗脚气一般使用处方外涂抗真菌药膏，如硝酸舍他康唑乳膏、联苯苄唑乳膏等。

第二章

面部常见问题皮肤护理

美容行业俗称的问题皮肤是指皮肤存在粉刺痤疮、色斑、敏感、老化等常见损美问题。问题皮肤的护理和治疗方法很多，除敏感皮肤有特定的产品和药物治疗以外，对于皮肤老化、中度至重度暗疮、色斑、浅表瘢痕等问题，皮肤科医生或医疗美容机构主要采取激光等仪器、高浓度果酸、生物换肤等方法来改善和治疗。美容院通常采用保养型护肤品、药妆护肤品、低浓度果酸、草本或海洋换肤、美容仪器等方法来保养、改善和辅助治疗各类问题皮肤。美容院专业的护理能起到改善和辅助治疗的作用，但不能承诺治疗效果和完全康复。对于比较严重的皮肤问题，采用医疗美容与生活美容结合的方法较为科学有效。另外，问题皮肤的日常护理应注重清洁、保湿和防晒基础护理，否则正常皮肤也会变为问题皮肤。

一般的化妆品和皮肤护理方法无法改善及修复深层复杂的问题皮肤。美容领域经常使用换肤技术，利用破坏和重建的原理，把问题皮肤加以去除或“破坏”，通过人体自然的创伤修复过程激活皮肤干细胞的再生能力，让新生细胞大量繁殖和再生，从而替代老旧细胞，将皮肤重建成理想的新生状态。

专业美容师必须掌握扎实的皮肤解剖学、皮肤生理学、美容化妆品学等基础理论，皮肤护理、美容仪器等专业知识，化学、生物换肤相关的理论知识，安全操作方法及注意事项，积累丰富的皮肤辨识和护理经验才能胜任问题皮肤的护理工作。

要点提示

1. 掌握各类皮肤分析的方法。
2. 掌握各类皮肤护理的方案、注意事项。
3. 掌握各类皮肤护理的家居护理方法、注意事项。
4. 了解化学、生物换肤术。
5. 了解化学换肤剂最常见的功效型活性成分。
6. 了解产品的 pH 值、浓度与化学换肤功效的关系。
7. 了解化学换肤的操作规则和注意事项。
8. 了解生物换肤的作用、主要成分及作用原理。

关键术语

皮肤分析　美容院护理　家居护理
化学剥脱术　生物换肤术　中和剂　缓冲剂
浅表换肤　中度换肤　深度换肤

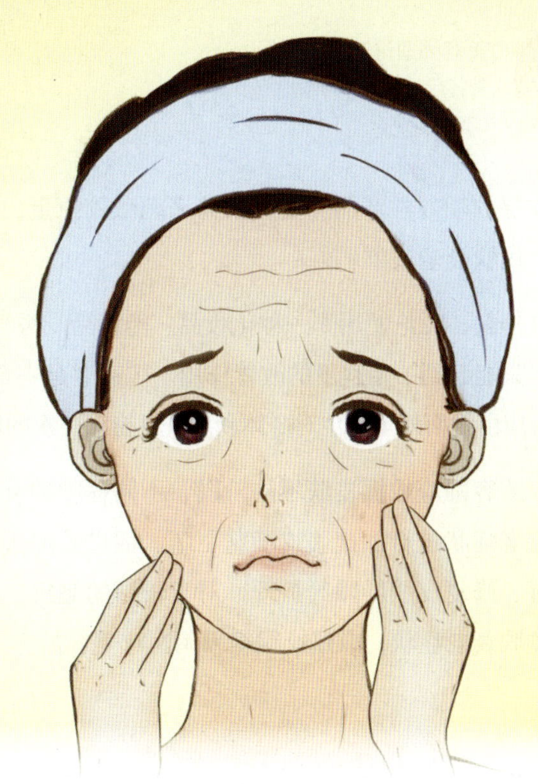

第一节 衰老皮肤护理

皮肤老化分为内源性老化（自然老化）和外源性老化（光老化）。内源性老化的主要特征是真皮层胶原蛋白和弹性纤维蛋白流失，皮肤的锁水能力下降，水分流失，表皮角质细胞新陈代谢减慢等。外源性老化的主要特征是被紫外线照射的暴露部位皮肤弹性纤维变性、胶原纤维结构改变、基质中的黏多糖类成分裂解等。美容师应根据这些特征来进行相应的深层抗衰老护理。

在日常保养中，使用功效性抗衰老护肤品在一定程度上可增加皮肤含水量，促进新陈代谢，改善皮肤屏障功能，从而起到预防和延缓皮肤衰老的作用。但一般的护肤品因分子量大不能进入真皮层，难以达到真正的抗衰老效果。专业美容机构则可以使用能影响真皮层的功效性产品和美容仪器来刺激胶原蛋白产生，加速表皮细胞的更新，能有效改善皮肤衰老迹象。

但是，无论使用哪一种化妆品、药妆品、医学药品或美容仪器，都不能消除深层皱纹，只能起到一定程度的改善作用。抗衰老是一个系统工程，不由某一个单一的因素决定，应由内而外全方位对身体和皮肤进行深层次的保养，才能达到较理想的抗衰老效果。

美容师应根据皮肤不同阶段、不同程度的衰老症状制定个性化的护理方案。对轻度衰老症状进行加速表皮细胞更新、促进胶原蛋白和弹性纤维再生、紧致肌肤、深层保湿、修复皮肤屏障等护理。对于较深的皱纹、外部轮廓松弛下垂、严重外源性老化等皮肤衰老症状，应建议顾客采用医疗美容的方式改善。

一、衰老皮肤分析

1. 肉眼观察（美容放大镜下）

（1）内源性老化。干燥、暗沉、无光泽、粗糙、毛孔粗大，皮肤松弛下垂并有细纹、皱纹（静态皱纹、动态皱纹），脂溢性角化（俗称老年斑，最常见的表皮良性肿瘤，无传染性）。

（2）外源性老化。干燥、发黄、无光泽，有细纹、皱纹，不规则色素沉着，脂溢性角化（老年斑），红血丝，表皮增生或变薄萎缩，中老年人可伴有日光性角化病等各种癌前病变症状。

2. 询问倾听

是否长期没有做好日晒防护或长期被紫外线照射，皮肤是否更加容易干燥，肤色是否变暗，毛孔是否更加粗大，是否皱纹增多、表情纹加深、法令纹变得明显、皮肤整体开始松弛下垂。

3. 触摸

皮肤摸起来粗糙、不平整、不柔软、缺乏弹性。

4. 仪器检测

皮肤水分检测仪和 VISIA 面部图像分析仪等仪器可帮助美容师识别、分析皮肤老化的问题，也可用来追踪护理进展情况。

（1）皮肤含水量。用皮肤水分检测仪检测，可见皮肤含水量低，皮脂分泌过少。

（2）皮肤色素斑状况。内源性老化一般无色斑，外源性老化则会产生雀斑、日光性雀斑样痣、黄褐斑、脂溢性角化（老年斑）、色素减退斑等。

（3）血液循环的分布状况。血管网减少，毛细血管扩张。

（4）毛孔状况。毛孔粗大。

（5）皱纹状况。表皮变薄、细纹或皱纹明显；皮肤纹理凹凸不平，平整度较差。

（6）日光损伤状况。表皮萎缩、皮肤表面呈现皮革样改变，细纹、粗深皱纹明显，局部黑色素细胞增多，毛细血管扩张和扭曲，角质增生。

（7）示例图片。50 倍皮肤镜下的衰老皮肤如图 2–1 所示，VISIA 面部图像分析仪下的衰老皮肤如图 2–2 所示。

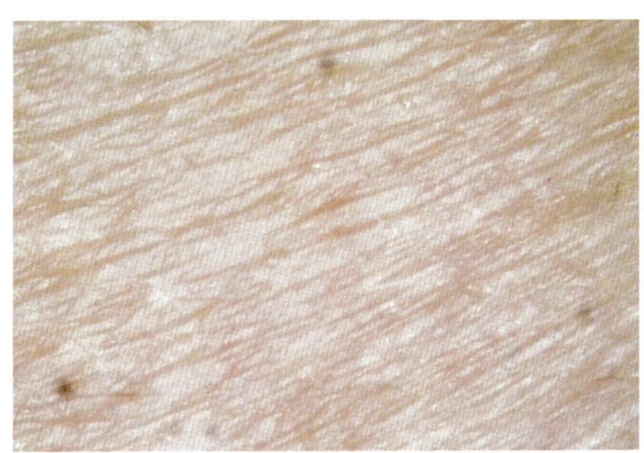
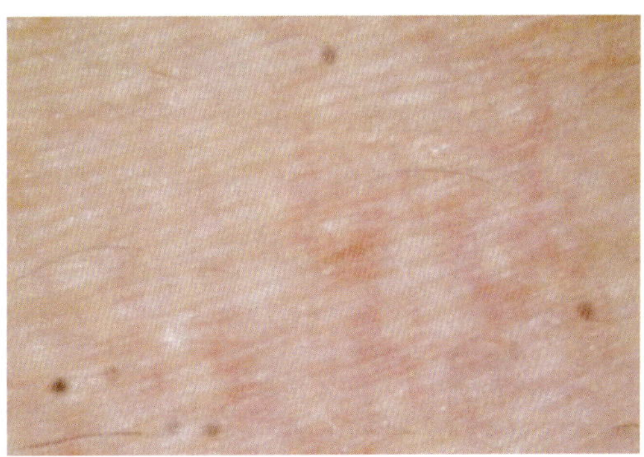

图 2–1　50 倍皮肤镜下的衰老皮肤

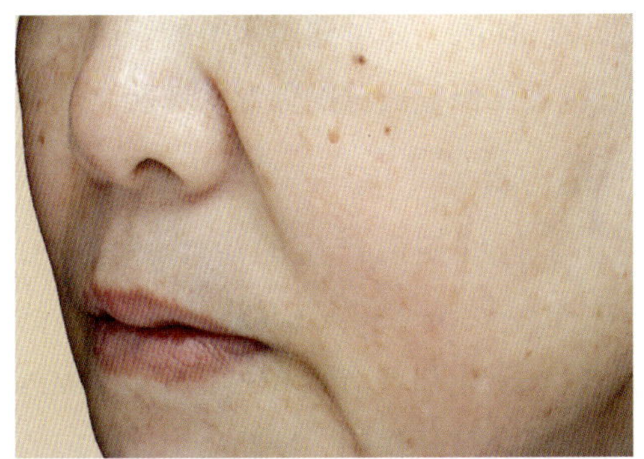
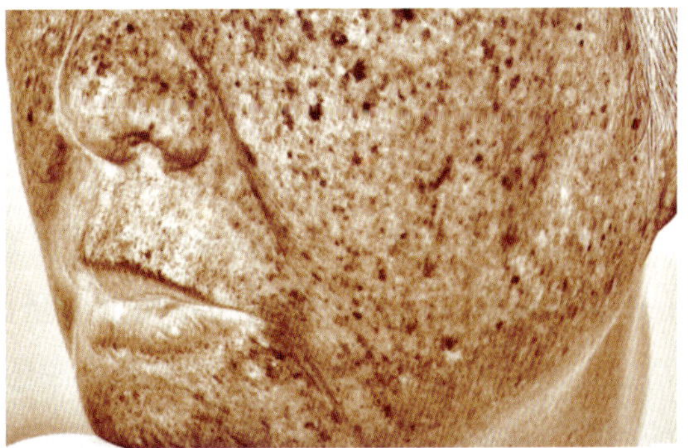

图 2–2　VISIA 面部图像分析仪下的衰老皮肤

二、衰老皮肤的美容院护理

针对皮肤老化的主要特征，美容院护理的重点是加速表皮细胞的更新，增强深层保湿能力，加强抗氧化和皮肤的锁水能力，保护胶原蛋白免受损害，刺激胶原蛋白和弹性纤维的产生，从而达到紧致皮肤的目的。

1. 常规护理方法

（1）清洁。衰老皮肤的屏障功能较差，缺少水分和油脂，清洁时应选用弱酸性或无皂基的温和洁面产品；水温不宜过高，力度要轻柔，在确保清洁的同时保护皮脂膜不被过度破坏，可使用以氨基酸表面活性剂为主的弱酸性清洁产品。

（2）去角质。衰老皮肤的表皮更替速度变慢，使角质堆积增多，皮肤变得干燥、发黄和粗糙。应定期使用果酸、水杨酸等产品和其他去角质方法，加速表皮和真皮的新陈代谢，避免角质堆积。同时，果酸等去角质产品可刺激胶原蛋白的产生，使皮肤变得饱满、光滑、肤色均匀，更有利于皮肤对营养成分的吸收。

（3）按摩。衰老皮肤的血液循环减慢，营养和氧气供给减少会加速皮肤衰老；皮脂腺、汗腺的萎缩，皮脂分泌的减少使皮肤变得干燥。按摩能促进局部血液循环，加强皮肤细胞的营养和氧气供给，提高皮肤的吸收和代谢能力，刺激皮脂分泌，滋润干燥皮肤。可选用补水保湿和滋养护肤品来按摩。衰老皮肤应采用深层刺激和提拉的按摩手法。

（4）面膜。选择具有保湿滋润、紧致抗衰作用的面膜，使用时间最好保持在15 ~ 30 min。

（5）爽肤。衰老皮肤的屏障功能差，易出现刺激反应、干燥和瘙痒等问题。应选用专门针对衰老皮肤的滋润型化妆水来调节皮肤的 pH 值，如可选用含果酸、透明质酸、玫瑰、洋甘菊提取物等具有保湿、抗氧化、抗敏、修复成分的保湿水爽肤。洁面后应立即进行爽肤。

（6）抗氧化精华素。抗氧化就是抗衰老。紫外线照射产生的活性氧（ROS，reactive oxygen species）能诱导基质金属蛋白酶（MMPs，matrix metalloproteinases）的活性，继而降解胶原蛋白，造成皮肤外源性老化。抗氧化剂可清除 ROS 而抑制 MMPs 的活性，保护胶原蛋白免受损害，从而起到抗外源性老化的作用。护肤品中最常用的天然抗氧化剂包括左旋维生素 C、维生素 E、β－胡萝卜素、葡萄籽提取物、石榴籽提取物、白绒水龙骨叶提取物、绿茶提取物、叶黄素等。

（7）保湿和修复。衰老皮肤的屏障功能和自我修复能力差，水分易经皮肤流失；真皮中透明质酸含量减少，皮肤保水能力降低；皮肤油脂分泌不足。所以，加强补充水分和脂质成分，修复并维持屏障功能是抗衰老护理非常重要的程序。可选含透明质酸、维生素 B_5、壳聚糖、神经酰胺、肽、干细胞、ω-3 脂肪酸等具有深层锁水、保湿、滋养、抗炎、促进细胞自我修复和再生等功效性成分的护肤品。

（8）刺激胶原蛋白与弹性纤维的合成。衰老皮肤的真皮萎缩，胶原蛋白与弹性纤维硬化变细、断裂；光损伤也会过早分解胶原蛋白和弹性纤维；衰老皮肤较脆弱容易受损，愈合恢复缓慢。所有的这些因素都与成纤维细胞的数量及活性下降相关。而成纤维细胞是制造胶原蛋白、弹性纤维的工厂，所以应使用刺激成纤维细胞生长的护肤品来恢复皮肤的弹性，成分包括视黄醇、维生素 C、辅酶 Q_{10}、透明质酸、成纤维细胞生长因子、氨基酸、干细胞等功效性成分。

（9）细胞再生。生长因子是调节细胞生长与功能的多效性多肽类物质，如表皮细胞生长因子（EGF，epidermal growth factor）、成纤维细胞生长因子（FGF，fibroblast growth factor）、神经生长因子（NGF，nerve growth factor）、血小板衍生生长因子（PDGF，platelet derived growth factor）等。这些多功能生长因子具有促进胶原蛋白和弹性纤维的产生、改善皱纹、修复创伤和皮肤屏障功能、更新衰老细胞、滋润皮肤、恢复皮肤的锁水能力、促进血管功能再生等作用，是目前较为前沿的抗衰老成分。可使用含生长因子的抗衰复合配方产品预防和改善皮肤衰老。

2. 特殊护理方法

（1）换肤疗法。内源性老化皮肤的胶原纤维变细并排列疏松，外源性老化皮肤的弹力蛋白增粗并聚集交叉排列，使皮肤出现皱纹。美容院常使用化学、生物换肤，微晶磨皮等立竿见影、快速有效的换肤疗法来促进角质层的正常脱落，加速皮肤的新陈代谢。在去角质的同时，刺激成纤维细胞的活性，促进胶原蛋白的合成和重新排列以及透明质酸的合成，从而起到更新皮肤，改善皱纹、肤色和质地，滋润、紧致皮肤，淡化色斑等抗衰老作用，使皮肤变得更健康、光滑、年轻。

以下以化学和多肽换肤为例来说明换肤疗法，更多内容详见本章第八节。

1）化学换肤（chemical peel）。化学换肤是美容师最常用的抗衰老疗法，特别是对于外源性老化的治疗。化学换肤在去除一定表皮层的同时，能启动人体的创伤修复机制，刺激成纤维细胞的新生，从而起到增厚表皮层、增加角质层含水量、抑制黑色素形成和淡化色斑的作用。换肤过程能刺激真皮胶原蛋白更新重组、促进弹性和胶原纤维产生、增厚真皮乳头层而达到减少皱纹的作用。同时，能增加黏多糖含量，消除皮肤底层炎症，增强皮肤保水能力，重建健康的表皮和真皮，提升皮肤功能，起到全面有效改善皮肤老化的作用。

2）多肽换肤（peptide peel）。多肽换肤是目前主要的抗衰老手段之一。肽是抗衰老的有效成分，能促进细胞的分裂和增长，加速细胞的新陈代谢。由于肽去角质的作用很温和，这种疗法在国内也被称为多肽“焕肤”。

为了加强皮肤更新和抗衰老的疗效，通常将活性多肽与果酸、视黄醇、干细胞、维生素 C 等其他重要抗衰老活性成分混合，配制成各类不同强度的复合配方。这些活性成分大多能通过各种途径渗透到表皮底层或真皮乳头层，能激活细胞再生并促进表皮和真皮细胞的更新，达到更加全面、深入和显著的抗衰老疗效。

（2）仪器护理。目前，美容院常用的抗衰老仪器包括超声波导入仪、微电流面部提升仪、LED 红蓝光美容仪等。

1）超声波导入仪。此仪器可通过超声波技术将具有保湿、营养、修复、抗炎等功效的精华导入皮肤中，有助于皮肤吸收护肤品，并可加强护理效果，加快皮肤的再生和修复，减少皱纹，使皮肤恢复弹性。

2）微电流面部提升仪。随着年龄的增长，新陈代谢减慢，细胞储存和释放能量的载体分子（ATP，adenosine triphosphate）的生成和储存量随之减少，导致细胞能量减少，细胞产生胶原蛋白和弹力蛋白的速度也逐渐变慢，皮肤开始出现松弛、变薄、皱纹等衰老迹象。

微电流模仿人体自身的电流，可使 ATP 的含量增加，从而促进胶原蛋白和弹性纤维的增加，起到增强肌肉力量、紧致皮肤、改善皮肤松弛、使面部轮廓更清晰、减少皱纹的作用。同时，微电流能激活细胞活性，刺激血液循环，提高皮肤对营养成分的吸收能力。所以，将皮肤护理（营养皮肤）与微电流（运动肌肉）结合使用，能达到更加全面的抗衰老效果。如美容界运用广泛的 NuFace 微电流（400 μA）和 LED 多功能紧肤仪，一般美容院护理 10 ~ 20 min 即会见效，配合家用仪器长期使用效果会更加显著。

3）LED 红蓝光美容仪。红光 LED 可渗透至其真皮层，刺激细胞包括产生胶原蛋白的成纤维细胞的活性，从而减少皱纹，增强皮肤弹性和结实度，改善内源性老化和外源性老化迹象。同时，红光 LED 可提升皮肤微循环水平，改善新陈代谢，增强皮肤的渗透力，刺激身体自身的修复能力，有利于皮肤损伤和瘢痕的修复。如 LED 面罩美容法，美容院护理每次 10～20 min。

（3）医疗美容。医疗美容常用的方法是通过激光、强脉冲光、射频、水光针、微针、超声刀等方式，启动皮肤对创伤的愈合机制，刺激成纤维细胞的产生，促进胶原蛋白的合成，从而恢复皮肤弹性，改善皮肤衰老迹象。常用医疗美容方法如下：

1）射频（热玛吉）。热玛吉面部提拉和皮肤再生疗法是一种射频美容方式，主要针对肌肉松弛现象。射频美容的原理是通过电磁波对真皮层进行加热，使胶原蛋白产生即刻性的收紧，从而产生拉皮紧实效果。同时，加热真皮层会启动皮肤的创伤愈合机制，从而促进胶原蛋白的产生与重新排列组合，达到增加皮肤弹性、改善皱纹的效果。

2）筋膜抗衰（超声刀）。超声刀面部提拉和皮肤再生疗法主要是针对肌肉松弛下垂明显的衰老现象。超声刀通过一种高强度聚焦超声波技术加热局部皮肤，产生许多微小热凝固点，从而导致各层组织凝固收缩，同时，启动皮肤的创伤愈合机制，刺激真皮组织胶原蛋白的产生和重组，增加肌肤弹性，改善皱纹，其治疗深度可达筋膜层。

3）注射及填充治疗。这些暂时性填充疗法适合较深和顽固的皱纹。肉毒毒素注射（botox injection）用于治疗面部表情纹，它通过阻断乙酰神经胆碱的释放，从而阻断神经对肌肉的传导，使肌肉张力下降或麻痹，表情纹消失。皮肤填充剂（dermal fillers）用于填充静态皱纹，如法令纹。与肉毒毒素“冻结”肌肉以减少皱纹不同，填充剂可放松皱纹下的肌肉，通过填充粗而深的皱纹，使皮肤变得光滑。常用的皮肤填充剂有透明质酸（即玻尿酸）、胶原蛋白、自体脂肪等。目前，大多数填充剂都使用透明质酸，它具有储存水分的功能，可赋予皮肤丰满水润的外观，同时恢复皮肤失去的体积，抚平皱纹。

3. 护理方案

真皮层的胶原蛋白、弹力蛋白流失，透明质酸、神经酰胺等含量降低是皮肤衰老的根本原因。所以，制定护理方案以促进胶原蛋白和弹力蛋白再生，紧致肌肤、保湿、修复为重点。以下以抗衰老多肽换肤为例，配合抗衰老仪器，制定 3 个不同阶段的护理方案，见表 2-1。

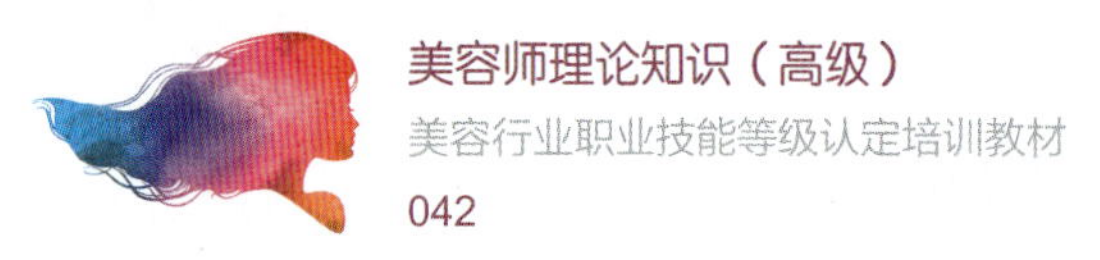

表 2-1　抗衰老多肽换肤护理方案

阶段	内容
第一阶段	护理目的：保湿，修复受损皮肤屏障，紧肤，重塑面部轮廓 护理方法：保湿修复疗程、微电流面部提拉或 LED 红光疗程。每周 1 次，4 次为一疗程
第二阶段	护理目的：保湿，激活细胞，促进胶原蛋白和弹性纤维产生，紧肤，重塑面部轮廓 护理方法：细胞生长因子疗程及微电流面部提升或 LED 红光疗程。每周 1 次，4 次为一疗程
第三阶段	护理目的：增强皮肤新陈代谢，重建健康皮肤，重塑面部轮廓 护理方法：抗衰老多肽换肤疗程。每月 1 次，4～8 次为一疗程

4. 注意事项

（1）清洁。衰老皮肤水分含量和油脂分泌均不足，应避免使用使皮肤干燥的皂基类洗面剂。洁面力度要轻柔，水温不宜过高，否则会洗去本已不多的油脂。

（2）护肤。避免使用含刺激成分的产品，如酒精、香料、人工色素、有害化学物质等。

（3）热喷。衰老皮肤的屏障脆弱、皮肤干燥，护理时避免使用热喷，如使用不当容易造成皮肤水分流失，加重干燥，刺激受损的皮肤屏障。

（4）按摩。按摩时避免力度过大、按摩介质不足，以减少对皮肤的过度牵拉和刺激。

三、衰老皮肤的家居护理

1. 家居护理重点

由于皮肤长年累月受到各种内外因素的影响，导致皮肤逐渐受损和衰老。所以，只有做到每天由内而外不断保养和修复，并尽量避开对皮肤造成伤害的潜在因素，才能达到预防、改善和延缓皮肤衰老的效果。

（1）外部修复和护理

1）清洁、爽肤、保湿和修复与美容院护理方法相同。

2）补充抗氧化剂。抗氧化剂也被称为生物防晒剂，应白天使用，在光防护中起着重要的预防和减少因自由基引起的炎症的作用。

3）类视黄醇。为了使衰老皮肤损失的弹性纤维再生，应促进胶原蛋白的合成。作为抗衰老护肤的有效成分，类视黄醇能渗入真皮，促进胶原蛋白和弹力蛋白的合成，修复受损的弹性纤维，能有效预防和改善皱纹、修复外源性老化、淡化色素、改善皮肤质地并增强皮肤弹力。同时，类视黄醇具有抗氧化的作用，能阻挡自由基对皮肤的损害。类视黄醇是国际皮肤科医师和美容师首选的抗衰老的主要成分，应夜晚使用。

4）果酸。果酸是改善外源性老化的主要功效性成分之一。可使用含果酸的产品来促进皮肤的新陈代谢、淡化色素、均匀肤色，刺激真皮层纤维细胞的活性，有效预防和改善皮肤老化迹象，应夜晚使用。

5）微电流面部紧肤美容仪。NuFace 是目前常用的手持家用微电流多功能紧肤美容仪，也是目前最有效、最受欢迎的面部提拉、紧致抗衰老美容仪器，每天使用 5 min 可改善面部轮廓。建议前 2 个月每周用 5 次，之后每周用 2～3 次，长期使用才能维持效果。NuFace 美容仪还可搭配 LED 红蓝光美容仪使用。微电流主要作用于肌肉，LED 红蓝光美容仪则作用于皮肤，两者交替使用能达到更全面的抗衰老效果。

6）面膜。可以每周使用 1～2 次保湿、抗衰老面膜，但不宜过度使用。

7）防晒。随着年龄的增长，皮肤变得越来越脆弱和干燥，自我修复能力减弱，日晒会使皮肤更加干燥，晒伤皮肤更易受到感染，还有患皮肤癌的风险。衰老皮肤应采取特殊的预防措施，应避免在 10：00—16：00 阳光强烈的时间段晒太阳，以防晒伤。外出活动时尽量待在阴凉处，并配合全面物理防晒。无论室内室外，每天都应使用防晒霜，并在使用前涂抹抗氧化精华素，或选用含抗氧化剂的物理广谱防晒护肤品，以起到双重的防晒效果。

（2）内部修复护理

1）抗氧化。除每天早上涂抹抗氧化精华素外，应多食用富含维生素 E、维生素 C、β－胡萝卜素的食物，或在营养师的指导下口服含不饱和脂肪酸、肌肽、辅酶 Q_{10} 等具有抗氧化、抗炎成分的营养保健品，清除和抑制自由基，减少紫外线对皮肤的伤害。

2）深层次补水。水分流失是皮肤老化的主要原因之一，给细胞供水是抗衰老的最重要手段。目前只有极少数护肤品能渗透到真皮层，而给真皮补水必须从内部补水，每天应补充足够的水分，使皮肤更加润滑和饱满，改善皱纹，延缓衰老。

3）补充营养、修复胶原蛋白。衰老皮肤的胶原蛋白生成减少，应从食物中补充参与胶原和弹力蛋白合成所需要的营养元素，如视黄醇、维生素 C、B 族维生素、硒、锌、铜、氨基酸等。饮食要健康、均衡，多吃新鲜水果、蔬菜有助于防止皮肤过早衰老。

4）保持健康的生活方式。某些环境和生活方式可抑制胶原蛋白的生成或使胶原蛋白受损，导致皮肤过早老化。可采取预防措施减缓老化的过程，如保持充足的睡眠，进行适当体育锻炼，控制体重，增强身体新陈代谢功能，保持心情舒畅，减少压力，劳逸结合，等等。

5）女性激素性衰老。女性绝经后雌性激素分泌减少，会影响皮肤的充实性和弹性，使皮肤变得更加干燥。如需要，可在医生的指导下，采用处方激素替代治疗，有助于减少皮肤干燥和皱纹，增加皮肤厚度。

2. 衰老皮肤家居护理注意事项

（1）避免恶劣的外界环境，如长时间风吹或日晒（可适当进行遮挡），避免皮肤冷热刺激。

（2）衰老皮肤容易受损，修复缓慢，面部清洁时不要过度揉搓和去角质，过度揉搓和去角质会使皮肤角质层变薄，导致干纹、皱纹的产生，并应避免使用易产生不良刺激的护肤品。

（3）避免过度牵拉肌肤，涂抹护肤品的手法不宜过重，避免反复多次涂抹。

（4）减少糖类摄入，避免引起皮肤糖化反应；减少精制碳水化合物摄入；避免食用太多产生自由基的食物，如油炸、烧烤、腌制食物等，以及酒类，以免加速衰老。吸烟会损害胶原蛋白和弹力蛋白。

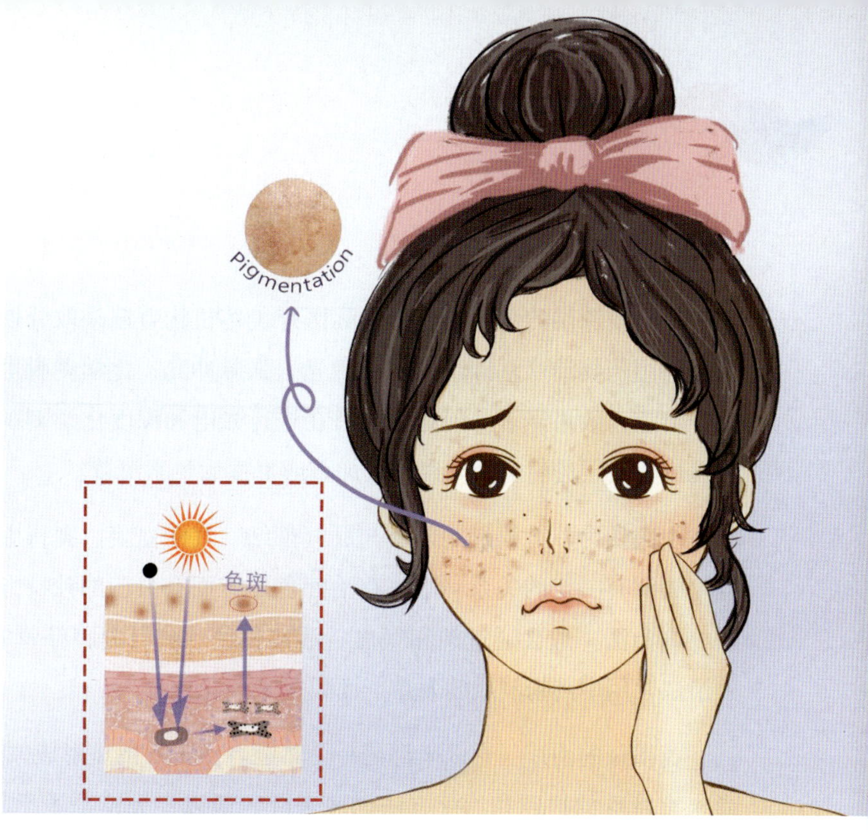

第二节
色斑皮肤护理

色斑包括黄褐斑、雀斑、老年斑、褐青色痣等，其中，黄褐斑是美容师最常见的色斑之一，也是美容院处理色斑皮肤的重点。色斑有多种治疗和护理方法，如美白护肤品、药物、光电治疗、化学剥脱术、生物－物理剥脱术、中医等，其护理目标大致相同，即减少黑色素生成，淡化或消除色素，缩小色斑面积，抑制血管增生，抗炎，修复皮肤屏障，使皮肤恢复正常，预防和减少复发。

对于一些浅表的色斑，美容院常规的护理方法是补水保湿、抗氧化、抗炎、修复皮肤屏障、淡化色素。国际美容界最普遍和常用的淡化色斑的方法是果酸、生物－物理剥脱术（草本或深海植物换肤），特别是药妆类的产品，能达到显著淡化及改善浅表色斑的效果。

对于较深层的色素沉着，国际医疗美容机构普遍采取分期分型的治疗方案，在系统和外用药物治疗基础上，结合激光、强脉冲光、化学剥脱术、生物－物理剥脱术等综合治疗，效果显著。但是，色斑在进行光电和深度化学剥脱术治疗的过程中，如果触发皮肤底层炎症也会导致色斑加重或炎症后色素沉着。

中医认为，黄褐斑的形成与肝气郁结、气滞血瘀、脾胃虚弱、肝肾不足和身体内分泌失调有一定的关系。中医在治疗色斑方面有自己的独特方法，包括内治法和外治法。内治法一般会通过调和气血、活血化瘀、疏肝健脾补肾的方式进行内调来改善，外治法常用中药粉制成的面霜、面膜等来淡化色素。

黄褐斑的治疗一直以来都是一个难题。由于黄褐斑形成原因复杂多样，复发率高，尚未有特殊的护理和治疗方法彻底去除。所以，无论是生活美容还是医疗美容手段，一般只能改善 30%～70%。并且，色斑护理和治疗需要几个月或更长的时间，需要长期坚持防晒及保养，并将淡斑当作常规护理来对待，才能达到淡化、改善和预防色斑复发的目的。

一、色斑皮肤分析

1. 目测观察

（1）雀斑。呈黄褐色或褐色，芝麻至米粒大小的圆形或类圆形色素沉着斑点，不高于皮肤表面，常分布于鼻梁、脸颊、前额甚至全脸。

（2）老年斑。呈绿豆至杏仁大小的淡褐色或淡黑色色素斑块，扁平或稍高于皮肤表面，表面光滑，呈乳头瘤样，常见于中老年人的面部、额头、手背和前臂等暴露处。

（3）黄褐斑。呈淡黄褐色、暗褐色或深咖啡色形状不规则的色素沉着斑块，不高于皮肤表面，多对称分布于两颊、前额等常受阳光照射区域。

（4）褐青色痣。多对称呈现于双侧颧骨部位的褐青色色素沉着斑点，直径 1～5 mm，多为圆形、椭圆形或不规则形状，边界清楚，中央可见正常皮肤。

2. 询问倾听

色斑皮肤的诱导因素和影响因素众多，虽然难以判断出真实原因，但美容师还是应该对顾客的生活习惯和曾经的美容治疗状况有所了解，这样有助于制订合理的护理计划，对症下药地进行护理。

（1）色斑出现的时间及变化，是否有遗传、内分泌失调、慢性疾病、睡眠障碍、长期熬夜、精神压力大的情况。

（2）皮肤是否敏感、干燥，日晒防护及护理方式是否恰当；是否外用过肤轻松、皮炎平、皮康王等药膏，是否怀孕，是否服用口服避孕药、激素替代药物或其他任何激素类药物。

（3）是否进行过色斑皮肤护理或使用过祛斑产品，是否做过激光、热玛吉、超声刀、化学剥脱术等光电治疗，其效果怎样。

3. 触摸

老年斑和色素痣常凸起于皮肤表面，雀斑、黄褐斑、褐青色痣表面光滑，无明显凸起。

4. 仪器检测

伍德灯是医生和美容师常用的色素检查仪，通过使用该仪器能找出色素沉着和光损伤，以及皮肤更深层的，肉眼看不到的伤害。VASIA 面部图像分析仪可反映皮肤底层肉眼所看不到的情况，在色斑皮肤检测过程中发挥着重要作用。

50 倍皮肤镜下的色斑皮肤如图 2–3 所示，VISIA 面部图像分析仪下的色斑皮肤如图 2–4 所示。

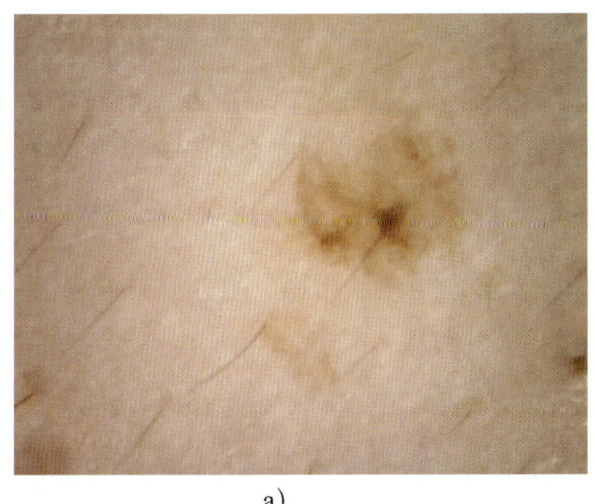

a)

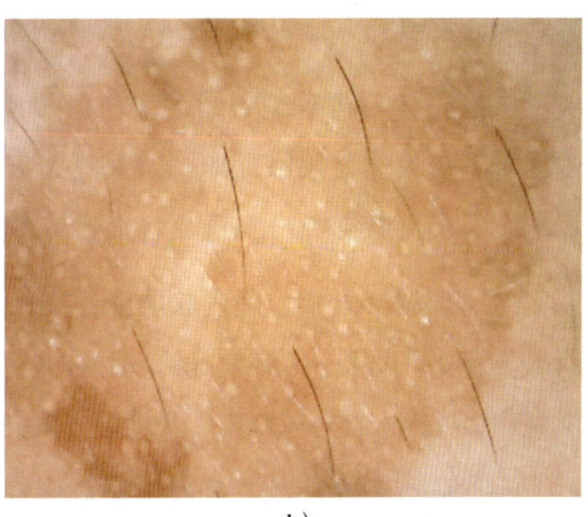

b)

图 2–3　50 倍皮肤镜下的色斑皮肤
a）表皮层　b）真皮层

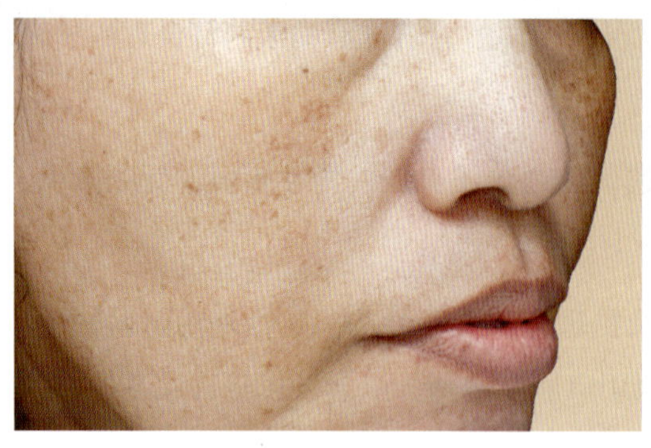
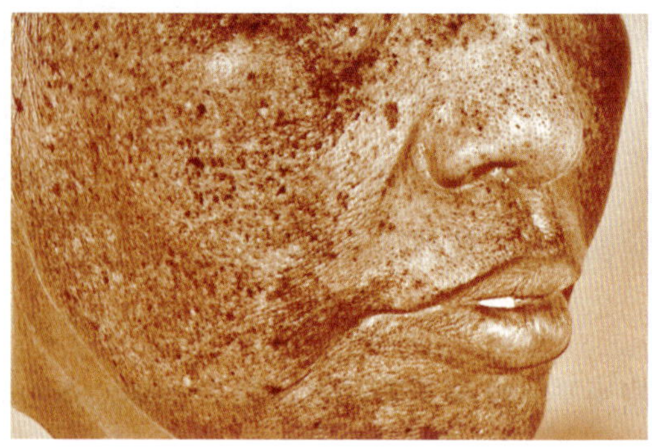

图 2-4　VISIA 面部图像分析仪下的色斑皮肤

二、色斑皮肤的美容院护理

黄褐斑的美容院护理应根据皮肤的具体状况，以保湿、抗炎、舒敏、修复受损皮肤屏障、减少黑色素生成、淡化色斑、抗外源性老化为指导原则。皮肤处于活动期的色斑，护理时可使用保湿、抗敏、抗炎、修复屏障的功效性护肤品。色斑皮肤处于稳定期或静止期时，可选择结合化学剥脱术、生物 - 物理剥脱术、美白类护肤品进行护理，能达到有效的辅助治疗效果。

1. 常规护理方法

黄褐斑的产生一般与皮肤屏障受损问题相关，其发病原因与受损皮肤底层的炎症反应有关。皮肤屏障受损、角质层含水量减少和皮肤微炎症等因素对黄褐斑发病过程的影响非常重要，这也为美容院护理指明了方向。

炎性斑常与黄褐斑共同存在，在两者并存的情况下，首先应以修复皮肤屏障、补水保湿、抗炎为首要治疗原则。通过 VASIA 面部图像分析仪能判断皮肤底层炎症的消退情况，在皮肤屏障得到修复、炎症减退的同时，炎性色斑也会得到很大的改善。

（1）保湿、舒敏。因皮肤屏障受损，色斑皮肤会产生皮肤干燥、水分流失等症状，所以美容院护理第一原则就是给皮肤补充充足的水分、油脂，抗敏抗炎，加快修复皮肤底层炎症。可导入含有尿囊素、壳聚糖等成分的精华或原液，增强皮肤的锁水和保湿能力。

（2）修复皮肤屏障。因色斑皮肤常伴随皮肤屏障受损，皮肤处于活动期并伴随敏感症状时，应先以降低皮肤敏感度、消除底层炎症、修复皮肤屏障为首要护理目标，此阶段的护肤方案参照敏感皮肤护理方案进行。

（3）抑制黑色素形成。使用含有熊果苷、烟酰胺、光果甘草提取物、氨甲环酸、乙醇酸、曲酸、壬二酸、维生素 C 等成分的产品，以抑制基底层黑色素的合成，淡化色斑。

（4）改善皮肤微循环。色斑皮肤常伴有皮肤微循环不畅的症状，适当的按摩、超声波导入或者微电流导入可以改善皮肤微循环，加快色素的代谢。

（5）抗氧化。使用含有虾青素、维生素 C、维生素 E 等具有较强抗氧化作用的护肤品，可减少氧化应激损伤，从而影响黑素体的合成和降解。

（6）依据实际情况处理合并皮肤问题。色斑皮肤伴随痤疮症状时，应先以深层净化毛孔、改善毛孔堵塞及痤疮炎症症状为首要目标。黄褐斑皮肤伴随雀斑、褐青色痣时，应先注重改善黄褐斑，之后再考虑护理或治疗其他合并皮肤病。

2. 特殊护理方法

（1）换肤疗法。此疗法是治疗单纯色素型黄褐斑的有效辅助方法。换肤疗法在去除老旧角质的同时刺激细胞更替，加速黑色素颗粒从基底层到角质层的转运及排出，使皮肤表面沉积的色素伴随着角质细胞的代谢过程脱落，进而减轻色素沉着，改善黄褐斑问题。美容院常用的换肤疗法有化学剥脱术（使用果酸、水杨酸、视黄醇、维 A 酸、复合酸等）和生物 – 物理剥脱术。

（2）光电疗法。在色斑皮肤处于稳定期时，可考虑选用光电疗法。光电疗法主要包括非剥脱点阵激光、皮秒激光、射频及强脉冲光等疗法。其中激光祛斑是用仪器治疗色斑皮肤的主要辅助手段，并且已经成为一种先进并有效的祛斑技术。激光祛斑以其无损伤、无瘢痕、疗效确切、痛苦小及治疗安全简便的特点被广泛用于临床，尤其在雀斑、老年斑、褐青色痣、黑斑等定性斑的治疗上发挥着稳定而有效的作用。

在对黄褐斑进行治疗时，前期需要做好补水、保湿、抗炎和修复等基础工作，在皮肤水分充足、炎症淡化、皮肤屏障修复后皮肤处于稳定期时，再通过大光斑、低能量的激光治疗进行阶段性的色素爆破治疗更加安全有效。激光治疗黄褐斑不可操之过急或者操作过度，否则会刺激黑色素细胞，导致黄褐斑扩散或加重。并且，在活动期的色斑应避免光电治疗。激光治疗需到有资质的专业机构由专业人员进行操作。

（3）处方药物治疗。色斑皮肤处于活动期时，治疗单纯色素型色斑常用的外用药物包括维 A 酸类（0.05% ~ 0.1% 维 A 酸软膏）、壬二酸（15% ~ 20% 乳膏）、氢醌及其衍生物（2% ~ 5% 氢醌乳膏）等；口服药包括具有减少黑色素合成、抑制血管增生和减少红斑作用的氨甲环酸；用于静脉滴注，具有抗炎作用的甘草酸苷等药物。

3. 护理方案

在美容院，治疗黄褐斑需要制定长期的个体化综合护理方案，且只能达到让黄褐斑淡化到不那么明显的效果。以下以与敏感皮肤共存的黄褐斑皮肤的低浓度果酸换肤疗法为例，循序渐进地制定 3 个不同阶段的护理方案，见表 2–2。第一阶段和第二阶段为常规护理阶段，第三阶段为特殊护理阶段。黄褐斑皮肤的护理是一个动态的过程，应根据皮肤状况适时调整方案。

表 2–2　色斑皮肤的低浓度果酸换肤疗法护理方案

阶段	内容
第一阶段	护理目的：修复皮肤屏障，补水保湿，增强锁水能力，抗炎，舒敏，使皮肤恢复健康 护理方法：舒敏、保湿、屏障修复疗程。每周 1 次，4～6 次为一疗程
第二阶段	护理目的：加速皮肤的新陈代谢，抗氧化，帮助黑色素分解 护理方法：抗氧化美白疗程。每周 1 次，4～6 次为一疗程
第三阶段	护理目的：淡化色素，加快已经形成的表皮色素脱落 护理方法：低浓度果酸换肤疗法。每 14～30 天一次，4～6 次为一疗程

4. 注意事项

（1）清洁。色斑皮肤常伴有干性及敏感皮肤症状，清洁时间应稍短，力度要轻柔，水温不宜过高或过低，洁面乳应选用温和无皂基产品，洁面次数不宜过多。

（2）护肤。色斑皮肤常伴有皮肤屏障受损和底层炎症，皮肤干燥，锁水能力差，皮肤的油分和水分不足，洗面后应立即涂抹滋润保湿的营养性化妆品以加强皮肤的锁水保湿能力，避免风、霜、雪、紫外线等外界因素对皮肤的直接伤害。

（3）热刺激。淡斑产品一般含有活性成分，与热喷一起使用会产生刺激，与敏感皮肤共存的色斑皮肤更不宜使用热喷护理。研究证明，具有较强热量的红外线照射或热蒸汽、桑拿等会升高皮肤的温度，触发炎性细胞，增加皮肤内黑色素的生成，从而加重色素沉着问题。

（4）按摩。色斑皮肤可通过按摩促进微循环，加速色斑的代谢。但对角质层薄、屏障受损部位进行按摩时动作要轻柔，尽量减少对皮肤的过度牵拉和刺激。按摩时间不宜过长，一般不超过 15 min，可用保湿、淡斑、舒敏类护肤品来按摩。

（5）面膜。色斑皮肤的面膜选择主要以保湿、美白、抗氧化成分为主；底层炎症期应重点关注抗炎和修复皮肤屏障，待皮肤干燥和炎症得以改善后再进行美白及色斑皮肤的护理。

（6）化学剥脱术。对皮肤屏障受损、底层有炎症、处于活动期的色素皮肤应避免使用化学剥脱术和生物－物理剥脱术，否则会导致黄褐斑加重。对于与敏感性皮肤共存的黄褐斑皮肤，在换肤护理之前，应确保皮肤具有足够的保湿和锁水能力，待皮肤屏障恢复健康及底层炎症修复后才能进行换肤。化学剥脱术容易破坏皮肤屏障，治疗后必须严格防晒、保湿、抗敏、抗炎和修复皮肤屏障，促进细胞组织的再生。更多内容详见本章第八节。

三、色斑皮肤的家居护理

由于许多因素的变化都会导致色斑的加重及复发，所以色斑皮肤护理是一项需要付出精力和时间的工程，而家居护理则是这项工程的坚实基础。色斑皮肤的护理成效很大程度上取决于个人日常的皮肤护理和诱因的控制，特别是防晒工作的严密与否是决定色斑是否加重和复发的关键要素。顾客要有足够的耐心和毅力照顾好自己的皮肤，坚持定期到美容院护理以防色斑反弹或加重，并且要调整好对护理效果的预期，做好复发或效果不够理想的思想准备。

1. 家居护理重点

（1）防晒。紫外线是诱发和加重黄褐斑的最主要原因，黄褐斑的家居护理关键是防晒，即阻断黑色素的形成诱因。特别是在护理或治疗期间，防晒尤其重要，否则会加重色素沉着。SPF30 以上的防晒霜对色斑皮肤护理才有效，需要每 2～3 h 补涂一次，并在使用防晒霜的基础上采用穿戴防晒衣、太阳帽、面罩等遮挡性防晒方式的双重防护工作。做好防晒工作有利于黄褐斑的防治，减少复发。

（2）补水保湿。色斑皮肤的含水量及锁水能力不足，会影响皮肤的新陈代谢及皮肤屏障的健康。因此，色斑皮肤家居护理的基础工作是做好皮肤的保湿和锁水，以增强皮肤抵抗紫外线的能力。

（3）修复皮肤屏障。可选择含有神经酰胺、透明质酸、乳木果油、积雪草精华、青刺果油等具有修复和维持皮肤水合作用成分的修复霜进行皮肤角质屏障的修复，抑制炎症的形成及水分的流失。

（4）抗氧化。抗氧化可减少皮肤受氧化应激损伤，是色斑皮肤护理需要长期重视的要点，可使用含虾青素、花青素、左旋维生素 C、维生素 E 等抗氧化成分的护肤霜来影响黑素体的合成、成熟和降解。15% ~ 20% 的高浓度左旋维生素 C 还能淡化色素，减少皱纹；也可口服含维生素 C、维生素 E、绿茶萃取物等抗氧化补充剂，有助于降低酪氨酸酶的活性，减少黑色素的生成。

（5）淡化黑色素。处方类药品可使用对苯二酚、外用皮质类固醇、维 A 酸、氨甲环酸等；护肤品可以使用含烟酰胺、谷胱甘肽、甘草提取物、芦荟、壬二酸、乙醇酸、曲酸、视黄醇等成分的淡斑产品，通过抑制酪氨酸酶活性、阻断黑色素传递、加速色素分解等途径减少黑色素的生成。同时，这些成分还具有抗炎的作用。左旋维生素 C 能阻止多巴醌氧化，抑制黑色素合成，以此淡化色斑。

（6）饮食健康。应常吃富含维生素 C 的食物，如柑橘类水果、西红柿、鲜绿叶菜、猕猴桃等，它们能抑制黑色素的形成，从而减少面部色素的沉着，达到辅助色素淡化的效果。

（7）配合医生治疗。身体内在的不健康因素常伴发黄褐斑，因此在护理的过程中要注意询问诱导原因，找出形成黄褐斑的内在诱因，配合医生共同调理。

2. 家居护理注意事项

（1）面部清洁。清洁时不要过度揉搓和去角质。过度揉搓和去角质会使皮肤角质层变薄，刺激皮肤并引起炎症，从而导致色斑加重。

（2）护肤品使用。建议在医生和美容师的指导下，选择有对应功效并具备相应安全性的，经过临床验证的美白类护肤品。皮肤处于敏感期时，使用的护肤品应以抗敏、抗炎、保湿和皮肤屏障修复为主，在皮肤恢复健康前不可急于使用美白淡斑类护肤品。应选择温和的护肤品，避免使用劣质化妆品。

（3）避免诱发因素。调整生活方式，保持乐观的心态，树立信心。保持充足的睡眠和规律的生活，适当进行体育锻炼，增强身体新陈代谢功能；注重内分泌调理，避免服用引起性激素水平变化的药物和光敏药物；避免日照和用蜡纸脱毛。

（4）饮食禁忌。少吃或不吃感光食物，如韭菜、芹菜、胡萝卜等，少食富含酪氨酸的食物，如马铃薯、红薯等。

第三节 敏感皮肤护理

敏感性皮肤可分为原发性敏感（如遗传）和继发性敏感（如玫瑰痤疮、痤疮等炎症性皮肤病，护肤不当，药物等）。无论何种原因导致的敏感性皮肤，都具有因皮肤屏障受损而容易出现干燥、瘙痒、脱皮、灼热、泛红、红肿、毛细血管扩张和对常用护肤品及清洁品难以忍受等共同特征。美容院的护理重点是控制炎症反应，促进皮肤屏障修复，降低神经血管高反应性，提高皮肤的耐受性。美容院对于玫瑰痤疮的护理具有敏感皮肤护理的典型性，所以本节主要介绍玫瑰痤疮的护理。

玫瑰痤疮在临床很容易被漏诊或误诊为自然红润、过敏性皮炎、激素依赖性皮炎、脂溢性皮炎、日光性皮炎等，所以，玫瑰痤疮的诊断需要医学知识来支撑。无论哪种程度或类型的玫瑰痤疮（包括所有其他类型的敏感皮肤），美容师都应建议顾客就医，确认病情。由于此病常复发，可控不可治，美容师应制订长期的护理计划，护理重点在于控制症状，尤其是对早期症状进行及时的控制非常重要，可有效减轻症状并预防病情的加重。

美容院对玫瑰痤疮的泛红、毛细血管扩张等症状没有切实有效的护理方法，对轻度红斑毛细血管扩张型痤疮、中度丘疹脓疱型玫瑰痤疮可以进行保湿、抗炎、舒敏、修复皮肤屏障等辅助治疗，对于重度痤疮则应建议顾客到医院进行舒敏、修复、药物、激光、强脉冲光治疗，美容师也可在医生的指示下进行辅助治疗。一般轻度的玫瑰痤疮无须药物治疗，通过使用正确的护肤品和避免诱发因素就能得到改善，较严重的只有处方药结合良好的皮肤护理才能达到和维持最佳疗效。

由于玫瑰痤疮有丘疹、脓疱、结节等痤疮样病变，很容易误诊为痤疮，而且三者常同时存在，因此，玫瑰痤疮的护理方法和护理产品可综合针对痤疮皮肤的抗炎、针对敏感皮肤的舒敏和针对修复皮肤屏障的护理。图 2–5 中从左至右是玫瑰痤疮从轻度到重度的症状。

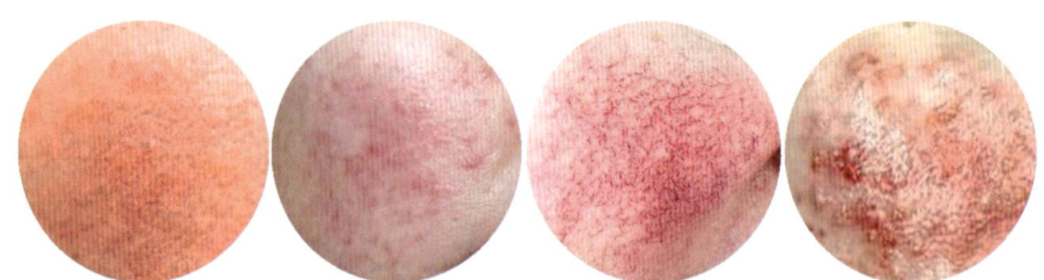

图 2–5　玫瑰痤疮症状

对丘疹脓疱类玫瑰痤疮的皮肤分析和更多的医疗美容、医学疗法请参考本章第四节。

敏感和过敏是不同的皮肤问题。对于过敏性皮肤，首先要咨询医生找出过敏源，轻度症状可在医生的指导下进行镇静、舒敏类皮肤护理，同时应避免使用含过敏源和刺激成分的护肤品；重度症状应避免一般的皮肤护理，或在医生的指导下进行辅助治疗。

一、敏感皮肤分析

分析皮肤时，玫瑰痤疮最重要的特征是阵发性潮红，这是其他类型的敏感皮肤不具有的症状。总体来讲，敏感皮肤的诊断有以下几种方法。

1. 目测观察（美容放大镜下）

敏感皮肤在美容放大镜下普遍会发现角质层薄、干燥、肤色偏红、脱屑、红斑、毛细血管扩张（面颊、鼻部、口周）、丘疹、脓疱等症状。

2. 询问倾听

询问是否受紫外线、风、冷热温度和情绪的刺激，是否受含酒精、香料、化学成分的化妆品刺激，是否受磨砂类产品、电动磨面刷等外力刺激。受刺激后是否易出现持久性红斑、刺痛、灼热、瘙痒、紧绷等皮肤敏感症状，是否使用含糖皮质激素的劣质护肤品，是否在医生的指导下使用抗敏抗炎的糖皮质激素药膏。

3. 触摸

皮肤摸起来比较粗糙，过敏期皮肤温度偏高。

4. 仪器检测

仪器检测主要是指运用各类皮肤测试仪器对皮肤生理参数进行测试。不同的皮肤检测仪器有不同的检测原理及客观评定方式，具体的数据参数可能也有差异。检测敏感皮肤应侧重检测皮肤含水量及角质层健康状况，主要检测点及判定依据如下。

（1）皮肤含水量。作为判定皮肤含水情况的重要指标，皮肤含水量可以客观反映表皮、真皮的含水情况。通常情况下，皮肤屏障受损后会加速皮肤表面水分蒸发，造成皮肤缺水。

（2）血液循环的分布状况。面部各部位血液循环状况可以通过仪器来检测，敏感皮肤，尤其是毛细血管扩张时可见明显的局部血液循环不畅，甚至可见局部毛细血管扩张硬化等，皮肤潮红也可在血液循环分布状况检测时发现。

（3）其他指标。毛孔状况、皱纹状况、日光损伤状况、血管和胶原损伤状况都是敏感皮肤的检测指标，可根据需要进行检测分析。

（4）示例图片

50 倍皮肤镜下的敏感皮肤如图 2–6 所示。VISIA 面部图像分析仪下的敏感皮肤如图 2–7 所示，皮肤底层红色区明显。

a）

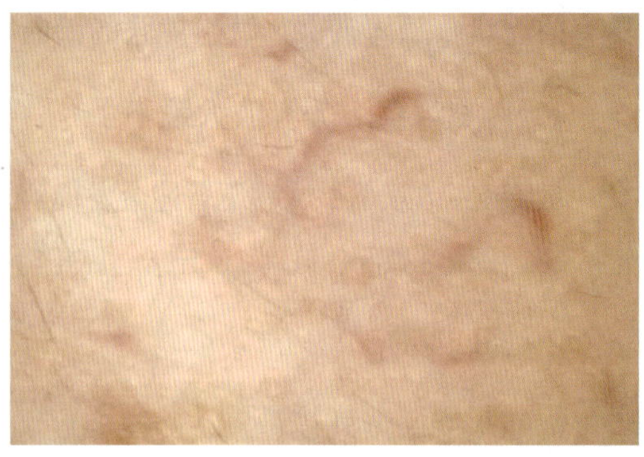

b）

图 2-6　50 倍皮肤镜下的敏感皮肤

a）角质屏障受损，皮肤纹理不健全，看不到皮沟和皮丘　b）皮肤底毛细血管扩张

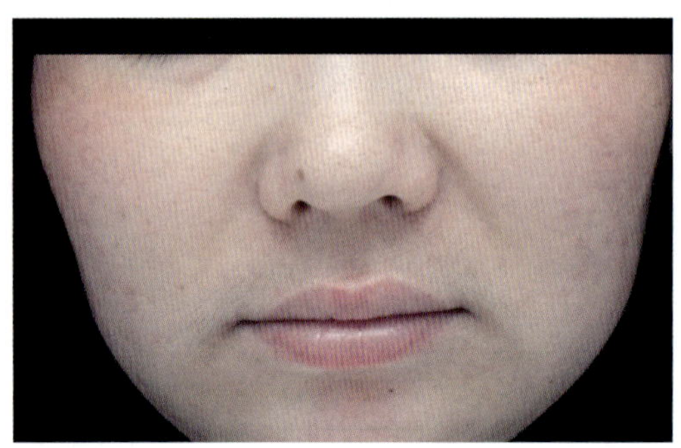

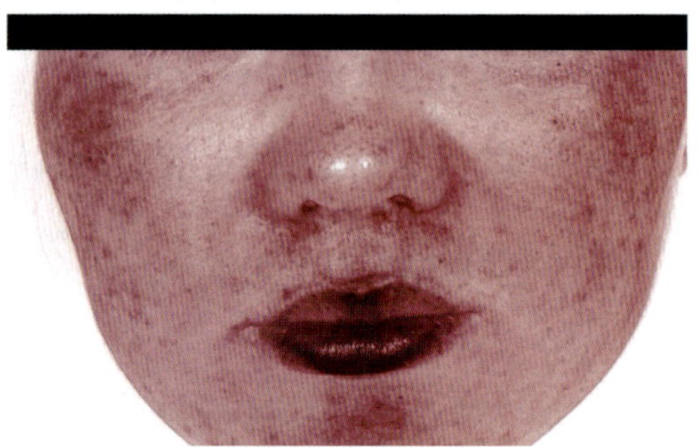

图 2-7　VISIA 面部图像分析仪下的敏感皮肤

二、敏感皮肤的美容院护理

1. 常规护理方法

（1）修复屏障。各种敏感皮肤所具有的一个共同点就是皮肤屏障功能受损。所以，为皮肤提供充足的水分和脂质是修复受损皮肤屏障的最基本方法。选用安全性高，具有镇静、抗敏、舒缓、保湿、修复功效的专业线或药妆护肤品来修复皮肤屏障，是改善敏感性皮肤的主要方法。

保湿修复类护肤品一般含有吸湿剂（如甘油、尿素、透明质酸）、封闭剂（如乳木果油、牛油果油、凡士林）和与皮肤成分相同或相似的原料（如天然保湿因子、角鲨烷、神经酰胺），能补充因皮肤屏障受损而流失的水分，并在皮肤表面形成一层薄的疏水性油膜，起到修复和加固皮肤屏障的作用。

（2）补水保湿。皮肤的敏感很多是因为皮肤长时间干燥缺水导致的。皮肤的干燥不仅表现在表面水分的缺失，还表现在皮肤细胞外基质内透明质酸和多糖类物质的缺失而导致皮肤锁水能力不足。因此，敏感皮肤的护理应以保湿、锁水为主，从而达到改善皮肤锁水能力的目的，可通过电流导入和超声波导入法把多糖及透明质酸等导入到皮肤深层，增强皮肤的锁水功能。

（3）深层清洁。敏感皮肤可使用温和的酵素、果酸、超声波等去角质方法进行深层清洁对敏感皮肤的修复至关重要。但因过度去角质引起的皮肤敏感应避免去角质。

（4）舒敏镇静。干性敏感皮肤可使用具有保湿、镇静、舒缓功效的面膜进行湿敷，并使用具有抗敏、保湿功效的精华油、霜进行舒敏保湿及修复护理。油性敏感皮肤可使用具有控油保湿功效的精华液（乳、凝胶）或面膜进行修复护理。敏感状况严重，玫瑰痤疮潮热发红时，可混合使用冷喷、冷敷和 LED 光疗等手段来镇静舒缓皮肤。

2. 特殊护理方法

（1）换肤。对于玫瑰痤疮的特殊护理，国际美容界通常会使用温和的、专门针对敏感皮肤的浅表皮肤换肤疗法来去除受损和坏死的角质细胞，刺激新细胞的再生，让健康的新生细胞代替坏死细胞，同时刺激胶原蛋白和弹性蛋白的产生，增加皮肤的厚度，重塑健康的角质层。这些产品具有抗敏、抗炎和修复等功效，在去角质的同时，能起到消炎杀菌、减轻炎症和发红症状的作用，从而有效改善发红、炎症、丘疹和脓疱等症状。

临床实验证明，低浓度的酸比如壬二酸、乙醇酸、水杨酸等，以及视黄醇类制剂，在去角质、改善毛囊环境的同时可以起到消炎杀菌的作用，使引起痤疮样斑点的物质失活，防止或抑制毛囊蠕形螨在毛囊里附着和生长，杀灭痤疮丙酸杆菌等多种微生物，使玫瑰痤疮的炎性皮损得以改善，从而缓解发红、丘疹、鳞片、毛细血管扩张以及敏感等一系列不良症状。在欧美，很多产品制造商会提供专门针对敏感皮肤的温和配方化学换肤剂，供美容院和医疗机构使用。

敏感皮肤有多种类型，但并不是所有类型都适合换肤疗法，如因过度去角质而产生的皮肤敏感问题，必须先修复受损皮肤屏障和恢复皮肤健康，并确保皮肤处于稳定期、足够滋润才能进行换肤。

（2）细胞再生疗法。随着生物美容护肤技术的发展，皮肤细胞生长因子在敏感皮肤的角质层重建方面发挥着重要的作用。表皮细胞生长因子、角质细胞生长因子和成纤维细胞生长因子可作用于皮肤的不同层面，从而加快细胞的增殖分裂，使新生的细胞不断分裂代替老化受损的角质细胞，重建具有一定厚度的健康的角质层。细胞生长因子会在促进细胞分裂的过程中产生大量的细胞外基质（细胞分裂过程中的产物），这些物质对于重建皮肤的保湿及锁水功能有重要作用。

（3）仪器修复疗法。美容院和医疗机构最常用的物理疗法是 LED 光疗法。LED 系统发出的红、蓝、黄等多色光谱能刺激皮肤细胞自我修复。红光具有抗炎的作用，能有效减轻皮肤发红和发炎症状，也能照射入真皮层，刺激胶原蛋白和弹性蛋白的产生，增厚皮肤，从而改善毛细血管扩张症状；蓝光有消炎杀菌的作用，可对丘疹、脓疱症状有显著的改善作用；黄光具有降低皮肤敏感性的作用，能显著改善玫瑰痤疮、激素依赖性皮炎等皮肤敏感症状。

（4）强脉冲光。使用低能量、较强波长的强脉冲光（590 ~ 1 200 nm）治疗玫瑰痤疮、激素依赖性皮炎，可逐渐减轻红斑、毛细血管扩张和炎症。

（5）药物。玫瑰痤疮可在医生的指导下使用处方药如外用甲硝唑乳膏、壬二酸凝胶、抗生素、过氧化苯甲酰凝胶等进行治疗。详见本章第四节。

3. 护理方案

敏感性皮肤症状容易反复，应该制订较长时间的整体护理计划来保持皮肤状态的稳定性，并尽量将皮肤修复到健康状态。美容院的护理方案一般按照循序渐进的原则分阶段进行，不同阶段的护理目的及内容均有所不同。以下以针对玫瑰痤疮皮肤的温和壬二酸或草本换肤护理的三个不同阶段的护理方案为例，第一阶段和第二阶段为常规护理阶段，第三阶段为特殊护理阶段，见表 2–3。

表 2–3　玫瑰痤疮壬二酸护理方案

阶段	内容
第一阶段	护理目的：镇静，保湿，修复；缓解干燥、泛红、瘙痒、灼热、刺痛等症状；调节水油平衡，修复受损皮肤屏障 护理方法：舒敏、保湿、屏障修复。每周 1 次，4 ~ 8 次为一疗程
第二阶段	护理目的：加强皮肤的营养，增强皮肤屏障功能与抵抗力 护理方法：醒肤。每周 1 次，4 ~ 8 次为一疗程
第三阶段	护理目的：深层清洁，刺激细胞再生，重建皮肤健康角质层 护理方法：15% 壬二酸温和换肤疗法。每月 2 次，4 ~ 6 次为一疗程

4. 注意事项

（1）常规护理手段及使用的产品应尽量减少刺激；护肤品的使用一定要以简单、单一为原则，不要过度使用，应选择温和、弱酸性、成分简单或附加成分少的产品；避免使用含异丙醇、香精、色素、酒精等刺激成分的产品；避免采用刺激性强的护理方式，如磨砂、刺激性按摩、红外线照射等。

（2）卸妆清洁时动作要轻柔，尽量减少对皮肤的机械刺激。

（3）严重敏感期内应避免使用超声波导入。

（4）不可使用热喷。热气会加重皮肤发红、发炎和毛细血管扩张，减弱血管壁的活力。

（5）按摩时间不宜长，力度应轻柔，动作以按抚、排毒类动作为主；严重敏感期内不可按摩；有红血丝症状的部位可用轻柔的手法进行短时间的按摩，以促进血液循环，增强毛细血管弹力。

（6）面膜应选择性质温和、具有保湿舒缓成分的产品，避免使用含有薄荷、冰片、樟脑成分的冷膜、热膜、硬膜等。

（7）敏感皮肤在护理过程中若出现过敏反应，应立即停止操作。美容院应预先准备抗过敏产品以备急用。

（8）皮肤敏感症状与色斑、外源性老化等其他皮肤问题同时存在时，应先进行舒敏并修复皮肤屏障，待皮肤恢复正常以后，再考虑做其他的护理。

三、敏感皮肤的家居护理

1. 家居护理重点

（1）卸妆清洁。敏感皮肤一般皮脂膜较薄或受损，因此卸妆清洁的原则是尽量保护皮脂膜不被过度破坏。卸妆产品应选用针对敏感皮肤的专用产品，每次使用时间要尽量短，手势要尽量轻柔，水温接近皮肤温度，洗脸次数不宜过多，早晚两次即可。皮肤非常干燥和敏感时，早上可直接用温水洗脸，或用保湿镇静爽肤水浸湿棉片轻轻擦拭。

（2）去角质。去角质应根据皮肤的敏感程度而定。如果皮肤的敏感程度不高或处于稳定期，可一到两周进行一次去角质护理，但必须使用专门针对敏感性皮肤的酵素、乳酸等具有抗炎、保湿和修复作用的温和去角质剂，避免使用磨砂膏等刺激性产品。

（3）保湿修复。敏感性皮肤角质层比非敏感性皮肤薄，保持水分的功能差。因此，日常护理中，更应注重通过补水、保湿来维护和修复皮肤屏障，缓解皮肤敏感状况。

（4）镇静舒缓。敏感皮肤在受到外界刺激后，容易出现泛红、发痒等症状，使用镇静舒缓的产品可以有效缓解敏感皮肤症状。

（5）精准防晒。敏感性皮肤特别要注意防晒。防晒产品应选用 SPF30 或更高的，无刺激性、成分为氧化锌或二氧化钛的全天然物理性防晒品，或具有针对性修复功能的防晒品，并配合遮蔽性物理防晒。

（6）激素依赖性皮炎。治疗此种皮炎应采取激素递减的方法进行戒断。因在戒断的过程中皮炎容易反复发作，故要对顾客进行心理疏导和鼓励，帮助其戒掉对激素的依赖心理。应告知顾客需要时应在医生的指导下合理使用钙调磷酸酶抑制剂乳膏，尤其是面部，避免滥用或不规范使用糖皮质激素类药物，不要使用含糖皮质激素成分的不正规护肤品。

2. 家居护理注意事项

（1）护肤品选择。与美容院护理一样，应选择成分简单、刺激性活性物质含量少、可平衡皮肤 pH 值（pH 值约 5.5）、针对敏感性皮肤的护肤品。避免使用会导致皮肤敏感的护肤品。

（2）护肤品使用。敏感皮肤不建议使用含刺激成分的护肤品。建议使用足量的油脂或膏霜类的护肤品，可使皮肤表面形成封闭性的保护膜，使角质层水合程度增加，从而有利于角质层屏障功能的修复。如果使用护肤品、化妆品后引起皮肤敏感，应立即停止使用，并更换为专门针对敏感皮肤的润肤霜，直到皮肤恢复健康为止。

（3）化妆品使用。应使用对皮肤有益的天然矿物散粉、粉饼，避免使用防水化妆品，否则需要用特殊的清洁产品才能将妆面彻底清洁干净，这会导致皮肤因摩擦而受到刺激。

（4）避免加重病情的因素。尽量避免敏感诱发因素的刺激，包括过冷、过热、大风、花粉等环境刺激，使用粗糙洗面布，过热或过长时间泡澡淋浴、蒸汽桑拿等热刺激；要注意冬天保暖、夏天防晒。心理压力和阳光是加重玫瑰痤疮的重要因素，而温度的突变也可加重玫瑰痤疮。

（5）保持健康生活方式。保持充足的睡眠，适当进行体育锻炼，增强身体新陈代谢功能，保持心情舒畅，避免心情紧张、情绪激动、抽烟、喝酒。喝酒会增加玫瑰痤疮的发生率，特别是对于女性。

（6）保持健康饮食。健康饮食对身体和皮肤都有好处，应多食富含维生素和水分的食物，少食辛辣、海鲜、羊肉、香菜等易引发皮肤过敏的食物。食用辛辣食物是加重玫瑰痤疮病情的因素之一。

第四节
痤疮皮肤护理

痤疮是一种常见的毛囊皮脂腺单位的慢性炎症性疾病，其发病机制目前尚不清楚，可能与遗传、皮脂分泌增加、荷尔蒙变化、毛囊皮脂腺导管异常角化、痤疮丙酸杆菌繁殖等因素有关。由于痤疮的产生是一个慢性的过程，且易复发，所以治疗和护理痤疮是一个复杂而漫长的过程，需要长期坚持并进行系统和完整的调理、护理或治疗，并在愈后坚持护理，才能达到理想的效果。

痤疮皮肤护理的主要目的是最大程度地减轻痤疮症状、减少复发、避免或减少愈后瘢痕。美容师应根据痤疮的严重程度采取不同的护理手段，对轻、中度（Ⅰ～Ⅲ级）粉刺、丘疹、脓疱进行清除，并进行消炎杀菌、补水控油、舒敏、修复护理；对重度（Ⅳ级）的结节、囊肿则应建议顾客就医，并可配合医生进行一些辅助治疗，以尽快痊愈。美容师应根据顾客的实际情况制订个性化、长期整体的护理计划，并依皮肤情况灵活调整护理计划，跟踪顾客家居护理。

美容师应告知顾客，一般痤疮即使在综合运用各种治疗、护理手段并采取积极家居护理的情况下，也需要 2～6 个月甚至更长的时间才能取得好的治疗效果，应有耐心地进行护理并坚持做完足够的疗程。若中途放弃，再好的方法和护肤品也无法改善或治愈痤疮。痤疮留下的色素沉着和瘢痕则需要更长的时间才能逐渐减轻，顾客应做好长时间配合护理的准备。

由于玫瑰痤疮有丘疹脓疱、结节等痤疮样病变，两者常同时存在，在临床上很容易被漏诊或误诊为痤疮等其他皮肤病，而导致治疗不规范。因此，美容师应首先学会如何识别寻常痤疮（有粉刺皮损，可治愈）和玫瑰痤疮（无粉刺皮损、阵发性潮红、毛细血管扩张，不可治愈）。玫瑰痤疮敏感性强，其护理或治疗方法与痤疮不同，但丘疹脓疱型玫瑰痤疮可采取一些与痤疮护理相似的方法，区别是应选用一些温和、低浓度的痤疮抗炎产品或温和的外用药进行针对性护理。

一、痤疮、玫瑰痤疮皮肤的鉴别分析

1. 目测观察（美容放大镜下）

（1）痤疮。有黑头粉刺、白头粉刺皮损，皮肤暗沉、毛孔粗大、油腻光亮，有炎症性丘疹、脓疱、结节、囊肿、色素、痘斑、瘢痕，皮肤发红仅限于痤疮周围，通常出现在全脸、颈、胸、背等部位。

（2）玫瑰痤疮。无黑头粉刺、白头粉刺皮损，但有毛细血管和阵发性潮红；有轻度或早期的红斑毛细血管型毛孔粗大、皮肤油腻（油性皮肤类），常伴有毛细血管扩张；发红面积较大，持续潮红，通常出现在脸中部前额、颊部内侧、鼻部、口周和下颏等部位；中度或后期的丘疹脓疱型有类似痤疮的小炎症性丘疹、脓疱、结节、红斑；重度的肥大增生型出现鼻尖鼻翼肥大（蒜头鼻，多见于男性）；眼部会有干燥、发炎、红肿等现象，但极少出现。

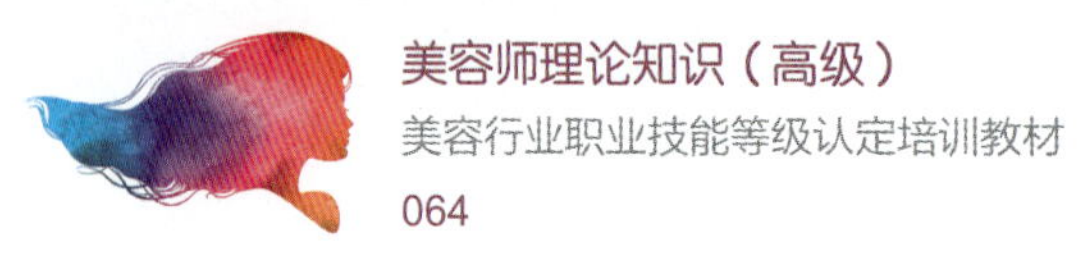

2. 询问倾听

（1）痤疮

1）症状出现有多长时间，是否有遗传因素，是否因青春期、月经期、怀孕等激素变化，月经是否正常，有无口服激素类药物（如避孕药）或刚停止服用不久。

2）是否定期去角质、使用保湿和痤疮护肤品，护肤品是否含易堵塞毛孔的成分。

3）心理压力是否过大，睡眠不足，熬夜。

4）饮食是否均衡，是否常吃甜、油腻、辛辣的食物。

5）所处环境是否发生较大变化，是否不适应环境。

（2）玫瑰痤疮

1）是否有遗传因素；在环境温度突变、心理压力大、阳光照射、饮酒、进食辛辣食物时是否会出现阵发性潮红或使平时的发红加重，发红时间延长；发红是否常复发、且不会完全消退。

2）出现阵发性潮红时，是否感到灼热、刺痛、瘙痒和干燥。

3. 触摸

（1）痤疮。皮肤粗糙、凹凸不平，有小而硬的颗粒、肿块。

（2）玫瑰痤疮。皮肤粗糙、发热。

4. 仪器检测

痤疮、玫瑰痤疮症状明显，较容易识别，一般不用仪器检测。

二、痤疮皮肤美容院护理

1. 常规护理方法

护理、治疗痤疮的方法很多，美容院护理的重点是改善异常毛囊角化，抑制皮脂腺活性，改善毛囊厌氧环境，抑制毛囊内痤疮丙酸杆菌滋生，消除炎症反应，防止色素和瘢痕的产生，补水及保持水油平衡。

（1）卸妆清洁。痤疮皮肤皮脂腺分泌过盛，应彻底去除多余的油脂、皮屑和细菌的混合物。很多患者皮肤屏障受损，皮肤敏感，清洁时力度要轻柔。用接近皮肤温度的温水洗脸，洗脸水过冷不易洗净油脂，过热则会刺激皮脂分泌。最好选用不含皂基、性质温和的卸妆清洁剂，及含低浓度水杨酸、乙醇酸、过氧化苯甲酰（2.5%）等具有去角质和消炎作用成分、去脂性强的泡沫状、凝胶状和啫喱状洗面剂，这些清洁剂在温和清洁并去除油脂的同时，可有效抑制痤疮丙酸杆菌滋生，保护皮脂膜不被过度破坏。

（2）去角质。痤疮皮肤毛孔堵塞、油脂堆积。定期去角质能预防毛孔堵塞，减少痤疮形成，加速愈合和减少复发。可使用果酸、水杨酸来清理毛囊，在去角质的同时有杀菌的作用。

（3）粉刺痤疮清除术。嗜脂性的痤疮丙酸杆菌在毛囊底部的低氧环境中生存，皮脂分泌过多会造成其大量繁殖。定期清理毛囊中过多油脂能减少细菌滋生所需的养分，并能破坏厌氧菌的繁殖环境，减少炎症的发生。因封闭的白头粉刺是炎症性丘疹和脓疱的成因，所以去除白头粉刺可预防、减少或阻止炎性痤疮的形成和复发，对粉刺痤疮皮肤的护理很重要。

（4）按摩。不建议按摩痤疮皮肤，按摩不当会使炎症扩散和加重。对于轻度痤疮皮肤，若需要，可采用淋巴引流按摩手法，帮助淋巴排出废物，加快痤疮痊愈，也可采用穴位按摩手法。

（5）控油、保湿和修复。缺水性油性（痤疮）皮肤一般有外油内干、水油不平衡的特征。长期外用有一定刺激性的抗痤疮药物或护肤品的患者，其皮肤屏障易受破坏，皮肤干燥敏感。所以在使用痤疮产品的同时，应充分补水及平衡油脂，并且需要加强保湿、舒敏和修复，以维持和修复皮肤屏障的功能。可使用专门针对此类皮肤的，含有尿囊素、透明质酸、肽、神经酰胺等成分的爽肤水，及具有舒敏、控油保湿等作用的“水包油”型凝胶状护肤品。

（6）消炎杀菌。可使用含有类视黄醇、水杨酸、壬二酸、乙醇酸、过氧化苯甲酰、茶树油、抗菌肽、硫黄等成分，用于治疗或护理粉刺痤疮的护肤品和面膜。以下主要介绍其中 4 种常用成分。

1）类视黄醇。这类物质能促进细胞角化代谢，改善毛囊皮脂腺导管角化，溶解粉刺，疏通毛孔，抗炎，刺激细胞再生，改善皮肤结构，全面改善痤疮皮肤质地，是轻、中度痤疮的外用首选护肤品。美容师常用视黄醇，医生则用处方维 A 酸来护理或治疗痤疮、淡化痤疮色素、改善痤疮瘢痕等。

2）水杨酸。水杨酸是最常用的抗痤疮成分，具有阻止白头形成、抗氧化、抗炎、干燥皮肤（控油）的功能。

3）壬二酸。壬二酸是温和的去角质剂，能显著减少角化细胞，杀灭痤疮丙酸杆菌及葡萄球菌，是治疗粉刺的有效成分。

4）过氧化苯甲酰。5% ~ 10% 的过氧化苯甲酰是强效的抗菌剂，可释放新生态氧和苯甲酰，减少痤疮丙酸杆菌数量，其排出的游离脂肪酸数量（会引发炎症）也随之减少，炎症也随之消失。过氧化苯甲酰也可与视黄醇、维 A 酸、果酸或其他抗痤疮剂结合使用。由于它会使皮肤干燥，所以只涂于患处即可，如皮肤太过干燥则应加强保湿。

（7）面膜。可根据皮肤状况选择具有保湿、修复、控油或消炎功能的面膜。避免用热膜。

2. 特殊护理方法

（1）美容院护理

1）换肤术。化学换肤术和生物 – 物理换肤术是目前美容师最常用的护理痤疮皮肤方法。这些方法能加速表皮细胞的脱落和更新，有效控制油脂分泌，消炎杀菌，改善炎性和非炎性皮损。同时，能刺激真皮胶原蛋白的合成和黏多糖的增加，促进皮肤自我修复。换肤术不仅能有效改善痤疮症状，还能淡化炎症留下的痘印和色素沉着，减少浅表痤疮瘢痕，并全面改善肤质，使皮肤变得更加健康年轻。更多内容详见本章第八节。

2）LED 红蓝光。轻中度炎症痤疮可配合 LED 红蓝光疗法。蓝光作用于表皮层，有抗菌消炎、抑制油脂分泌的作用。其作用原理是痤疮丙酸杆菌的代谢物卟啉在吸收特定波长的蓝光后被激活而产生单态氧，从而杀死厌氧性痤疮丙酸杆菌。红光被称为生物活性光，能作用至真皮，增强细胞活性，修复受损细胞、促进皮损愈合。同时增加皮肤弹性，预防或减少痤疮瘢痕。因此，红光和蓝光有互补作用，同一部位可先用红光然后再用蓝光照射，疗效会更加显著。可每周用该方法治疗 2 ~ 3 次。

3）痤疮色素的护理。炎症痤疮皮损治愈后会出现红色印迹和炎症后色素沉着。红色痘印一般在 4 ~ 8 周内会自然淡化消失，棕褐色素则需要 6 个月左右淡化消失。美容师可使用含乙醇酸、曲酸、壬二酸、左旋维生素 C 等淡斑成分的产品和换肤剂来加快皮肤代谢、抑制黑色素形成和排除黑色素。医疗美容机构则采用换肤、激光、强脉冲光等疗法来淡化色素。预防色素产生需从预防粉刺痤疮的形成开始，并及时进行早期控制治疗。

4）痤疮瘢痕的护理。轻度痤疮在科学的治疗和护理下一般不会留下伤疤，但重度的结节、囊肿、聚合型痤疮由于真皮感染发炎，在愈合后约13周会形成瘢痕并且很难恢复。轻度瘢痕一般随时间而减轻或消失，美容师在痤疮完全恢复后可用换肤术和微晶磨皮术来改善轻度瘢痕。中、深度瘢痕则需通过医疗美容手段进行改善。预防瘢痕的形成必须从预防粉刺痤疮的产生做起，并及时对炎症痤疮进行早期的护理或治疗，尽量减轻炎症的严重程度和缩短持续时间。

（2）药物治疗。痤疮比较严重时需就医，避免留下痘印和瘢痕。医生可根据痤疮的严重程度使用外用药物、口服药物或两者结合进行治疗。

1）外用药物。主要用维A酸类药物（各种浓度的异维A酸凝胶、阿达帕林凝胶等）、抗生素药膏（克林霉素磷酸酯凝胶、夫西地酸乳膏）或者过氧化苯甲酰。外用维A酸类药物是治疗轻度痤疮的首选药物，也可用于中度痤疮的联合治疗，可改善毛囊皮质腺导管角化，促进粉刺的溶解和排除，抗炎，减少痤疮复发，并且能淡化炎症后色素沉着及改善浅表痤疮瘢痕。

另外，对于轻中度丘疹脓疱型痤疮可每晚使用低浓度的0.05%维A酸制剂，可起到缓解发红、毛细血管扩张、丘疹、脓疱，减少油脂分泌，保持表皮角化正常的作用。中重度红斑及丘疹脓疱型痤疮可选择浓度为15%～20%的壬二酸、甲硝唑、过氧化苯甲酰、伊维菌素等局部治疗药物，具有减少炎症和杀灭蠕形螨的作用。

2）口服药物。以炎症性丘疹、脓疱为主的中、重度痤疮，如果单用外用药物效果不佳，可口服抗生素（如四环素类）结合治疗；以结节、囊肿为主的聚合性类皮损可口服异维A酸并结合外用药治疗；女性可服抗雄激素药物。异维A酸是目前最有效的抗痤疮治疗方法，能长期缓解和改善痤疮。它能显著抑制皮脂分泌，减少粉刺的形成，抑制毛囊皮脂腺导管角化和痤疮丙酸杆菌的生长繁殖，具有抗炎的特性。怀孕期间禁用这种药物。

另外，患中重度丘疹脓疱型痤疮者可口服抗生素（如多西环素），或者口服具有抗厌氧菌作用的甲硝唑片。严重者可口服痤疮药（异维A酸），具有抗炎、抗氧化、减少皮脂分泌的作用，有助于清除痤疮样病变，抑制瘢痕形成。

（3）医疗美容

1）痤疮。以丘疹、脓疱为主的轻、中度炎症痤疮可借助果酸、水杨酸，LED红

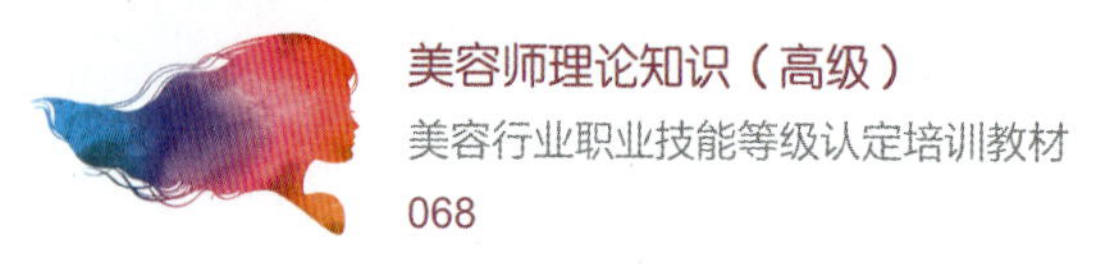

蓝光、光动力、激光、强脉冲光等医疗美容手段来治疗，以对症状进行快速控制。重度囊肿可用激素局部封闭治疗、光动力治疗、口服药物等方法进行治疗。但治愈后如果不注意日常护理，饮食、生活习惯不健康或不坚持护理，痤疮容易复发。

①强脉冲光。一般的痤疮可以通过药物治疗和护理得到改善，如果效果不佳，可以酌情考虑采用激光或强脉冲光疗法。强脉冲光的治疗原理是内源性卟啉吸收特定波长的光后发生光动力反应，产生单态氧而使厌氧痤疮丙酸杆菌失活，从而起到杀菌的作用。强脉冲光的光热作用同样能减少皮脂分泌，刺激胶原蛋白的产生和重建，增强皮肤弹性，缩小毛孔，减少毛孔堵塞和痤疮的发生，并能治疗炎症痤疮留下的红斑、色素沉着、瘢痕。

②激光。激光，如二氧化碳点阵激光，通过光热作用于毛囊所产生的热效应，可以杀灭痤疮丙酸杆菌，抑制皮脂分泌，缓解炎症。同时，激光能渗透到真皮层而刺激成纤维细胞的增生，促进胶原蛋白产生和重建，可治疗痤疮留下的红斑、色素沉着和瘢痕。另外，鼻赘型痤疮也可采用二氧化碳激光治疗。炎症控制后可用脉冲染料激光改善毛细血管扩张。

2）痘印和瘢痕。在痤疮已得到控制，炎症后色素沉着、痘印和瘢痕比较明显时，可借助医疗美容手段进行治疗和改善，主要包括深度化学换肤、强脉冲光、点阵激光、局部药物封闭、微手术切除植皮、皮肤磨削术、注射填充法等，有的可相互结合使用。如炎症后色素沉着、痘印可使用强脉冲光；轻度浅表的凹坑状瘢痕可用医学脱落术（三氯乙酸、苯酚）；较浅的萎缩性瘢痕可用骨胶原或自身脂肪注射填充法；一般增生性瘢痕可用激光、局部药物疗法（使其平软），重度可用手术切除术；浅表碎冰锥状瘢痕可用二氧化碳点阵激光逐层精确地气化和剥落瘢痕，重度深窄的碎冰锥状瘢痕可用打孔移植法。目前没有任何医术能有效治愈伤疤，且有出现不良后果的风险，有的方法容易复发。

（4）其他方法。可采用中医疗法，如针灸治疗，口服中药，外用中药或含中药成分的护肤品、面膜等。

3. 护理方案

阶段性护理方案以果酸、水杨酸浅度换肤为目标，按一个月为一阶段、每月一到四次，分三个阶段，共三个月疗程。第一、二阶段为粉刺痤疮护理，第三阶段为痤疮红斑、色素沉着、浅表瘢痕护理。见表 2–4。

表 2-4　果酸、水杨酸浅度换肤护理方案

阶段	内容
第一阶段	护理目的：深层清洁，清理毛孔堵塞、补水、平衡油脂、消炎杀菌、舒敏、修复皮肤屏障 护理方法：第一、三周，去除粉刺痤疮术，LED 红蓝光，保湿、舒敏、修复面膜；第二、四周，果酸、水杨酸去角质，LED 红蓝光，保湿、舒敏、修复面膜。每周一次，4 次为一疗程
第二阶段	护理目的：同上。进入持续护理阶段，加强屏障功能，恢复皮肤健康 护理方法：同上。可根据皮肤的恢复状况进行相应的调整
第三阶段	护理目的：改善痤疮留下的皮肤瑕疵，并巩固疗效 护理方法：轻度果酸换肤，LED 红蓝光，镇静、舒缓、保湿、修复面膜。每月 1~2 次，4~6 次为一疗程

4. 注意事项

（1）不要过度清洁皮肤和去角质，避免造成皮肤屏障损伤和刺激痤疮。

（2）炎症痤疮不可用蒸汽熏蒸。热气会刺激皮脂分泌，加重皮肤发红、炎症。

（3）避免使用含椰子油、肉豆蔻酸异丙酯、羊毛脂、矿物油、有机硅、石蜡、可可脂等成分，易堵塞毛孔产生粉刺的化妆品，避免使用含香料、色素、酒精等刺激成分的化妆品和护肤品以及碱性护肤品，以免加重痤疮炎性反应。

（4）痤疮清理必须无菌操作。在挤压时应最大限度减少皮损，炎症期及不适合清理阶段尽量不去清理，不能挤压结节和囊肿。

（5）在换肤护理初期，痤疮可能会有加重现象，这是体内的感染或有害物质向皮肤表层转移或排出体外时发生的正常反应，也称为“好转反应”。此现象因人而异，通常会重复多次，并随着反复多次的换肤护理而逐渐减弱并稳定下来。

（6）孕妇和哺乳期妇女不可使用高浓度水杨酸、视黄醇类产品。具体应遵医嘱。

三、痤疮皮肤的家居护理

美容师应帮助顾客了解发病的可能因素，以及潜在的诱发及加重原因，并指导如何避免。

1. 家居护理要点

（1）卸妆、清洁、去角质和护肤。以上操作的要点同美容院护理。另外，使用抗粉刺痤疮护肤品时，不仅要涂在患处，还应在易患处大面积涂上薄薄一层，在改善现有粉刺的同时可防止新的粉刺产生。

（2）防晒。紫外线的伤害会加重痤疮和皮肤屏障受损，而视黄醇、维 A 酸、果酸等抗痤疮成分会产生光敏感。所以，痤疮皮肤特别要注意防晒。可选择无刺激性、含氧化锌或二氧化钛成分的物理性防晒品，并做好物理遮挡防护，例如打伞、戴帽子等。

（3）健康饮食。多吃富含纤维和水分的蔬菜和水果，以及具有抗炎作用的含不饱和脂肪酸的食物，多喝水，清淡饮食，保持大便通畅、减少肠内毒素的堆积。辛辣甜腻和牛奶类食物可刺激皮脂腺的分泌，诱发和加重粉刺痤疮，应尽量避免食用。缺锌、硒与痤疮的产生有关，可补充含这些微量元素的食物。

（4）健康生活方式。睡眠不足和熬夜会引发和加重痤疮，应保持充足的睡眠和规律的作息；心理压力、精神紧张易导致皮脂腺分泌旺盛而诱发或加重粉刺痤疮。应保持积极阳光的心态，时常控制、减轻心理压力；应避免抽烟和酗酒；常运动及出汗有助于促使体内废物排出、保持毛孔通畅，出汗后应及时清洗。

（5）心理辅导。痤疮容易对人们的心理和社交情况产生较大的影响，特别是青少年重度患者，会出现焦虑、忧郁、缺乏自信心等心理问题，应采取措施，做好心理辅导。

2. 家居护理注意事项

（1）尽早治疗。痤疮一定要尽早治疗或护理，这样才能把它对皮肤和心理的影响减小到最低程度。

（2）防止复发。痤疮易复发，并会受到多种因素的影响，日常生活中需尽量避免能诱发和加重粉刺痤疮的因素，包括荷尔蒙改变、心理压力、美容美发产品、食物、肠内毒素、环境改变等。治愈后坚持护理非常重要，平时可选用非处方视黄醇、果酸等抗痘产品来预防痤疮复发，并且定期进行在美容院护理并积极配合，才能有效减轻症状和预防复发。

（3）合理洁面。洗面次数早晚两次即可，睡觉前应彻底卸妆。洗面次数太多和过度去角质会破坏皮肤屏障，加重皮肤敏感和缺水。缺水会刺激皮脂的分泌，导致水油不平衡。

（4）正确使用化妆品。应避免使用含引发粉刺成分的护肤品，会刺激皮脂腺，加速毛囊角化和堵塞。炎症期最好不要化妆，避免堵塞毛孔和卸妆过程中对受损屏障的过度摩擦。若需要，建议使用具有通透性、含锌的纯天然矿物泥散粉，并且常清洗消毒易滋生细菌的化妆刷。避免使用含油量高，致密及不通透的固体粉底霜。

（5）不擅自挤压。避免在家清除白头粉刺、顽固黑头粉刺、炎症性丘疹、脓疱或囊肿，以防感染，应及时到美容院清除。许多患者都有用手摸、乱挤压、乱抠粉刺痤疮的不良习惯，应尽可能克服。挤压不当会损害皮肤组织，并加剧细菌感染而引起更多的痤疮，使感染和炎症恶化而留下永久性瘢痕。

（6）保持卫生。不卫生的习惯会引发痤疮或加重炎症。应避免时常用手触摸脸部，穿紧身不透气的衣服，健身出汗后不及时冲洗，打电话时将电话贴在皮肤上，长时间不换枕头套，将头发盖住面部患处，长时间不清洁太阳眼镜、太阳帽等不良卫生习惯。

（7）避免会致使痤疮加重的因素。阳光照射和心理压力是加重症状的重要因素。环境温度突变、情绪激动、焦虑、忧郁、饮酒、食用辛辣食物和甜品、饮用过量咖啡和使用含刺激成分的护肤品等都会加重症状，应避免；慢性炎症会导致皮肤屏障受损，应避免加重损害的外界刺激因素，如使用含刺激成分的护肤品，过度去角质，进行蒸汽桑拿等。

第五节 日晒伤皮肤护理

日晒伤又称日光性皮炎，是皮肤受强烈日光照射后产生的一种急性皮炎，如果没有涂抹足够的防晒霜和进行物理防晒保护，不管男女老少均可发生。而皮肤角质层较薄、抵抗力较弱者、女性和偏瘦型的人更容易出现皮肤晒伤症状。夏天、春夏和夏秋交替季节，以及冬季高山滑雪时更容易导致日晒伤。

日晒伤的症状主要表现为日晒后数小时至十几小时，皮肤出现边界清楚的水肿红斑。红斑一般在阳光下直接照射 2 ~ 3 h 开始发生，在 12 h 内达到高峰后逐渐消退，4 ~ 7 天后消失，随之皮肤开始黑化，严重者出现水疱甚至糜烂，患处有明显的烧灼感或刺痛感。红斑水肿、水疱、糜烂通常可以自行干涸结痂，消退后有脱屑，常伴有色素沉着，严重者甚至会出现头痛、头晕、心悸、恶心呕吐、畏寒发热等全身不适症状。暂时性晒伤会对皮肤造成长远的伤害，更会增加患皮肤癌的风险。

对于日晒伤护理，美容师应首先进行症状识别，了解顾客近日的日光照射史，找出具体原因和时间，以确保与接触性皮炎的红斑、水疱、瘙痒等症状区分开来，轻度晒伤可进行镇静和保湿护理，重度晒伤如大面积起水疱则应建议顾客就医。美容院对日晒伤皮肤的护理重点是通过使用快速而简便的镇静和补水方法，缓解皮肤敏感，减轻脱皮和瘙痒症状，并使护理后的皮肤达到舒缓清凉的状态，加速皮肤恢复健康。

本节主要介绍一般性日晒伤皮肤的分析方法、护理方法和家居护理计划。日晒伤所导致的色素沉着护理详见本章第一节。

一、日晒伤皮肤的分析

1. 目测观察

皮肤出现边界清楚的弥漫性红斑、红疹，严重者可出现红肿、水疱、大疱、糜烂和脱屑，后期会有皮肤增厚、粗糙、毛细血管扩张和色素沉着。

图 2-8 中从左至右是日晒伤皮肤从轻度到重度的症状。

2. 询问倾听

近日是否进行过游泳、滑雪、爬山等户外活动；户外活动或工作时是否正确使用防晒产品或按时补涂防晒产品，是否同时采取了打遮阳伞、戴太阳镜等物理防晒措施；是否有刺痛、热感、轻度灼伤感、瘙痒、紧绷等症状；是否有全身不适、头晕头痛、恶心呕吐等症状。

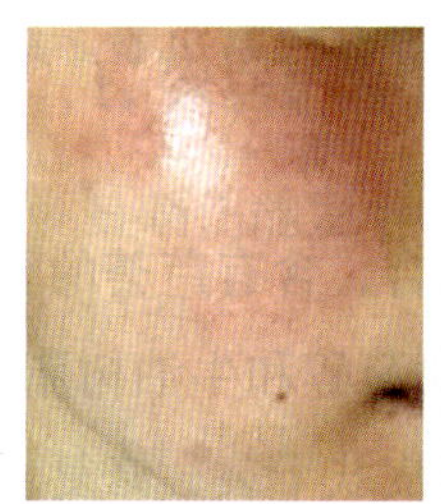
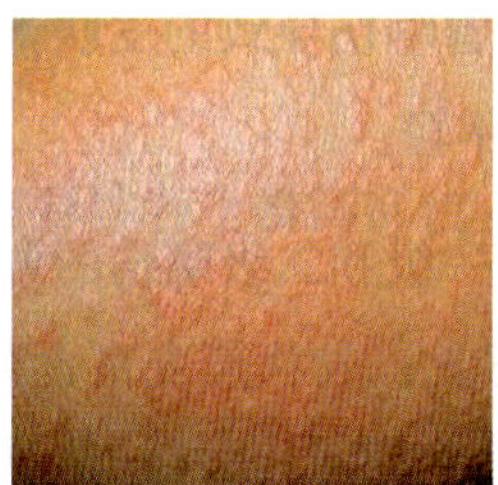
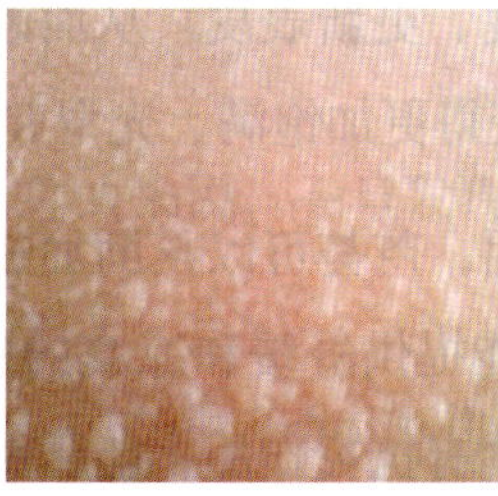
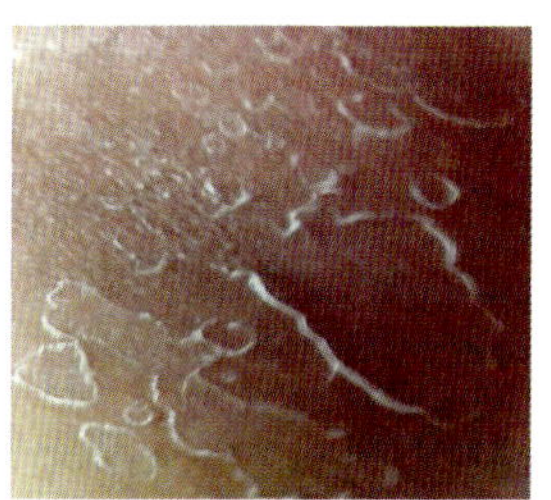

图 2-8　日晒伤症状

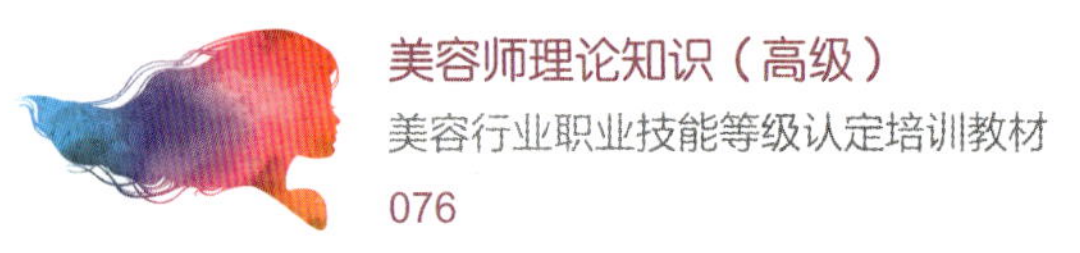

伤部位，直到痊愈为止。防晒品应选用全天然的矿物质防晒产品。

（2）冷敷保湿。用冷水冲洗晒伤部位能立即减轻疼痛，然后用毛巾轻轻擦拭，在皮肤仍然湿润的情况下立即用润肤霜锁住水分，以减轻皮肤干燥症状。

（3）镇静舒缓。芦荟及含有芦荟成分的产品可帮助加快愈合晒伤皮肤。可用芦荟胶产品或将芦荟放在冰箱中约 30 min，然后将芦荟凝胶直接涂抹在晒伤的区域，每天 5～6 次；小苏打粉的弱碱性有消炎杀菌作用，有助于防止感染和舒缓瘙痒，舒缓皮肤。可将小苏打粉和冰水混合制成糊状，直接涂抹在晒伤处，停留 10 min 后清洗，每天可重复两次。

（4）体内补水。晒伤会导致身体脱水，应及时喝水补充体内水分。

（5）卸妆清洁。不建议在皮肤未修复之前化妆。卸妆清洁与美容院护理方法相同。

2. 家居护理注意事项

（1）避免外部刺激。用热水洗脸和冲凉会洗去皮脂，使皮肤变得更加干燥和敏感。晒伤后应避免任何与热及刺激皮肤有关的外在因素，如热水浴、蒸汽桑拿、大风、空气污染等。避免健身等会引起大量出汗的活动。

（2）正确使用护肤品。避免使用含酒精、香料、防腐剂、色素等会刺激皮肤的成分的护肤品。晒伤部位应避免化妆和使用油性强、黏腻的防晒产品，以减少皮肤受到摩擦刺激并避免皮肤干燥。

（3）水疱处理。如果有水疱，不能挑破，水疱有助于帮助皮肤愈合并保护皮肤免受感染；皮肤脱皮时让其自然脱落，不能撕掉，否则可导致皮肤感染，延长恢复时间。如果大面积起水疱，应尽快就医。

（4）皮肤防护。如果皮肤晒伤面积小且严重时，为避免衣服摩擦，外出时可以用凡士林油纱布来遮盖保护，同时也能起到补充皮肤水分和清凉的作用。特别严重部位可使用 1% 非处方氢化可的松乳霜，可减轻发红、发炎、肿胀、发热症状并止痒。

（5）健康生活。保持充足的睡眠、心情舒畅、均衡健康的饮食有助于日晒伤的恢复。

第六节 缺水性皮肤护理

干燥和脱水是皮肤致敏的先兆。皮肤缺水是每一种皮肤都可能遇到的问题，也是美容师最常处理的问题之一。缺水性皮肤的特点是皮肤含水量和保水能力不足，出现鳞屑、细纹、缺水假性皱纹、晦暗、干痒等症状。这些症状一般是暂时性的，可以通过局部护理和改变生活方式来缓解。

美容院对缺水性皮肤的护理重点是找出皮肤脱水的原因，并针对不同的皮肤状况制定个性化护理方案。通过保湿、镇静、换肤和修复护理，达到补充角质层水分、改善发红发炎症状、增强皮肤屏障功能、改善皱纹、均匀肤色、恢复皮肤健康、预防形成敏感性皮肤的目的。补水、保湿是所有皮肤护理的基础，更是改善皮肤缺水

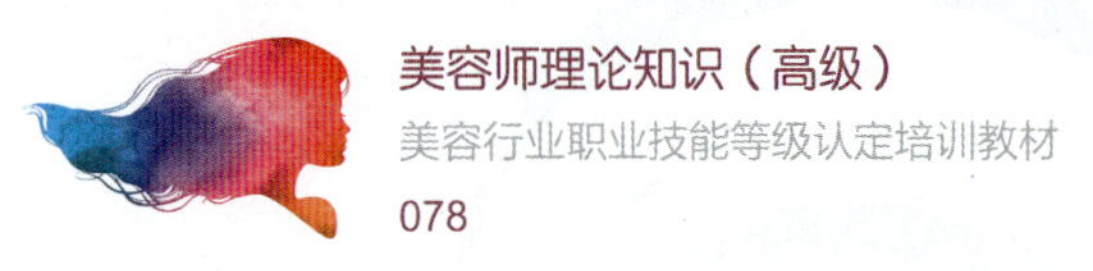

的关键。而皮肤的保湿不仅需要护肤品，更需要身体保持充足的水分。具体来说，缺水皮肤除了在美容院护理外，更需要加强皮肤的日常保湿，以及改善体内每个细胞的健康状况，皮肤护理就是健康护理。

本节内容主要介绍缺水性皮肤的分析，常用护理方法、美容院护理要点和方案，以及家居护理计划及其注意事项。

一、缺水性皮肤分析

1. 目测观察（美容放大镜下）

暗沉无光、出现鳞屑、发红、皱纹、干燥、细小裂纹。

2. 询问倾听

是否有长时间空中旅行，经历冷热 / 干湿天气变化的经历；是否有长时间待在空调房中、睡眠不足、心理压力大、常喝酒抽烟、更年期荷尔蒙变化、护肤不当、慢性疾病等情况；是否出现比平时更多的片状脱皮、干痒、紧绷、敏感、皮肤会迅速吸收水分但仍然干燥、细纹和皱纹变得更加明显等症状；皮肤是否比平时更油腻，毛孔是否比以前更加粗大、水油是否不平衡。

3. 触摸

用手指轻推 / 捏皮肤时会出现细纹，手感粗糙。

4. 仪器检测

通过皮肤检测仪测试肌肤水分含量、油分含量以及其他指标。皮肤纹路明显、出现色斑、红斑等都可能是缺水性皮肤的伴发症状。

50 倍皮肤镜下的干性缺水皮肤如图 2–9 所示，VISIA 面部图像分析仪下的干性缺水皮肤如图 2–10 所示。

表皮层

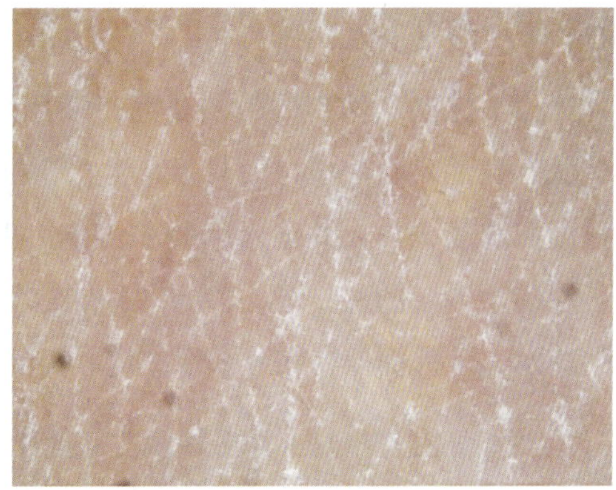
真皮层

图 2-9　50 倍皮肤镜下的干性缺水皮肤

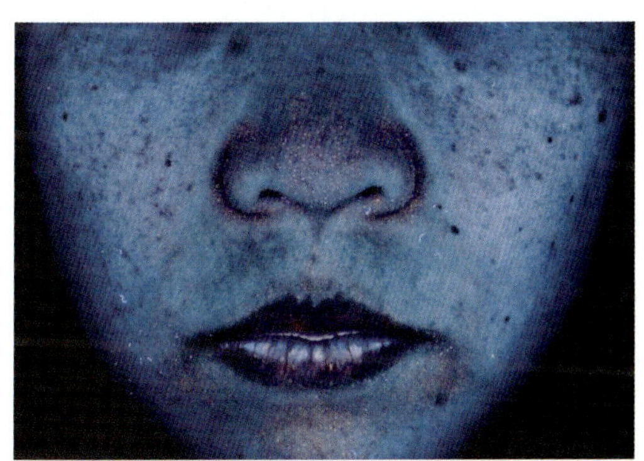

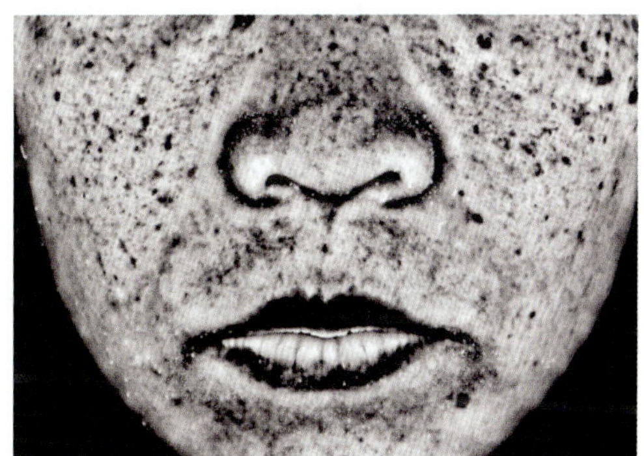

图 2-10　VISIA 面部图像分析仪下的干性缺水皮肤

二、缺水性皮肤的美容院护理

1. 常规护理方法

（1）补水。先补水再锁水是防止水分流失的最佳方法。补水的目的是为皮肤细胞补充所需的水分，使表皮滋润光滑，并为皮肤吸收营养成分做好准备。皮肤有充足水分才能更快更有效地吸收产品养分，补充水分能提高角质层的含水量，而含水量越充足，皮肤就越柔软，通透性就越强，也更容易吸收营养产品。

护理时可用天然亲水基质的补水精华素将水分注入细胞，以改善皮肤吸收营养的能力，并提高皮肤自身的水合能力。具有水合作用的吸湿剂能将水分吸引到表皮，其成分包括透明质酸、丙二醇、糖脂、脂肪酸、山梨酸、甘油、芦荟、吡咯烷酮羧酸钠、

海洋提取物等。

（2）保湿。保湿的目的是通过使用含有神经酰胺、角鲨烷、荷荷巴油、羊毛脂、多肽、黄油、胶原蛋白、月见草油、牛油果油等成分的乳液、乳霜、精油、润肤油等保湿润肤品，为皮肤输入水分和营养，使皮肤保持柔软滑嫩。同时，在皮肤表面形成一层油水混合的保护膜，以封住细胞之间的小孔并将水分锁在皮肤内，从而减少水分的蒸发，从外部保持水分并保护皮肤免受环境的伤害，提高皮肤的自我保护能力。

（3）舒敏与修复。如果缺水皮肤处于敏感状态，修复受损屏障是缓解皮肤缺水和敏感的关键步骤。护理时可使用含神经酰胺、泛醇、红没药醇、牛油果脂、多肽、洋甘菊、芦荟、甘菊蓝、金盏花等抗敏、修复成分的保湿舒缓组合产品来舒缓皮肤和修复皮肤屏障。

2. 不同缺水皮肤类型的常规护理方法

（1）缺水性干性皮肤。干性皮肤因缺油而一直处于干燥状态，同时也可能缺水。护理时应选用温和的营养型洗面奶清洁皮肤；配合使用含维生素 B_5（泛酸）、高活性透明质酸、维生素 C 和维生素 E、多肽、胶原蛋白的保湿精华、护肤霜和面膜；并可配合含月见草油、牛油果油、橄榄油、黄油等封闭型保湿成分的产品或凡士林来锁住水分，以减少皮肤表面水分流失，舒缓和滋养皮肤。

（2）缺水性油性皮肤。出于自我保护，皮肤缺水时会分泌更多的油脂来弥补水分的不足，从而出现皮肤更加油腻光亮、易发痤疮、毛孔比以前更加粗大、皮肤粗糙、产生细纹等现象。一些用于油性和痤疮皮肤的产品也会使皮肤脱水。所以，油性皮肤在做好清洁和控油的同时应更加着重补水，并使用清爽的水基性补水保湿产品，以保持良好的水油平衡。应避免使用富含油脂的封闭型保湿产品（除用于控油的精油外），以防毛孔堵塞，产生痤疮。

（3）缺水性敏感皮肤。皮肤薄或皮肤屏障受损容易使水分经皮肤流失。在护理时，应针对皮肤屏障受损及角质层水分含量减少的问题，选择含有维生素 B_5、多肽、胶原蛋白、神经酰胺、甘油三酯、角鲨烷、透明质酸、表皮生长因子等成分的保湿精华、护肤霜和面膜同时进行补水保湿、防敏和皮肤屏障修复。

（4）缺水性老化性皮肤。衰老使皮肤的屏障功能和自我修复能力减弱、天然保湿因子含量减少、真皮储水能力降低、表皮锁水能力下降，从而导致水分流失、皮肤更加干燥、肤质更粗糙、细纹变得更加突出。在护理时，应从内而外地进行深层补水来增加皮肤的弹性。同时使用抗氧化、抗衰老的护肤品来激活细胞的活性。可用换肤疗法来去除老旧受损的表皮细胞，使皮肤变得更加水润光滑。

（5）保养不当性缺水皮肤。用过热的水洗脸，护肤品选择和使用不当（如产品太粗糙、成分太清爽等）都会加剧皮肤脱水。美容师应指导顾客正确选择护肤品并采用正确的护理方法。

（6）气候 / 环境性缺水性皮肤。秋冬季干燥的气候和不良环境都会使皮肤表层的天然水分和油脂减少，使几乎所有的肤质都会发生缺水，应加强保湿。在补水的同时，可使用含油脂的滋养型保湿产品来形成一层保护薄膜，以免因气候的影响而导致皮肤水分流失。

3. 缺水性皮肤的特殊护理方法

（1）换肤。皮肤脱水会导致皮肤新陈代谢减慢，皮肤细胞更新能力减弱，表皮死细胞不能正常脱落而堆积在皮肤表面，使皮肤出现肤色黯淡、粗糙、毛孔堵塞、色斑、皱纹和粉刺痤疮等问题。在皮肤水分充足、角质层健康的情况下，可使用果酸、视黄醇、草本以及寡肽换肤疗法进行换肤，从而改善因缺水导致的皮肤问题。

（2）深层清洁皮肤。可通过超声波去角质、珍珠磨皮、小气泡美容等方式来去除表皮干死细胞，使皮肤变得光滑细嫩，并且加强对保湿产品的吸收，以缓解皮肤缺水现象。

（3）仪器护理。超声波导入仪能使皮肤更好地吸收保湿精华，提高肌肤的保湿效果。小气泡美容仪在清洁、去角质的同时，还可为皮肤补充保湿、抗氧化、抗衰老精华素，LED 红蓝光能治疗发红发炎，镇静和修复敏感肌肤，同时红光能促进精华素的吸收和胶原蛋白的产生。

（4）水光针注射。水光针注射是将透明质酸等物质注入真皮层，以达到深度补水和增强皮肤保湿能力的作用，使皮肤看起来更加水润饱满、光泽通透。这种护理方法必须由医生操作。

4. 护理方案

皮肤缺水的症状有个体差异，以下以最常见的气候性缺水性皮肤为例，根据缺水和敏感性程度循序渐进地制定 3 个阶段的护理方案。第一阶段和第二阶段为常规护理阶段，第三阶段为特殊护理阶段，见表 2–6。

5. 注意事项

（1）清洁。清洁时应动作轻柔，避免使用会产生大量泡沫的，以及含皂基的清洁剂，水温不宜过热。

表 2-6　气候性缺水性皮肤护理方案

阶段	内容
第一阶段	护理目的：补水保湿，缓解干燥、脱屑、瘙痒、黯沉无光、敏感等症状，调节水油平衡，修复受损屏障 护理方法：保湿、舒敏、屏障修复疗程。每周 1 次，4 次为一个疗程
第二阶段	护理目的：增强皮肤屏障、为皮肤补充营养、增强皮肤抵抗力 护理方法：激活醒肤疗程。每周 1 次，4 次为一个疗程
第三阶段	护理目的：深层修复、皮肤更新、改善皮肤瑕疵 护理方法：果酸 / 草本换肤疗法。每月 1 次，4～6 次为一个疗程

（2）去角质。应根据当时皮肤的情况选择温和的去角质剂，去角质的速度不应快过身体产生新细胞的速度，避免使用质地粗糙的去角质刷、工具、磨砂膏。

（3）护肤。避免使用含刺激性成分的产品，护理时动作要轻柔，减少对皮肤的机械刺激。

（4）喷雾。避免使用热喷，热蒸汽会加重皮肤干燥、发红、发炎、毛细血管扩张等症状。

（5）按摩。时间不宜过长，力度要轻，最好使用保湿或滋养品配合按摩。

（6）面膜。避免使用泥浆类面膜或其他含有吸油吸水成分的面膜、热膜。

三、缺水性皮肤的家居护理

1. 家居护理重点

（1）清洁。用温水洗脸，早晚两次即可。皮肤非常干燥和敏感时，白天可以直接用温水洗脸，或用具有保湿镇静作用的化妆水浸湿棉片轻轻擦拭。

（2）去角质。选择适合干性和敏感皮肤的温和去角质剂，如乳酸、酵素等。适当去角质有助于保湿修复产品的渗透。缺水性和干燥皮肤使用乳酸去角质后会更加滋润、光滑。

（3）保湿修复。应调整皮肤护理程序，减少使用可导致皮肤干燥的产品；确保早晚使用具有补水功能的保湿喷雾、柔肤水、保湿精华以及有滋养功能的保湿霜或护肤油（适用于干性皮肤）来进行全天候补水保湿。每星期可使用 1～2 次保湿面膜。

（4）防晒。做好防晒能减少皮肤水分的流失。防晒产品应选用SPF30+、无刺激性、成分为氧化锌或二氧化钛的全天然物理性防晒品。

（5）健康的饮食习惯。良好合理的健康饮食习惯是保持皮肤健康的一个重要因素。建议多吃富含水分、抗氧化成分的新鲜食物。

（6）适当喝水。每天饮用6～8杯水有助于保持身体健康。但同时又不要喝太多的水，否则会导致体内无机盐流失。而且，单靠喝水不足以对皮肤起到保湿作用，使用局部护肤品是保湿和滋润皮肤的必要手段。

2. 家居护理注意事项

（1）护肤品选择。应根据个人的皮肤状况来选择保湿品，并因环境气候等因素的变化而适当增减。

（2）清洁。过热的水会洗去皮肤上的天然油脂而导致皮肤干燥，一般的皂基洗面奶也会使皮肤的pH值不平衡而导致皮肤干燥。所以，清洁时应选择无皂基的温和清洁剂。含刺激性化学成分和香料的清洁剂会加重皮肤脱水并使皮肤更加敏感，应避免使用。带妆睡觉会加重皮肤干燥，所以睡前应清洁皮肤。

（3）去角质。不宜过度去角质，否则会降低皮肤的锁水能力。

（4）爽肤水。避免只使用保湿化妆水来补水，其不能保湿，只能起到短暂补水和促进保湿产品吸收的作用。化妆水蒸发快，蒸发时还会带走一些皮肤表层的水分而使得皮肤更加干燥紧绷。所以，使用完化妆水后，在皮肤仍湿润时应立即使用保湿霜。

（5）保湿。不能过度补水保湿或每天敷面膜，以免造成表皮过度水合而松解，导致皮肤屏障受到破坏而丧失正常的保水能力。

（6）房间环境。风扇、空调、暖气、加热器可导致室内空气干燥，从而引起或加剧皮肤干燥。应尽量减少在空调房的时间，尽可能改善室内湿度，如添设加湿器、摆放绿色植物、放置水盆等。保持舒适的室温也有助于皮肤保持水分。

（7）外界环境。如紫外线、空气污染、风吹。秋冬季节应避免皮肤长时间被风吹，外出最好佩戴口罩，以防皮肤水分流失。

（8）注意生活方式。除了日常的皮肤护理外，应注意改正熬夜，摄入酒类、咖啡因，抽烟等可能导致皮肤缺水的不良生活方式。

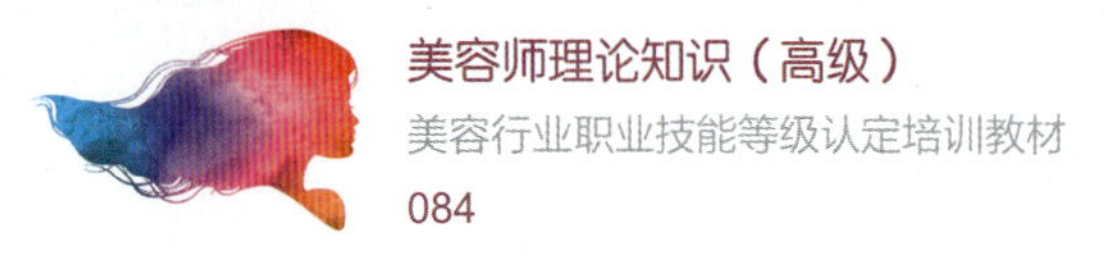

3. 深层次改善缺水性皮肤方式

世界著名的健康和皮肤护理权威之一，霍华德·穆拉德（Howard Murad）在他的书《水的秘密》中讲道："无论是哪种原因导致衰老和疾病，其共同表现是人体组织中的水分减少。所以，保持年轻健康的根本标志是每一个细胞的细胞膜都具备足够的保水能力。"水分流失可以通过额外饮水加以补充，但留住水分才是关键。穆拉德博士说："皮肤水合作用的强弱由身体保持水分的能力来决定，而不是喝多少水。如果饮用的水不能被带入细胞和结缔组织并保存于其中，喝再多的水也是直进直出。"所以，仅仅靠多喝水来补充皮肤水分是不够的，应科学补水。

（1）真皮层补水。外用涂抹补水保湿产品通常只能达到表皮层，而给真皮层补水需要从给身体补水做起。真皮层是皮肤的储水器，可为表皮层提供营养和水分供给。给真皮补水要通过细胞外基质，而细胞外基质中含有由透明质酸和蛋白质等组成的吸湿结构，这些结构组成了皮肤的"吸水海绵"。

（2）"吃"水。新鲜蔬菜、水果、豆类等植物性食品中含有大量的水分以及其他营养成分，并且其所含有的膳食纤维持水性好，能帮助细胞补充水分和营养。穆拉德说："在消化过程中，这些被锁在食物结构中的水分能缓慢而稳定地注入人体，其在体内的停留时间足以满足身体的利用，这对于水分的保留至关重要。"

（3）自由基的损害与抗氧化剂的摄取。在日常生活中，紫外线辐射、不良作息习惯、心理压力、环境污染等都会造成皮肤内自由基过量累积。可以说，人体和皮肤被包围在自由基的内外夹攻之中。自由基是万病之源，其过量累积会导致人体正常细胞和组织受损，而细胞膜受损就会导致细胞不能正常留住所需的营养和水分。

同样，过多的自由基会引起真皮层胶原和透明质酸等降解，与水结合能力下降，导致水分流失，使皮肤出现干燥、皱纹、松弛等问题。所以，清除体内多余的自由基对保留水分非常重要，而抗氧化剂可帮助捕获并中和自由基，能减少自由基对人体的损害。新鲜蔬菜、水果中含有大量的抗氧化剂，能帮助消除自由基对细胞外基质的损害。

因此，穆拉德博士提倡从健康饮食中"吃水"，即多吃抗氧化食物（维生素 E、维生素 C、β－胡萝卜素）和抗炎食物（或补充物），以防止自由基形成；多吃含水量高的新鲜蔬菜（生的最好，煮熟的会流失水分）和水果，以留住水分；多吃含 ω－3 脂肪酸的食物，以使细胞吸收更多的水分。总之，应通过健康饮食来改善皮肤的健康，延缓衰老以及增强皮肤屏障功能。而良好的皮肤屏障有助于皮肤细胞保持尽可能多的水分，从而改善皮肤缺水的现象。

第七节 医疗美容术前术后皮肤护理

近年来，医疗美容因能迅速改善皮肤和容貌而越来越流行，特别是轻医美项目。但无论是无创、微创还是创伤较大的开刀手术，都会破坏表皮，造成不同程度的创伤性发炎，使皮肤更加敏感和脆弱，出现容易缺水干燥、自我保护和防御能力减弱、比平时更容易受到外界刺激等问题。

在进行医疗美容后要想短时间恢复，离不开术前的皮肤准备和术后的精心护理。特别是术后严格遵照医嘱的护理不仅有助于加快皮肤的修复和再生，延续美容功效，最大程度预防感染，减轻红肿、瘀斑等术后反应，还能防止色素沉着、产生瘢痕、皮肤变得脆弱敏感等并发症的产生。

由于医疗美容项目繁多，每一个项目都有各自具体的护理方法，而且因个人体质、皮肤状况、治疗种类或项目的不同，术后反应也有所不同。本节将侧重介绍常见的光电、换肤、微针、注射类等无创或微创项目通用的术前术后皮肤护理方法，并对每一项目具体的禁忌、注意事项、特殊护理、术前术后服用的药物以及开刀整形手术类的护理进行介绍。美容师有必要学习和掌握医疗美容术前术后护理基本知识，以协助医生做好术前辅助咨询、顾客皮肤准备，科学进行美容院护理并指导顾客正确地进行术后家居护理。

一、光电、化学换肤和微针类项目

光电、化学换肤和微针类项目主要包括无创、微创、非剥离性的皮秒激光嫩肤、光子嫩肤、超声刀等光电项目，医疗美容轻度化学换肤，微针、水光针等美容保养型项目以及破损皮肤的剥离性激光换肤术、深层化学换肤等项目。这些项目基本上都属于“先破坏后重建”的浅层或深层皮肤重建治疗，适用于色素沉着、老年斑、痤疮瘢痕、细纹皱纹和外源性老化等皮肤问题。

1. 术前皮肤准备

在进行光电、化学换肤和微针类医疗美容前，皮肤必须保持健康的状态，否则会增加术中术后皮肤出现敏感、炎症、出血、愈合不良、色素沉着等症状的风险。因此，术前做好皮肤防护准备非常重要，特别是在以下几个方面。

（1）防晒。在术前 2～4 周，应特别注意每天使用广谱防晒霜和物理性遮蔽防晒，避免晒黑或晒伤，减少术中术后反应。

（2）补水保湿。无论哪种医疗美容项目，都会引起皮肤缺水更容易产生炎症，不利于术后皮肤的恢复。对于缺水性皮肤，应在术前一周内加强补水保湿，补充皮肤水分，使皮肤保持健康状态。

（3）停止去角质。术前四周内不能进行深层去角质护理，术前 1～2 周内停止使用有去角质功效的果酸、水杨酸、视黄醇、维 A 酸等美白、治疗痤疮和抗衰老产品，术前 7～10 天内不能进行脱毛和去除粉刺痤疮护理。

（4）预防性美白。光电会刺激黑色素细胞的产生，对于颜色较黑、色素沉着和日晒后的皮肤，可在术前 4 ~ 6 周在美容院做一至两个疗程的美白护理。有炎症后色素沉着倾向的Ⅳ ~ Ⅵ类型的皮肤，医生可能会建议术前 4 ~ 6 周局部使用视黄醇或含有其成分的化妆品来进行预防性美白，可在一定程度上降低术后色素沉着的风险。

（5）保持皮肤清洁。保持良好的卫生习惯在术前术后都很重要，可有效预防感染。面部治疗后几天内要避免洗头，术前一晚或当天早上要洗澡洗头，并确保使用温和的清洁剂，将皮肤上的污垢、油脂和化妆品彻底清洁干净；洗脸后不要使用护肤品、假睫毛，不要化妆。

（6）健康生活方式。在术前 2 ~ 4 周开始保持健康的饮食，在治疗前保持充足的睡眠对于皮肤的正常愈合很重要。吸烟会减少皮肤的氧气输送并减缓血液循环，所以术前和术后 2 周内禁吸烟、饮酒，否则会妨碍皮肤愈合。

2. 术后皮肤护理

由于术后皮肤屏障受损，皮肤非常脆弱，多数人在术后都会有不同程度的，持续几天或更长时间的皮肤发红、灼痛、肿胀、敏感和瘀斑等反应。由于皮肤屏障一般需要 3 ~ 4 周才能完全恢复正常，在此期间应遵循精简护肤原则，使用医疗美容专用术后护肤品、药妆产品对皮肤进行舒缓镇静、抗敏抗炎和保湿修复。日常做好保湿 + 修复 + 防晒的基础护理也非常重要，有助于加快修复受损皮肤，重建健康皮肤屏障。术后护理主要包含以下几个阶段。

（1）3 天内的护理。术后的前 3 天，皮肤屏障处于刚被破坏的状态，是抗感染、保湿和促进修复的关键时期，护理重点是褪红消肿、补充皮肤所需水分和修护皮肤屏障，尽快促进皮肤的再生和修复。

1）术后即刻冷敷。光电换肤术后应即刻对创伤的皮肤进行冷敷或湿敷“急救”，以保湿降温、舒缓疼痛、镇静皮肤，这样可最大限度地减少皮肤干燥不适、红斑、肿胀、渗血和炎症反应，避免术后产生炎症性色素沉着或瘢痕。为避免引起刺激甚至过敏反应，建议使用成分单一、功能简单、温和安全且不含冰片、薄荷等冰凉刺激成分的医疗美容后专用冷敷贴、敷料或面膜。在术后 72 h 内，根据皮肤状况和需要，每 1 ~ 2 h 做一次冷敷，每次 20 ~ 30 min，症状严重者坚持至少一周。红肿较重者应在医生的指导下，涂抹糠酸莫米松、地奈德乳膏等外用药膏，或口服非甾体类抗炎药以减轻炎症。冷敷和湿敷的常用方法如下。

面膜、冷敷贴、纯净水湿敷：可使用补水修复面膜或冷敷贴湿敷，也可使用消毒棉片或纱布浸泡纯净水或植物纯露湿敷。

冰袋冷敷：先用消毒纱布隔离治疗部位，再用毛巾包住冰袋冷敷。冰袋切勿与皮肤直接接触，因为过低的温度会冻伤皮肤，也可能会加重色素沉着反应。

冷喷：可使用冷喷仪对皮肤进行降温冷却，时间大约 10 ~ 15 min，不宜过长。有的仪器配有冷却系统，在术中和术后都可使用。

专用敷料：护理后 24 h 内，使用无黏性的敷料（如各种医疗美容治疗后专用伤口创面防护和愈合敷料）涂抹于治疗区域，或使用富林蜜伤口凝胶敷料、益肤透明质酸凝胶敷料等具有冷却镇静、迅速减轻泛红和刺痛干痒、抑制炎症反应、促进伤口愈合和皮肤屏障修复等作用的药膏。建议每日涂抹 2 ~ 6 次。

2）保持皮肤清洁。无论哪种医疗美容术，术后恢复期一定要每天清洗皮肤，确保治疗部位清洁以预防感染。激光治疗后的 48 h 内，如皮肤出现透明浆液或细小出血区域，应遵照医嘱清洗消毒创面，用医用消毒棉签和无菌纱布、清水、生理盐水等清理皮肤上的血痂或分泌物，用无菌纱布轻轻沾干水分，随后涂抹专用敷料或药膏。不能进行普通的清洁，切忌用力擦洗治疗部位和使用刺激性护肤用品。

皮肤在可以“碰水”后，应每天使用纯净温水、温和爽肤水（适用于敏感皮肤）或无皂基温和洗面剂温和地清洗治疗部位，遵照医嘱，每天清洁 2 ~ 3 次，以避免毛孔堵塞产生皮疹。之后可以用一次性洁面布和干净毛巾轻轻吸干水分，以保持治疗区域的清洁。

3）加强补水修复。无论哪种医疗美容术，多多少少会对皮肤屏障造成影响，使皮肤更易流失水分，治疗后需要及时为皮肤进行补充修复。大量补充水分和保湿锁水不仅可缓解术后皮肤干燥脱皮及不适，还有助于加快皮肤的新陈代谢，加速创面和皮肤屏障功能的修复，缩短术后恢复期，最重要的是防止创面结痂。治疗当天至一周内，应涂抹闭塞性的锁水保湿剂或抗生素软膏（如杆菌肽），每天涂抹 2 ~ 3 次，直到皮肤愈合。同时可每天早晚使用医疗美容专用术后补水面膜。

专业保湿修复产品包括含凡士林、神经酰胺、甘油、泛醇、透明质酸、生长因子、胶原蛋白、胶状燕麦等修复和保湿成分的专用皮肤愈合软膏或面霜，这些产品能在皮肤表面形成一道保护膜，不仅能起到深层锁水保湿、减轻皮肤瘙痒、修复干裂皮肤、提升细胞自愈能力、加快创面愈合的作用，还能防止或减少环境对患处的污染。涂抹时动作应轻柔，避免摩擦皮肤。

4）加强防晒。术后皮肤屏障处于被破坏状态，皮肤的敏感度增高，在创面没有愈合之前应尽量减少外出。如需外出，应做好佩戴宽边太阳帽、面罩、太阳镜和口罩及使用遮阳伞等“硬防晒”，避免涂抹防晒产品，以减少对皮肤的摩擦和刺激。为避免炎症后色素沉着或“反黑”，术后3～6个月内应严格防晒，建议使用安全性高、无致敏性、防晒指数SPF30～SPF50的广谱物理性防晒霜，应在出门之前约15～20 min涂抹防晒品，每2 h补涂一次；避免使用防晒指数过高的防晒霜，以防堵塞毛孔。此外，同样需要做好“硬防晒”。

5）避免进入可能带来污染的环境和高温环境。术后皮肤处于炎症状态，更容易感染，一定要避免进入可能带来污染的环境。进入桑拿、熏蒸、温泉等高温环境会使人大量出汗，进而刺激脆弱的皮肤，不利于皮肤修复，应避免。

（2）3～7天的护理。一般术后皮肤出现发炎肿胀等反应不超过3天，3～4天后皮肤开始变得干燥，伤处脱屑或结痂，5～7天完成自行脱落过程。脱屑或结痂时无须特殊处理，应让肌肤自然愈合，痂皮已经干燥起翘时，可在创面涂抹橄榄油或红霉素软膏，或敷保湿面膜，再用湿棉片轻轻擦拭脱皮处以辅助皮肤脱屑。不要强行去除痂皮，否则会导致感染或瘢痕。

可以使用不含酒精、色素、香料、致敏防腐剂等刺激成分的医疗美容专用或敏感皮肤专用洗面剂和保湿霜护理治疗部位，避免使用具有美白、抗衰老等功效的产品，还可以去美容院做温和的保湿和修复护理，以促进死皮脱落和皮肤修复。在此期间如需要化妆，建议使用具有修复和保湿成分的BB霜，或温和、纯天然的矿物质化妆品。

（3）7天后的护理。术后7天，皮肤屏障功能逐渐恢复正常，可以恢复正常的护肤程序。在红肿消退后和皮肤没有伤口的情况下，可以选用弱酸性、不含皂基类表面活性成分的清洁产品温和地进行清洁，并用具有养护修复作用的护肤品进行保湿修复。可以使用温和不刺激、配方精简的抗氧化和美白修复产品（如高纯度左旋维生素C），以增强护理疗效并预防术后色素沉着或返黑。可以用温和、纯天然的矿物质化妆品，以减少皮肤刺激。

（4）7～14天的护理。对皮肤表面创伤较大、用于治疗色素沉着和瘢痕的点阵激光或皮秒激光项目，术后需要更长的护理、防护时间及更高的护理等级。在术后7～14天，应坚持使用医疗美容术后专用保湿修复霜、凝胶、面霜和舒缓修护面膜等，

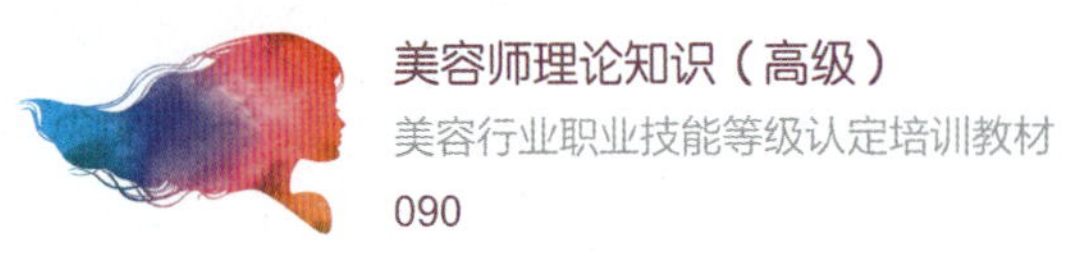

以促进细胞组织的再生，具体的护理方法可参照敏感皮肤护理。待新生皮肤表层完全形成后，可以选用矿物质化妆品。愈合后的新皮肤会出现粉红现象，通常在 2 ~ 3 个月内逐渐减轻消失，有的则需要 6 个月或更长的时间才会消失，可以选用成分温和的化妆品对其加以掩饰。

3. 注意事项

（1）避免产品刺激。在术后 4 ~ 6 周的皮肤屏障功能恢复期间，不能进行任何类型的去角质护理或使用具有深层清洁功能的磨砂膏、果酸等洁面产品；应避免使用含视黄醇、果酸、高浓度维生素 C 等可能产生刺激的护肤品；不能做面部按摩和蒸汽美容。

（2）调整饮食。术后每天喝 6 ~ 8 杯水，以补充皮肤水分，帮助皮肤从内到外排出毒素，应白天多喝、睡前少喝，以防浮肿；膳食应清淡合理，适量补充蛋白质，多吃防晒抗光敏食物，有助于抗氧化并增强皮肤抵抗力，加速恢复。可多食用富含维生素 C（可干扰黑色素生成）和胡萝卜素（抗氧化）的番石榴、奇异果、草莓、西红柿、空心菜等各色蔬果及深绿色叶菜，避免摄入生姜、辣椒、蒜、海鲜等容易引起面部潮红的刺激性食物以及光敏性食品或药品。

（3）预防性色素沉着护理。对于有炎症后色素沉着倾向的Ⅳ ~ Ⅵ类型的皮肤，医生常会建议在最后一次治疗后的 4 ~ 6 周局部使用视黄醇或短期使用氢醌霜等美白护肤品进行预防性日常护理，可提亮肤色或加快褪色。也可以到美容院进行美白护理。

二、注射、填充类项目

透明质酸（即玻尿酸）注射、肉毒毒素注射、胶原蛋白注射等微创项目治疗创口比较微小，术后可能会出现轻微的发红、瘙痒、肿胀、瘀伤等症状。这些症状的恢复期较短，一般在几天至一周内会逐渐消失，做好以下几点可减轻术后反应。

1. 术前皮肤准备

（1）虽然医生会在注射前用消毒剂清洁皮肤，但顾客在家仍然需要先清洁皮肤，消除所有感染的机会。

（2）在术前几天内不做专业皮肤护理，以避免过度刺激皮肤，应禁烟禁酒，减少皮肤发生瘀伤的机会。

（3）可在手术前一天用包毛巾的冰袋冰敷需要注射的部位至少 20 min，这样可以最大程度减少注射造成的瘀伤。

2. 术后皮肤护理

（1）术后 24 h 内。注射后 24 h 内注射针眼应避免沾水，可局部冰敷，预防水肿；术后 5 h 内避免锻炼，否则会加重疼痛、肿胀和瘀伤。

（2）皮肤护理。术后当天可恢复日常护肤程序，用温和的护肤品做好清洁—润肤—防晒的基础护理；一周内，要注意轻柔地洗脸和涂抹面霜，避免做专业皮肤护理，特别是去角质护理；一个月内，要避免按摩或按压注射部位。

第八节 化学、生物换肤

皮肤换肤（也称皮肤换肤术、皮肤剥脱术或焕肤术）是利用破坏和重建的原理，把老化受损或不完美的表皮加以去除或“破坏”，通过人体自然的创伤修复过程激活皮肤干细胞的再生能力，让新生细胞大量繁殖和再生，从而替代老旧细胞，将皮肤重建成理想的新生状态。换肤护理实际上就是一个皮肤再生疗程，所以也被称为皮肤再生术。

化学、生物换肤已经有几十年历史，在国际医疗美容和美容界的临床应用非常广泛，因其疗程灵活和个性化，反应可控、快速，效果显著而备受美容师和顾客的青睐。化学换肤特别是果酸换肤在国内皮肤科、美容界已经有近 20 年的临床应用历史，近年来被更多的人接受和喜爱。

换肤的运用虽然已经相当成熟和安全，但它不同于一般的皮肤护理，有些种类属于微创换肤，所涉及的皮肤层面较深，涉及的知识专业性较强，如果剥离或修复不到位容易造成皮肤损伤，所以理论知识显得特别重要。美容师必须认真学习并掌握扎实的皮肤生理基础知识，熟悉换肤种类及其所至的皮肤层面，高效活性成分的性能、作用原理及疗效，浓度和 pH 值与功效的关系，禁忌及注意事项以及严谨的操作规范等全面和专业的内容，并严格按照产品制造商要求的使用方法和注意事项操作，才能确保换肤护理的安全性和有效性。

本节将详细地介绍与化学、生物换肤相关的理论知识、安全操作方法及注意事项，并对高级美容师需要了解的一些前沿高科技化妆品知识，如分子手性分离、视黄醇及其衍生物的靶向递送系统、AGPs 活性递送载体进行简单介绍。

一、化学换肤概述

1. 化学换肤（chemical peels）的概念

化学换肤（俗称刷酸）是指通过在皮肤上涂抹化学制剂来去除受损或坏死的表皮细胞，使皮肤恢复活力、再现年轻的一种常用美容护理程序。化学换肤同时具有多重功效，而且不同强度和不同类型的换肤产品，能在不同程度上改善干燥和粗糙的肤质、减少细纹、均匀肤色、减轻光老化衰老症状，从而使皮肤变得更加光滑滋润，使人看上去更加年轻健康。换肤不仅能改变皮肤的外观，也能重塑表皮结构，经常用于辅助治疗粉刺痤疮、淡化色斑和减少浅表瘢痕等。

化学换肤的种类包括果酸、水杨酸、视黄醇及其衍生物、Jessner、三氯乙酸（TCA）换肤等，美容院最常用的是果酸换肤。化学换肤的适应证包括皮肤粗糙、肤色不均、毛孔粗大、粉刺痤疮、细纹皱纹、色素沉着、表浅瘢痕、轻度妊娠纹和橘皮组织等。

2. 化学换肤的简史

早期记录显示，古埃及妇女曾用酸奶（含乳酸）泡澡使皮肤变得光滑滋润。古罗马时代，人们用柠檬、葡萄汁等去除身体死皮。1882 年，维也纳皮肤科医生费地南德・冯・赫布拉（Ferdinand Von Hebra）用剥脱术来治疗色素沉着等皮肤病变。20 世纪 60 年代，欧美皮肤科医生开始使用苯酚和三氯乙酸（TCA）进行化学剥脱治疗。70

年代，美国皮肤科医生尤金·范·斯考特博士（Dr. Eugene Van Scott）和余瑞锦博士提出使用羟基酸进行皮肤局部表面的治疗。在 90 年代初，化学换肤作为医疗美容项目在全球开始盛行。如今，化学换肤术已被全球皮肤科医生和美容专业人士广泛应用，表层轻度换肤产品已经被纳入非处方化学品领域，成为大多数美容和医疗美容项目的重要组成部分。化学换肤特别是果酸换肤在我国美容界已经有近 20 年的临床应用历史，近年来被更多的人接受和喜爱。

3. 化学换肤的作用原理

化学换肤的作用机制或原理是利用化学去角质剂来松弛并溶解连接细胞间的胶质，使表皮细胞剥脱，让新的细胞能生长出来，即将酸性换肤剂涂抹在皮肤表面，以可控的破坏方式引入特定的表皮层次，造成局部微创，并溶解和凝固角蛋白，促进细胞的分裂和再生。微创会启动身体的创伤愈合机制以及表皮干细胞的分裂，造成肌肤内部较强的血管和炎症反应，引起发红、发热和疼痛的症状，增加该区域的血流量和氧含量，从而使伤口正常愈合或皮肤组织再生，使皮肤恢复其完整性。同时，作用至基底层的换肤剂能刺激真皮层成纤维细胞生长，促进细胞间质（糖胺聚糖）的合成，增加皮肤的水合作用，促使胶原纤维增生，增加纤维密度和黏多糖含量，使真皮基质增厚，重建健康的表皮层，使皮肤恢复健康、年轻、光泽、细腻而富有弹性，如图 2–11 所示。

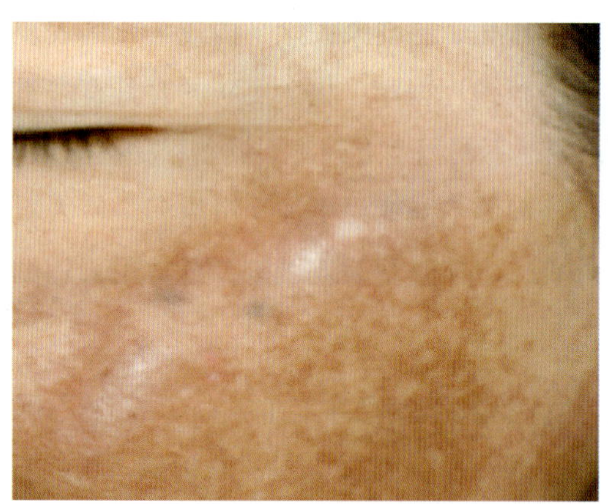
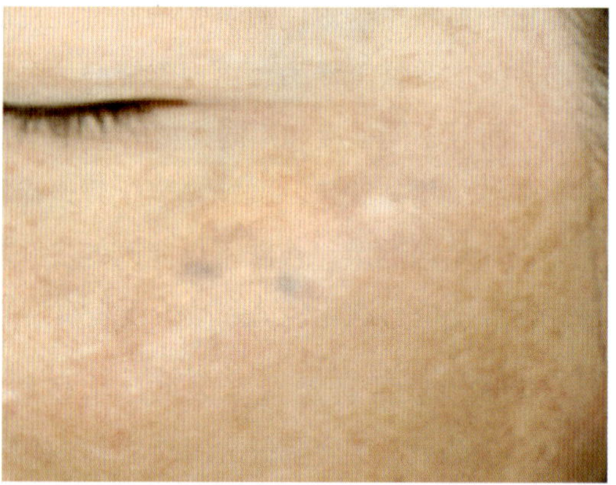

图 2–11　化学换肤前后对比
（图片来自美国 Dr. Daphne Panagotacos）

4. 化学换肤的类型

在美容界，化学换肤的类型主要根据所使用的换肤剂类型及其对肌肤渗透的程度划分，通常分为非常浅度、浅度、中度、深度 4 种类型（见图 2–12）。非常浅度和浅度换肤具有安全性较高、效果较明显、操作较快速简便、不良反应较少和愈合时间较短的优点。中度和深度换肤具有疗效更显著的优点，但是渗透越深，刺激和疼痛感越强，愈合时间越长，不良反应就越大。

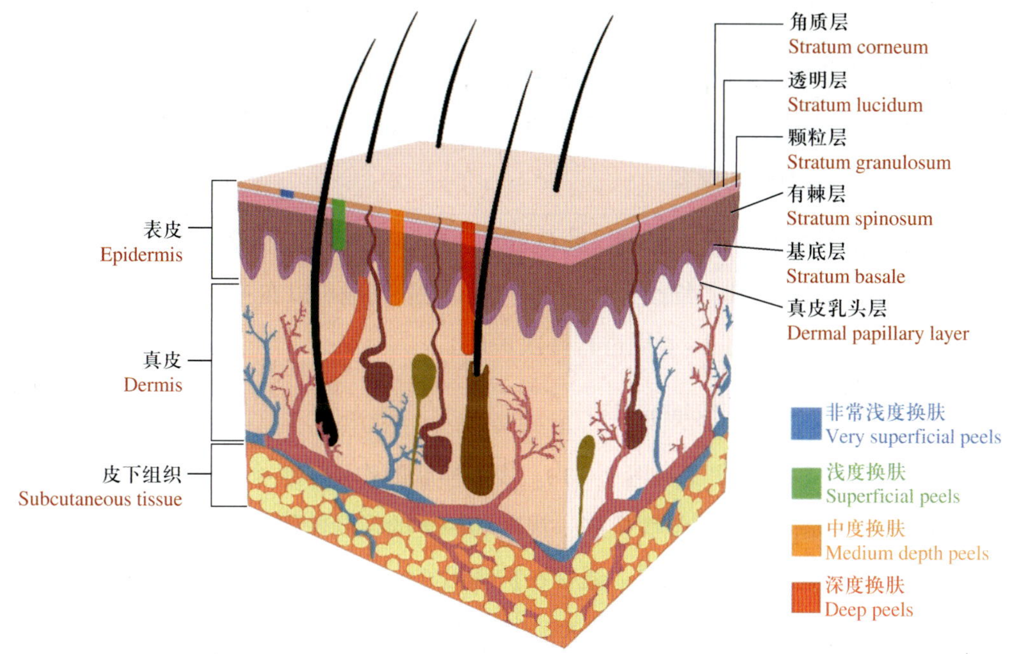

图 2-12　化学换肤的 4 种类型及其所作用的皮肤层次

换肤后是否脱皮以及脱皮的程度主要取决于产品的特性以及顾客的皮肤类型等因素。而疗效并不取决于脱皮的程度，而是取决于个人皮肤质地、皮肤的反应性、表皮角质层的厚度、个人新陈代谢等因素。顾客皮肤的脱皮效果无论是轻微或者显著都可以达到再生皮肤的功效。去角质的视觉效果并不代表真实的疗效，应以超声图像中显示的情况为准。

化学换肤的类型、强度和换肤产品的 pH 值决定了美容师的操作范围。允许美容师操作的是相对安全、仅去除表皮层已死细胞的简单换肤项目，即非处方型的非常浅度、浅度和表皮范围内的中度换肤。市场上现有专门针对各种皮肤问题以及顾客个性化需求的单一和组合配方的化学换肤产品，以供美容院和顾客选择使用。浅度和中度换肤如要达到理想的改善效果，通常需要 4～8 次的系列疗程，美容师可根据想要的结果进行不同深度的换肤护理。

（1）非常浅度换肤（very superficial peels）

1）作用于皮肤的层次。非常浅度换肤也称非常浅表换肤、化学去角质（chemical exfoliation），只作用于部分的表皮层，即角质层至颗粒层。美容院常用的专业线或药妆品的非常浅度化学换肤剂（最常用的是果酸）只能起到去角质作用，可作为单独护理项目，也可作为护理中的去角质程序，通常不会或很少出现脱皮或泛红（或非常轻微）等现象。

2）换肤效果。此类化学换肤作用温和、操作快速简便、效果明显、耐受性好，护理后的皮肤会立即变得光滑柔软、清新和光泽，适合所有的皮肤，并适合需要快速嫩肤或初次尝试化学换肤的顾客。

3）适应证。皮肤干燥、粗糙，肤色不均、暗沉无光，毛孔堵塞、粗大，轻度粉刺、寻常痤疮，浅表色素，细纹等。通过护理，皮肤问题可以在一定程度上得到改善，顾客可以根据自身状况每 2 ~ 4 周进行一次护理。

（2）浅度换肤（superficial peels）

1）作用于皮肤的层次（见图 2–13）。浅度换肤能作用于整个表皮层，包括从角质层的轻度换肤至基底层的较强度换肤。浅度和中度的换肤使用药妆或医疗美容的浅度化学换肤剂可产生最佳护理效果，通常在护理后 2 ~ 5 天会出现程度不同的脱皮现象，这正是换肤所要达到的目的。大约 7 天，皮肤能恢复正常，并达到换肤效果。

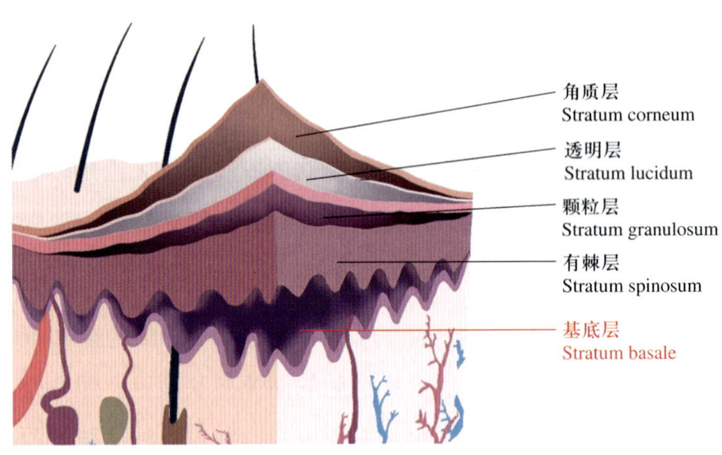

图 2–13　浅度和中度换肤作用至基底层

2）换肤效果。此类化学换肤能减少基底细胞内黑色素颗粒含量，使黑色素分布更均匀，有效淡化雀斑、表皮黄褐斑和表皮色素沉着，减轻轻中度寻常痤疮、假性毛囊炎，改善轻度浅表皱纹和瘢痕。

3）适应证。适合所有的菲茨帕特里克（Fitzpatrick）肤色类型，适应证与非常浅度换肤相同，但效果更加显著和持久。

4）副作用。副作用包括皮肤发红、可忍耐性刺痛或灼伤感、发痒、干燥、脱皮，有的换肤剂会产生光敏感。

（3）中度换肤（medium depth peels）

1）作用于皮肤的层次（见图 2–13）。中度换肤常用的换肤剂包括高浓度乙醇酸、水杨酸、视黄醇和维 A 酸，以及低浓度 Jessner 和三氯乙酸，其深度可至基底层或真皮乳头层。

2）换肤效果。其效果比轻度换肤更加显著和持久，皮肤光滑细嫩的变化会更加明显。

3）适应证。细纹、中度寻常痤疮、色素沉着、黄褐斑、轻度浅表瘢痕、光老化、皮肤松弛等。

4）副作用。换肤部位会出现与浅度换肤相似的副作用，但皮肤发红会持续更久，脱皮更严重，可能会出现皮肤肿胀，需要 7 ~ 10 天的愈合时间，具体反应个体差异较大。

5）注意事项

①有的换肤在护理前需要使用 10 ~ 30 天的果酸或视黄醇来做皮肤准备，以增加耐受力和调节色素，以免产生换肤后的色素异常。

②第一次换肤需要提前 3 天做皮肤过敏反应测试，强度的化学换肤涂抹换肤剂时皮肤会出现正常的霜状物。换肤间隔时间通常为 1 ~ 3 个月，具体要根据产品生产商的建议和顾客皮肤状况及所想要达到的效果来确定。

（4）深度换肤（deep peels）。深度换肤常用的换肤剂通常是较强烈的苯酚（phenol），可至真皮网状层，仅限于医生操作。此类换肤针对更深的皱纹、色素、疤痕或癌前病变，皮肤外观会有非常显著的改善，通常一生只能实施一次。换肤时会使用局部麻醉剂、镇静剂和抗炎剂，治疗后需要永久保护皮肤免受阳光照射，以防色素异变。由于深度换肤的危险性系数大，难以控制，目前很少使用，大多数医生采取混合使用各种中度换肤配方的方法来代替苯酚。

5. 化学换肤采用的换肤剂

化学换肤的换肤剂包括果酸、水杨酸、视黄醇、维 A 酸、Jessner、三氯乙酸等，其中最常用的是果酸。所有的酸都可以单独或组合使用，复合配方更为常见。单一配方的好处是简单、易控制，并有助于预测结果。以复合配方配制的复方酸的优点是可以综合利用和互补各种酸的优势和不足，提高换肤效果，同时将对皮肤的副作用降至最低。有的同一种复合酸可针对多种皮肤问题或适合所有类型的皮肤，如低浓度水杨酸 + 视黄醇 + 维生素 C 的组合；有的则针对不同的皮肤问题添加特定功效性的互补成分，如用于痤疮的乙醇酸 + 乳酸 + 水杨酸 + 透明质酸组合配方。常用的换肤试剂如下。

（1）果酸。果酸是最常用的换肤剂，其中乙醇酸的应用最为广泛。乙醇酸能单独使用，但它与其他酸性成分的混合配方更常见。常用浅度换肤的浓度为 20% ~ 50%，pH 值为 2.5 ~ 4.5。乙醇酸的作用具有时间依赖性，即同一浓度的乙醇酸，停留时间越长，渗透力越强，作用越强。例如，浓度为 30%，pH 值为 2.5 的乙醇酸，停留 2 ~ 3 min 为非常浅度换肤，3 ~ 5 min 则为浅度换肤。所以，使用乙醇酸时必须按照要求来控制时间，以达到特定的效果。

其他常用的果酸原料包括乳酸、扁桃酸、柠檬酸等。常见用于色素沉着的果酸组合有浓度为 30% 的果酸 + 浓度为 2% 的水杨酸，浓度为 20% 的扁桃酸 + 浓度为 10% 的柠檬酸等，或浓度为 10% 的苯乙基间苯二酚 + 浓度为 14% 的水杨酸 + 浓度为 14% 的乳酸。果酸换肤适合几乎所有皮肤类型和状况。

（2）水杨酸。常用水杨酸换肤剂的浓度为 10% ~ 40%，pH 值为 2 ~ 2.5。其作用不具时间依赖性，不需要中和。水杨酸换肤通常用于油性和痤疮皮肤。常见组合有浓度为 20% 的水杨酸 + 浓度为 10% 的扁桃酸。使用强度水杨酸、Jessner 和三氯乙酸换肤时可能会出现霜状物（结霜），这是低 pH 值的强酸凝结角蛋白的反应，也正是强度化学换肤想要达到的目的。

（3）视黄醇及维 A 酸（异维 A 酸）。常见的视黄醇换肤浓度为 3% ~ 6%，如国际品牌 NeoStrata 的产品有效成分即为浓度为 3% 的视黄醇。独特的复合配方包括 CosMedix 品牌的“永恒的换肤”（timeless peel），有效成分为浓度为 40% 的左旋视黄醇 AGP 复合物 + 浓度为 25% 的左旋乳酸。常见的维 A 酸换肤浓度为 1% ~ 5%，只限医用。

这些高科技配方、过夜免洗的维生素 A 类的换肤产品刺激较小，可在皮肤上停留 12 h，需要大约 3 天的渗透时间，在皮肤内发挥作用的时间可持续 2 周，属于中度或中—深度换肤，属美容师操作范围。有的产品与果酸混合使用，有的涂抹于 Jessner 换肤剂之上，能增强胶原蛋白的产生，增厚真皮基质，适合所有皮肤类型及皮肤状况，能有效改善痤疮、浅表疤痕、光老化、皱纹、较深的黄褐斑及色素沉着。护理前需要

10 ~ 30 天的皮肤准备。

（4）Jessner。常见的 Jessner 是由浓度为 14% 的乳酸、浓度为 14% 的水杨酸、浓度为 14% 的间苯二酚混合而成的一种溶液，其 pH 值为 1.8 ~ 2.8，是常见的浅度至中—深度换肤。Jessner 一般可涂抹 1 ~ 6 层，1 ~ 3 层可作用于角质层至基底层，被归类于浅度换肤，4 ~ 6 层归类于中—深度换肤。Jessner 通常加一层视黄醇，有助于更深的渗透，能增加疗效。Jessner 属于可免洗的复合酸（也可清洗），用于改善光老化、痤疮、色素沉着、疤痕、皱纹等，适合曾用过水杨酸、乙醇酸、乳酸并无不良反应的人。护理前需要 10 ~ 30 天的皮肤准备。

（5）三氯乙酸。三氯乙酸简称 TCA，又称三氯醋酸。三氯乙酸换肤是一种常用的非侵入性的中度换肤，通常用于医疗机构，美容师很少使用。这种破坏性强酸的作用机制与果酸不同，不是以松解连接细胞间的胶质而换肤。浓度为 7% ~ 20%、pH 值为 1.3 ~ 1.4 的不含缓冲剂的 TCA，以及 TCA 与其他弱酸组合的配方属于浅度换肤。低浓度 TCA 可根据情况涂抹 1 ~ 5 层，也可与 Jessner 混合使用，医疗美容常用的浓度为 35% 的 TCA 属中度换肤，不需要中和但需要用水清洗干净。低浓度 TCA 已被临床证明是一种针对眼周区域皱纹的相对安全有效的药物，适合各种皮肤问题。研究证明，TCA 能有效改善黄褐斑、痤疮疤痕，并改善皱纹，使皮肤更加光滑年轻。

6. 换肤程序

（1）皮肤准备。清洁皮肤，确保去除皮肤的污垢和油脂以便更好地渗透吸收。有的产品供应商提供免洗换肤准备溶液（prep solution）来脱脂及降低皮肤 pH 值，以进行更深层渗透的换肤。

（2）实施换肤。保护好眼睛和头发。美容师可以用刷子、棉片、专用大棉签涂抹果酸，避开眼周、鼻孔、耳朵和嘴巴。非常浅度的化学换肤接触皮肤后的前 1 ~ 2 min，顾客会感觉轻微的刺痛或瘙痒，较强度的化学换肤刺痛和灼伤感可能会长达 20 min，可用扇子来冷却皮肤。果酸停留的时间为 3 ~ 10 min，具体根据生产商的建议，如图 2-14 所示。

（3）中和停止。用湿冷的一次性洗面巾、棉片，以轻压的方法清洗换肤剂即可，也可使用温水。需要时再用中和溶液，太刺激时用冷敷来舒缓皮肤。有些强效、不需中和的免洗换肤制剂需要在皮肤上停留 4 ~ 12 h，让活性成分在皮肤内继续发挥作用。所以，有时换肤制剂需要留在皮肤上过夜，第二天早上才能洗掉。

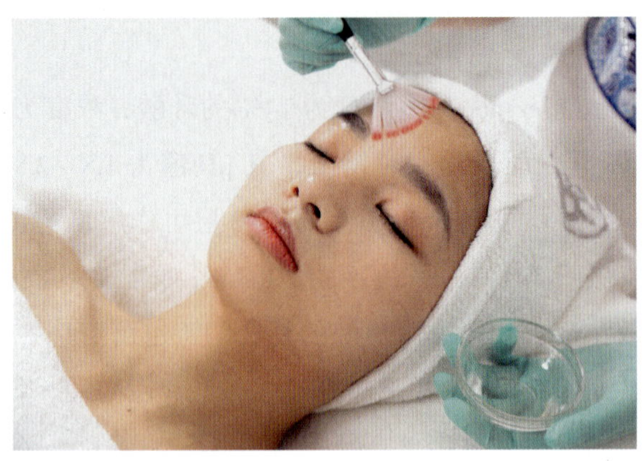

图 2-14　涂抹果酸

（4）换肤后护理。需要涂抹具有保湿、修复和防晒等功效的护肤产品。

二、化学换肤常见的功效型活性成分及作用

在美容界，化学换肤常见的功效型活性成分包括果酸、水杨酸、视黄醇及其衍生物等，而酸类的主要作用是去角质。这些单一成分的产品可以制成不同的浓度和 pH 值，也可与其他辅助成分制成不同强度的复合换肤剂或家护产品。与一般护肤成分不同的是，这些活性成分非常活跃，都可能有一定的刺激性，也常单独作为强效换肤剂使用，并可作用于皮肤深处而使皮肤剥脱。所以，要做到安全有效换肤，美容师应对每一种常用换肤成分进行全面的了解，这不仅能帮助美容师在换肤时针对不同的皮肤状况选择合适的换肤产品，更能避免对皮肤造成损伤。

1. α-羟基酸（AHAs: alpha hydroxy acids）

由于 α-羟基酸大多数是从水果中提炼的，所以被俗称为果酸。果酸是水溶性的，难以进入油性角质层，所以它对皮肤深层的作用不大，但对于表层的死细胞来说却是非常强效的去角质剂。游离酸形式的果酸可通过调低 pH 值来深入角质层，如乙醇酸。

果酸换肤属于浅度换肤，它既能去除多余的角质，又能抗角化，可预防和改善角质层的异常增厚。含果酸的产品用途广泛，可平滑皮肤细纹和浅表皱纹、改善肤色纹理、疏通和清洁毛孔，以及从整体上改善皮肤的状况，有时也用于其他目的，如调节 pH 值。

果酸中用途最广的为乙醇酸和乳酸。果酸的分子越小，渗透力越强，去角质的作用越好，但刺激性较大；反之，分子越大，渗透力越浅，刺激性越小，去角质的作用较差，但并非所有的酸都以相同的方式起作用。高浓度果酸会产生一定的刺激和具有光敏感性，使用时需加强防晒。果酸应用于皮肤会导致紫外线敏感性增加，虽然个体之间差异很大，但是这种敏感性的增加是可逆的，并且在停止使用后不会持续很长时间。停止治疗一周后，皮肤的紫外线敏感性与治疗前没有显著差别，所以果酸是安全的。

（1）乙醇酸（glycolic acid）。乙醇酸是较常用于换肤的一种果酸，与其他 AHAs 相比较，乙醇酸分子结构简单，分子量最小、最活跃，渗透力较好，生物利用度最大，刺激性也最大，是最受欢迎且用途最为广泛的快速去角质剂。浓度 0.08% ~ 70% 的乙醇酸可用于改善色素沉着过度和光老化皮肤。临床医学证明，乙醇酸的抗菌和去角质作用能显著控制粉刺，促进胶原蛋白和弹性蛋白的生成和透明质酸分泌，增厚真皮和增加角质层细胞的含水量，促进细胞更新，减少细纹的出现，使皮肤更加光亮。因其分子最小，也是一种有效的传递剂，当它与水杨酸、乳酸等其他弱酸混合时能增强产品的渗透力和疗效。

乙醇酸来自甘蔗，很少有人对乙醇酸过敏。如果使用时有不良反应，通常是其他原因造成，如产品质量不佳、浓度或使用方法不当、混合使用其他有刺激成分的产品或不注意防晒等。高浓度的乙醇酸刺激性较强，会产生刺痛和灼热感。乙醇酸会干燥皮肤和产生光敏感，应在晚间使用并加强保湿和防晒。

（2）乳酸（lactic acid）。乳酸分子比乙醇酸大，很温和，是几乎无刺激的快速去角质剂，为乙醇酸的温和替代品。乳酸是天然存在的人类代谢产物，很少有过敏反应，适合敏感和干性皮肤。乳酸具有抗菌作用，被视为天然防腐剂，并可调节产品 pH 值。与乙醇酸一样，乳酸能刺激皮肤中的神经酰胺，增加皮肤天然保湿成分的生成，这对支持皮肤屏障和保持水分起到至关重要的作用。

乳酸是天然保湿剂，去角质的同时可滋润皮肤，减少刺激，被广泛地应用于各类护肤品中。高浓度的药妆品乳酸还可以用于局部辅助治疗湿疹、上臂毛周角化症、皮肤干燥症、银屑病和红斑痤疮，淡化色素，改善光老化，同时能刺激胶原蛋白的产生，减少细纹。因乳酸提炼于牛奶，所以对牛奶过敏的人不宜使用。

（3）苹果酸（malic acid）。苹果酸主要来自苹果，是一种多功能果酸，分子比乳酸大但具有与乳酸相同的抗氧化和保湿剂作用，常见于各类去角质和抗衰老产品中。苹

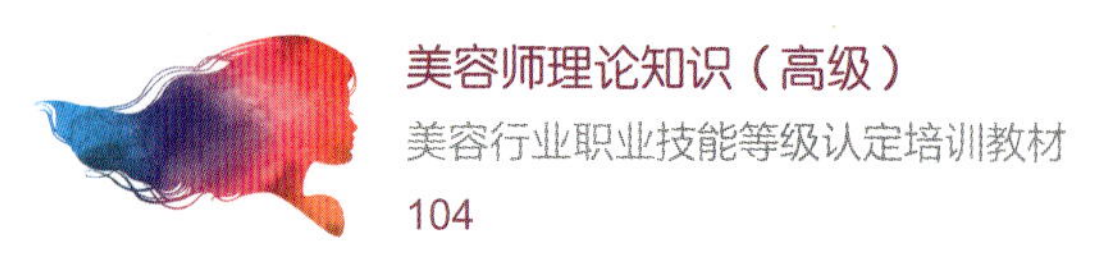

视黄醇及其衍生物在国际美容界和医学上被称为抗衰老的“黄金物质”，是目前最有效、最前沿的抗衰老产品，此类药妆和处方产品深受广大消费者的喜爱，很多美容机构都会出售各种专业线品牌和药妆产品，而且绝大部分顾客对视黄醇也非常熟悉。因此，高级美容师对视黄醇的作用原理及其功效的深入了解就显得很重要。

一般的视黄醇类物质具有对紫外线不稳定、易氧化、易挥发、刺激性高和渗透性差的缺点，容易失去其生物活性和有效性，使用时皮肤也会出现干燥、长红斑和脱皮等副作用。随着科技的发展，这些种类的产品得到了较大改进，如采用经过前沿科技“分子手性分离”的左旋视黄醇，其纯度高、疗效高、刺激性小。最重要的是，在制作产品的过程中采用了高科技视黄醇靶向局部递送系统，大大提高了产品的稳定性，增强了渗透性，同时也降低了对皮肤的刺激性。

（2）作用至真皮的原因。无论是哪种抗衰老活性成分，如果不能渗透至真皮，就起不到真正的抗皱作用。而一般的活性成分渗透越深，刺激或副作用就越大，再好的原料也无法使用。视黄醇能作用至真皮的原因如下。

1）结合细胞内的蛋白质受体产生作用。视黄醇是一种非常有效的细胞通信交流活性成分，其分子较小而且蛋白质结构与人体表皮细胞内角蛋白质受体的结构很相似。所以，当左旋视黄醇分子发出“指令信号”时，表皮细胞内高亲和力的受体会准确接收，使视黄醇类产品很容易被皮肤吸收。因为真正作用于皮肤的是活性维 A 酸，所以视黄醇进入皮肤后，需经过特定的酶转化成维 A 酸后才能与细胞受体结合而发挥作用，而维 A 酸不需转化就可以直接与细胞受体发挥作用，所以，维 A 酸比视黄醇的功效快。

2）手性矫正 / 分离（chirally correct）。手性（chirality）指一个物体不能与自身镜像重合。这正如人的左右手，可以合十，左手在镜中的像与右手一样，但在空间上，左右手无论怎么摆放都无法重合。手性在自然界中广泛存在，生命活动重要基础的生物大分子几乎都是手性的，有左右之分，如氨基酸、蛋白质、多糖、维生素 C、维生素 A 等。

手性物体与其镜像被称为对映体，在分子概念的引用中被称为对映异构体。一个手性化合物分子具有化学性相同、结构上镜像对映但无法重合的对映异构体。当一个手性化合物进入人体组织后，两种异构体通常会表现出不同的生物活性，一个可能是有效的，另一个则可能无效甚至是有害的。例如，如果视黄醇类产品是两种手性分子的混合物，没有经过手性分离，那么就有一半的分子没有作用，只有副作用。所以，去除一半没有作用的视黄醇分子很重要。

简单来说，手性分离指的是一种前沿的手性分子提纯技术，即把有效的分子留下，把无效甚至是有害的分子去除，开发出疗效高、副作用小的护肤品或药物产品。例如，人们熟悉的左旋维生素 C（L-ascorbic acid）疗效佳且刺激小，而右旋维生素 C（D-ascorbic acid）或左右旋混合各一半的维生素 C（L-D 外消旋混合物）疗效差或无疗效、刺激性大。

通常，护肤品有效成分的分子中左、右旋体各占一半，而分子必须与人体受体（起反应的物质）分子的几何结构匹配，才能起到应有的疗效，就如左手只能戴左手手套一样。但是，受体对旋光异构体具有选择性，往往选择接收左旋的有效分子，而剩下的右旋分子不但无疗效，反而可能抵消原料最重要的功能，导致刺激、过敏、炎症甚至毒性等不良反应。所以，护肤品中有效成分的分子只有经手性分离后才能与皮肤细胞的受体正确地对应并被准确地接收。只有这样，才能提高护肤品特别是药妆品的安全性，皮肤对最活跃和高浓度成分的不良反应才会被降至最低，从而才能使更纯、更高效的活性成分被安全地输送到真皮层而达到最佳的护肤效果，如药妆品或药物类视黄醇及其衍生物。最终，纯视黄醇类产品还需要通过特制的高科技递送系统才能作用至真皮。

3）视黄醇的靶向局部递送系统（targeted topical delivery system of retinol）。近年来开发的多种新型纳米胶状递送系统在护肤品中主要用于亲脂活性功效成分的靶向递送。常见的方法之一是将视黄醇或维 A 酸稳固地包裹和混合于纳米空心脂质粒载体中，或者使用高度精密的液晶膜来将视黄醇微胶囊化，如胶囊视黄醇。纳米载体能使功效成分即使在空气、阳光和温度的影响下也相当稳定，高度保持有效成分的活性，提高了产品的稳定性、耐受性、渗透力、功效和生物利用度。同时，也大大减少了停留在皮肤表面的视黄醇，从而降低了对皮肤刺激、长红斑和干燥等副作用。视黄醇的高科技递送系统主要是由 AGPs 制成。

4）阿拉伯半乳聚糖蛋白复合物（AGPs：Arabinogalactan-proteins）。AGPs 是靶向递送视黄醇的高科技递送系统，作用于表皮和真皮。AGPs 是一种重要的糖蛋白，广泛存在于高等植物的各种组织和细胞中。AGPs 在细胞之间的信号识别与传导作用早已被运用于护肤品中，它可直接与皮肤的受体结合而发挥作用。在护肤品中，AGPs 这个活性递送载体是由大量的蛋白质原料、氨基酸、卵磷脂和神经酰胺等成分组成的高科技

配方。

AGPs 的蛋白质分子结构与肌肤内的胶原纤维组织匹配相似，细胞膜由大量蛋白质组成。当纤维母细胞的受体接到 AGPs 发出的同类相符“光系”时，能准确地选择接收。两种同类蛋白质连接后，能将与 AGPs 混合的视黄醇输送到细胞内，这个递送行程通常需要大约 72 h。视黄醇进入皮肤后，经特定的酶转化成维 A 酸后发挥作用。这样，在保持视黄醇的高效性基础上，还达到了渗透深和致敏低的护理疗效。

（3）视黄醇及其衍生物对皮肤的作用及使用注意事项

1）作用

①抗皱。视黄醇及其衍生物是延缓皮肤衰老最有效的物质。这类产品主要用于改善外观，使皮肤更加健康和年轻，可用于改善皱纹。此类多功能活性成分能渗透入真皮乳头层而促进胶原蛋白的生成，增加真皮层厚度，使皮肤更加紧致和富有弹性，有减少皱纹、改善光老化、刺激皮肤的自然代谢、淡化色素和软化浅表疤痕的作用。视黄醇通常用于美容机构的化学换肤。研究表明，处方局部维 A 酸可以使光老化皮肤中Ⅰ型胶原蛋白的产生增加 80%。

②治疗痤疮。外用维 A 酸和口服异维 A 酸都是治疗痤疮的重要方法。外用维 A 酸较为有效，效果也较全面。这类强效维 A 酸类药品能代谢角质、疏通毛孔、促进粉刺的溶解和排出、抑制皮脂分泌，对痤疮丙酸杆菌等具有很强的抑制作用，医学上用来治疗和改善粉刺、痤疮、玫瑰痤疮及由此引起的毛细血管扩张、毛孔角化等。非处方的强效视黄醇同样能有效改善粉刺痤疮，起到辅助治疗作用。

2）使用注意事项。美容机构只能销售非处方的药妆视黄醇及其衍生物产品，此类产品比处方类维 A 酸温和，刺激性小，其配方通常含有保湿润肤剂和维生素 E 等，可以减少干燥和刺激，适合任何皮肤，包括敏感皮肤。非处方药妆产品可以达到处方类药物一样的效果，只是需要的时间更长一些，例如，细纹和暗疮大概需要连续使用 3 个月（处方类药物 4 ~ 6 周），明显皱纹则需要连续使用 6 个月到 1 年。日化线有许多产品含有视黄醇类成分，但实际上真正影响皮肤，能起到改善作用的是能深入渗透的非处方药妆产品和处方类药物。

重要的是，使用此类活性护肤品，使用初期要确保给皮肤一定的时间来适应，使其能在合理的一段时间内获得耐受性。因此，在使用的前 2 周，建议每天晚上数量减半地使用，之后逐渐增加到用日常用量并每天使用。此类产品会产生光敏感，应仅在晚上使用，白天需要加强保湿和防晒。通常不建议孕妇或在哺乳期使用。

三、产品的浓度、pH 值与化学换肤功效的关系

化学换肤剂的强度与疗效的关系非常复杂，强度与效果成正比，而强度主要由浓度的高低和 pH 值的大小而定。其他影响换肤效果的因素包括酸本身的特性、分子的大小、酸度系数、使用方法、涂抹层数、剂型配方、停留时间、产品类型，以及疗程次数等。增加原料的生物利用度也能大大提高化学换肤的功效。

活性成分的浓度和 pH 值的组合称为生物利用度。护肤品的生物利用度是指活性剂被传递及作用于皮肤的实际百分比。生物利用度越高，穿透率就越强，产品被皮肤吸收的百分比越高，疗效就越好。去角质同样可以提高护肤品的生物利用度。

1. 浓度与化学换肤术功效的关系

广义的说，酸性溶液的浓度影响其强度。通常，酸的浓度越大，渗透力越强，效果越显著，但刺激性越大，风险性也越高。不同浓度的酸溶液在不同 pH 值下对皮肤的作用差异很大。

2. pH 值与化学换肤功效的关系

大多数消费者仅注重产品的浓度与功效的关系，实际上，护肤品 pH 值也是决定其强度和功效的重要原因。因种种原因，一些产品不标明 pH 值。

（1）pH 值对产品功效的影响。pH 值影响产品渗透的深度。pH 值对使用果酸、水杨酸、视黄醇及其衍生物类局部产品的人来说至关重要，特别是对换肤性能的影响。当角蛋白在低 pH 值下与酸反应时就会产生凝固而破坏表皮，随后用新的结构代替，这就是换肤所要达到的目的。pH 值越小，穿透越深。例如，浓度为 30%、pH 值为 3 的乙醇酸比浓度为 50%、pH 值为 5 的乙醇酸换肤程度深。

高效家居护肤品的理想 pH 值为 3 ~ 4，安全有效的换肤剂 pH 值为 2.5 ~ 3。通常，产品的 pH 值在一定程度上代表整个配方，pH 值太高，产品难以渗透，太低则有引起刺激或灼伤的风险。由于乳酸和水杨酸是天然的低 pH 值酸，所以可以在较低浓度下进行有效的换肤。

（2）缓冲剂。缓冲剂（buffer）是由弱酸及其弱酸盐组成的混合溶液，用于升高

或降低换肤剂的 pH 值。相同浓度的缓冲和非缓冲活性成分，其强度会有很大的差别。例如，浓度为 30% 且非缓冲的乙醇酸换肤液的 pH 值为 2.5，添加缓冲剂可将其 pH 值提升至 3.5，成为更加温和安全的家用换肤剂，但会影响效果。柠檬酸、酒石酸、扁桃酸等弱酸可作为缓冲剂来调高强度乙醇酸的 pH 值。

3. 中和剂与化学换肤的关系

酸的中和剂是碱性制剂，如 10% 碳酸氢钠。专业换肤产品通常会提供中合剂，水是最常用的中和剂。化学去角质或换肤时使用的低 pH 值酸会暂时降低皮肤的 pH 值，美容师可随时用冷、温水来停止换肤剂的作用并清洗皮肤，同时将皮肤的 pH 值调节到正常范围内。当觉得酸对皮肤太刺激时才需要使用中和剂。

值得注意的是，碱酸中和时会放热，因此操作前应该告知顾客在清洗过程中可能会出现短暂的暖热或轻微刺痛感。

4. 医学护肤品

在过去的 20 多年里，随着医疗美容的不断发展和医生主导产品的不断涌入，市场出现了不少顺应潮流的医学护肤品，这些产品分属非处方类的“医学护肤品（clinical skin care）”“药妆护肤品 / 医学美容化妆品（cosmeceuticals skin care）”“皮肤科医生级护肤品（dermatologist grade skin care）”“医用级护肤品（medical grade skin care）”，以及处方类的“药品级护肤品（pharmaceutical grade skin care）”等类别，这些产品可统称为“医学护肤品”，都属于化妆品范畴，不是药品，一般人都可以使用，大都在医院皮肤科、医疗美容中心、整形美容诊所销售。各品牌中的非处方类产品也在美容机构和网上销售，而维 A 酸等局部处方产品，只能在符合规定的机构出售。

（1）非处方类医学护肤品。非处方类医学护肤品种类较多，其中药妆护肤品是大多数美容机构常用的，其专业换肤配方一般分为医美级别和美容级别，分别供给医疗美容医院和美容机构，但销售的家居产品基本一样。如同一医美品牌，浓度为 70% 的乙醇酸，pH 值为 1.0 的产品属于医疗美容浅度换肤，而浓度为 35% 的乙醇酸，pH 值为 3.0 的产品归为美容院浅度换肤。

大家俗称的“药妆品”是化妆品 cosmetics 和药品 pharmaceuticals 两个词的组合词，是化妆品行业用于表明介于化妆品与药品之间的奢侈功能性护肤品的专有名词。药妆品自称含有大量的活性成分，具有类似药物的益处，工艺先进，有些高效产品可以渗入真皮，配方比常规的日化线和专业线产品功效性强，功效方面拥有更多的先天优势。

但与药品相比，药妆品具有较低的生物活性成分浓度，其功效和机能不能代替药品，不能治疗皮肤疾病，只能起到辅助治疗的作用。

常用药妆国际品牌有美国的iS Clinical、JanMarini、Dr. Murad、SkinCeuticals、Cosmedix等，德国的Dr. med. Christine Schrammek。

（2）处方类医药级护肤品。医药级护肤品的原料必须包含99.9%医药级的纯有效成分，且必须是基于科学研究论证的产品，具有高强度的活性物质，能够深入渗透皮肤，而且效果一般都有临床检验报告证实，必须显示出对皮肤功能或结构的有益作用。市场上大约5%的护肤品牌是属于医药级，一般在具有医学背景的渠道销售。此类品牌产品中的一些高强度医药品只能通过医生处方获得，如用于局部治疗暗疮、色素和皱纹的维A酸类产品，其他的则不用处方即可买到，如洗面奶、润肤霜和防晒霜等。通常，此类产品疗效最为显著，但对皮肤的刺激性也较大。这类护肤品知名的品牌包括美国Obagi、SkinMedica、Neostrata、Elta MD等。

医学护肤品一般是由具有高科技背景的皮肤科医生、整形科医生或生物科学家研发的。这类产品包含高浓度的维生素C、视黄醇、肽和处方维A酸等生物活性成分，这些成分已被科学研究机构、皮肤科医生经临床证明，能有效改善光老化、细纹和痤疮等皮肤问题。

5. 菲茨帕特里克（Fitzpatrick）肤色类型量表与换肤的关系

美容师通常在换肤前会使用全球通用的菲茨帕特里克肤色类型量表来评估顾客的肤色类型，以判断其适合何种程度的换肤。Ⅰ～Ⅲ型肤色通常不会发生换肤后色素沉着，是化学换肤的适用者，而Ⅳ～Ⅵ型肤色的色素沉着风险较高。由于亚洲人皮肤通常在Ⅲ～Ⅴ型之间，黑色素细胞含量高，容易产生色素沉着，所以不适合做中、深度化学换肤。换肤种类很多，各种换肤所适合的菲茨帕特里克肤色类型有所不同，美容师必须严格按照化妆品生产商的说明来操作执行。

四、化学换肤的操作规则和注意事项

1. 化学换肤应遵守的原则（包括生物换肤）

（1）规范原则。美容师必须经过化妆品生产商的正规培训，并获得相关培训证书后才能操作化学换肤。操作时，必须严格按照行业规范进行，不能随意搭配换肤溶液，不能操作超出美容师操作范围的换肤术。

（2）充分沟通原则。在护理前，应该与顾客充分沟通，一方面了解顾客的皮肤特点，掌握顾客的需求，另一方面向顾客介绍化学换肤的相关常识，包括操作过程中可能会出现的皮肤不适，如发痒、刺痛或灼伤感等正常的酸作用反应，为后期操作过程中得到顾客的积极配合做好铺垫，这对取得较好的换肤效果非常重要。

（3）合理计划原则。美容师应针对顾客关注的皮肤问题及其严重程度、皮肤类型，以及所想要的结果而量身制定护理方案，提出合理化建议，合理选用相应的换肤剂。

（4）从弱到强原则。在化学换肤过程中，美容师应遵循从弱到强，逐渐提高使用频率、酸的浓度及生物利用度的安全使用原则，以使皮肤逐渐适应换肤所需的酸性环境和不断提高的生物利用度，从而有效避免不良反应的发生，并可增强效果。

（5）分期护理原则。一般来讲，皮肤处于稳定期时，在基础护理的基础上可联合各类换肤方法综合护理。但皮肤处于敏感期、色斑活动期（发红发炎）时应避免换肤护理，应先做抗敏、抗炎和修复皮肤屏障的基础护理，让皮肤恢复到正常和稳定状态之后，再考虑选择换肤方法。

2. 化学换肤的注意事项（包括生物换肤）

（1）化学换肤前的注意事项

1）皮肤准备。有些化学中度换肤需要用 10 ~ 30 天的时间对皮肤进行换肤前的准备。通常使用低浓度的果酸、维 A 酸和维生素 C，使皮肤逐渐适应酸性产品，增强耐受性，调节色素，以降低护理后色素沉着的潜在副作用。因此，此类换肤被称为“明天的换肤”（tomorrow’s peel）。大多数美容师使用的换肤不需要以上的皮肤准备，称为“今天的换肤”（today’s peel）。美容师必须严格按照生产商的建议进行皮肤准备，以免产生不良反应。

2）过敏测试。强度较高的换肤通常需要在护理前 3 天进行过敏皮肤和药物不良反应测试。美容师必须严格遵守皮肤测试规则，以免产生不良反应。

3）其他准备。换肤前 1 周内停止使用酸性产品，护理部位不能去角质、脱毛并注意防晒。

4）对顾客宣传讲解。美容师在护理的早期阶段对顾客如何使用酸性产品进行宣传讲解至关重要。顾客刚开始使用家居酸性产品时应从低浓度开始，并逐渐提高使用频率，让皮肤有 2～4 周的适应期。大多数酸性产品会产生光敏感，应晚上使用，如按照洁面、视黄醇、保湿霜的顺序进行，并避开眼周、鼻孔和嘴巴。酸性产品的重要使用原则是家居护理尽量简单，以及足够的保湿和防晒。顾客应避免在家操作高强度换肤。

（2）化学换肤过程注意事项

1）用湿棉片不留缝隙地保护好眼睛，以免酸性溶液流入眼内并保护好耳朵和头发。

2）换肤剂在皮肤上停留的时间不可以超过规定时间，并仔细观察皮肤是否出现过度发红和其他不良反应。如有不正常的情况出现，应立即停止并用水及时清洗处理，并随时询问顾客的感受。

（3）化学换肤后的注意事项

1）预期副作用。根据个体皮肤的敏感性差异，在换肤后的更新过程中，通常会出现各种不同程度的副作用，如浅度换肤后可能会出现轻度发红、干燥、发痒、灼热、刺痛，2～10 天的脱皮过程，中度换肤则会出现更明显的同样症状，且持续时间可长达 14 天，恢复期更长。

2）正确的家居护理。换肤护理后的皮肤较敏感，必须加以保护，以免受到环境影响或使水分大量流失。正确的家居护理至关重要，可在最大程度上帮助减少换肤的副作用。美容师要叮嘱顾客在换肤后 1～6 周内（具体遵照生产商的建议），必须进行正确的日常护理。修复期家居护理的重要原则是护肤程序简单，并比平时更加注重适度保湿、修复和防晒，尽量避免化妆。

①温和洗面。使用针对敏感性皮肤的洗面奶，并用冷水轻柔地洗脸。刺激感严重时可以用冷敷来舒缓，不严重时可用温水，应避免用热水和粗糙的洗面巾大力地摩擦面部，最好使用柔软的一次性面巾，或手洗后用毛巾轻柔按压以擦干皮肤。

②保湿修复。由于换肤会暂时损害皮肤的保护屏障，特别是换肤后前 3 天较为严重，因此使用中等厚度的保湿霜、舒缓修复霜，具有修复功能的护肤品和增加使用保湿精华素来加强屏障的修复非常重要。另外，多喝水和食用蔬菜、水果，补充体内水分以防止脱水。脱水会使换肤后皮肤的紧绷干燥感增强，甚至会产生皮肤发红、微裂

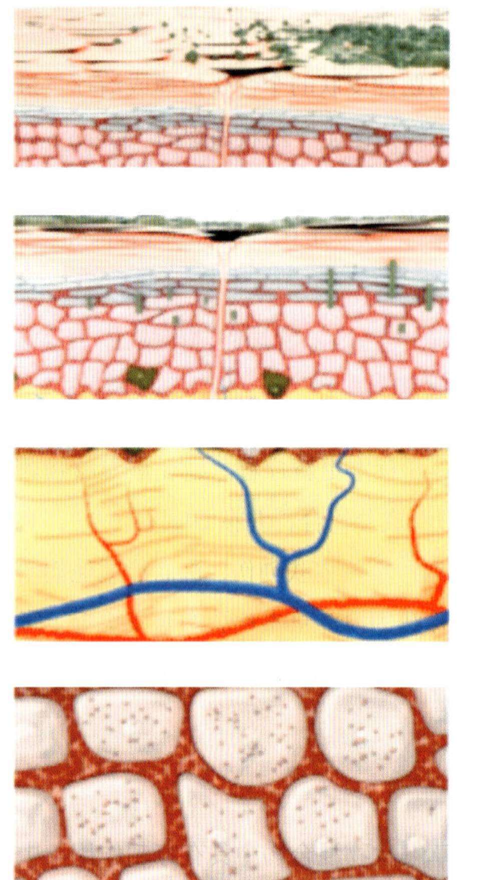
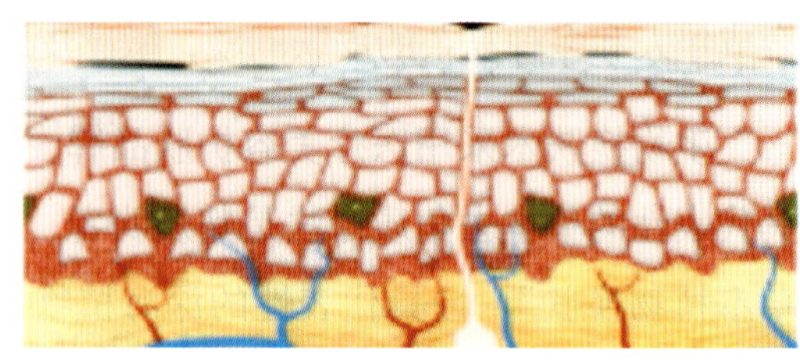
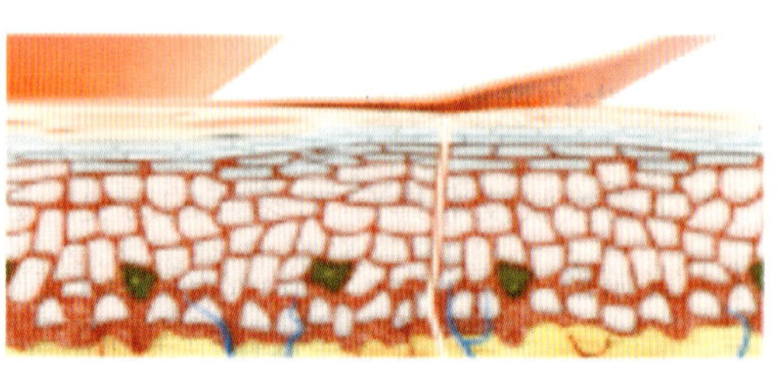
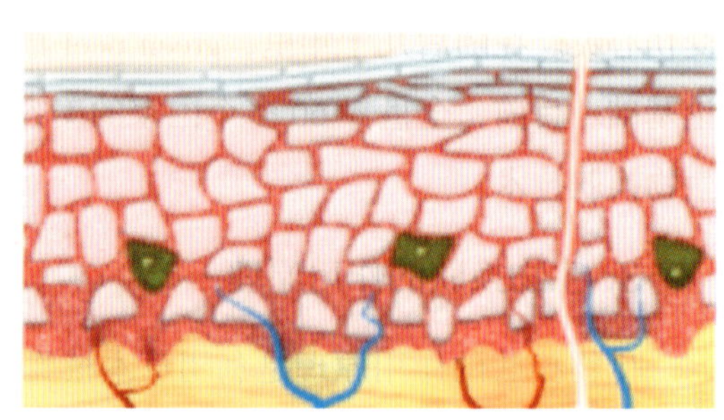

图 2-16　生物换肤作用过程模式图（图片来自德国雪媚格公司）

一般来说，皮肤需要 28 天左右的时间进行自我更新。通过生物复合物设定的过程，在 3～5 天的时间里，老化角质自然地干燥脱落，新的健康细胞替代老旧受损细胞，皮肤通过换肤过程自然更新，改善整体表皮结构，形成一个新的、健康的、纯净的表皮层，从而安全、有效、快速地完成肌肤重建换肤护理。与化学换肤一样，通过多次生物换肤护理，能达到收紧及提升面部皮肤组织、减少皱纹和光老化、淡化色斑、改善敏感症状、迅速缓解炎症和老旧受损细胞的潜在感染、消除丘疹和脓疱、减轻痤疮和玫瑰痤疮、抚平或消除痤疮浅表瘢痕、改善妊娠纹和橘皮组织等一系列护理效果，如图 2-17 和图 2-18 所示。

4. 生物换肤的主要活性成分及作用

（1）草本植物混合物（见图 2-19）。草本植物混合物主要由蛋白质、碳水化合物、维生素、植物黏液和丹宁酸、植物激素、酶、抗氧化剂、矿物盐和微量元素等成分组

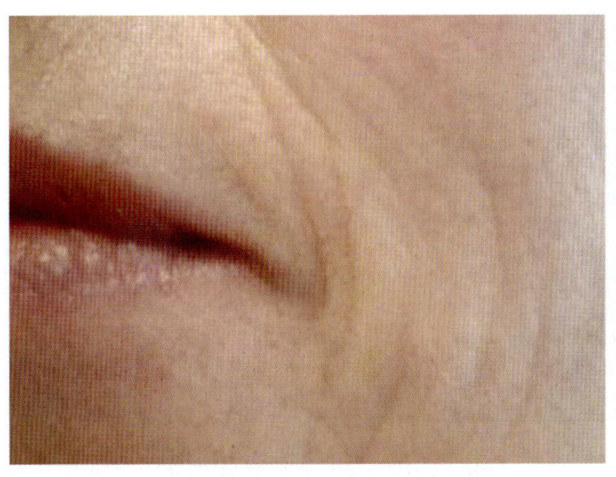
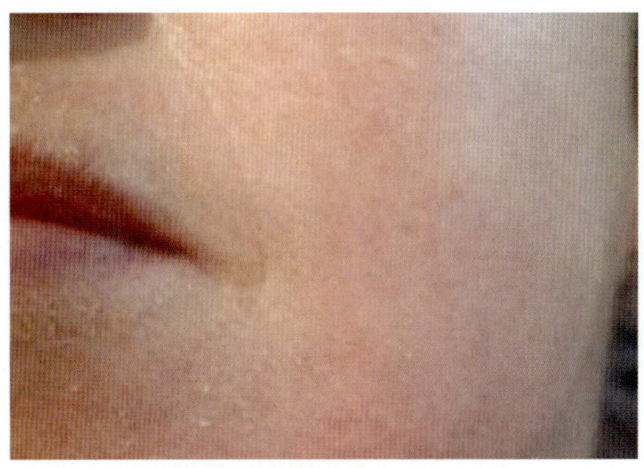

图 2–17 衰老皮肤生物换肤效果对比（图片来自德国雪媚格公司）

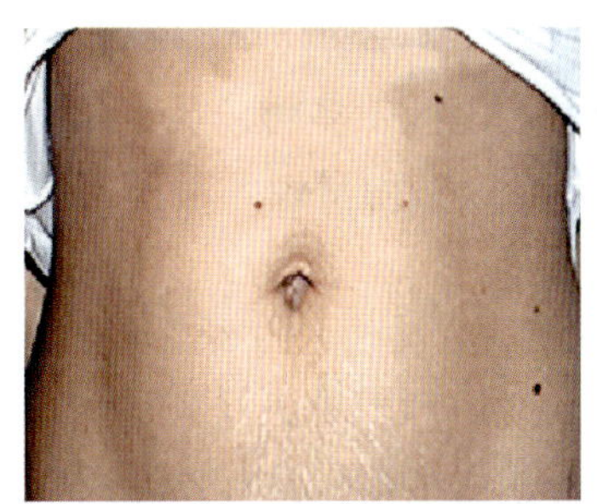
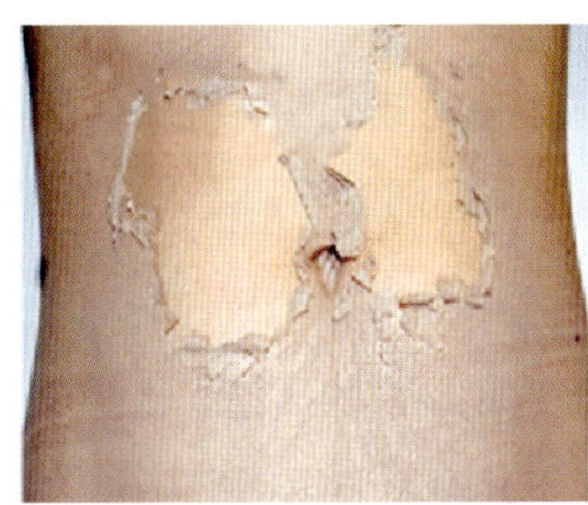
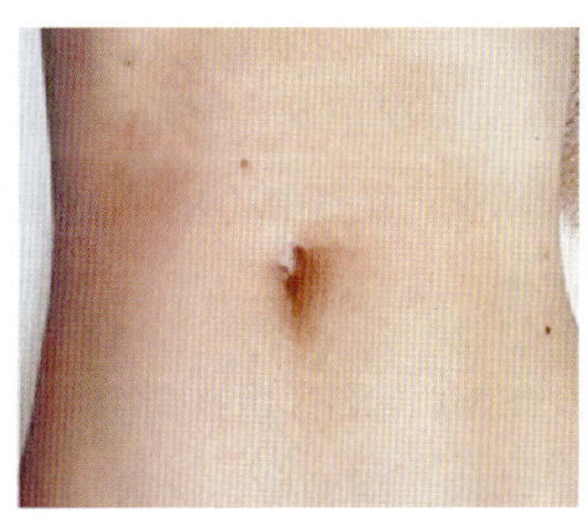

图 2–18 妊娠纹生物换肤效果对比（图片来自德国雪媚格公司）

成。草本纯生物活性成分主要从以下草本植物中提取。

1）洋甘菊、万寿菊、三色堇。抗炎、抗菌、有助于伤口愈合，能有效减轻痤疮和玫瑰痤疮炎症。

2）问荆草。抗炎、缓解充血、抗氧化、止痛消肿。

3）疗肺草。收敛、软化角质，有助于细胞再生。

4）芦荟。抗炎、促进愈合、保湿锁水、紧实皮肤。

5）长叶车前。再生上皮、抗菌，促进细胞再生、舒缓敏感。

（2）海洋草本混合物（见图 2–20）。海洋草本混合物主要由硅酸盐、海草植物激素、蛋白质、多糖、氨基酸、维生素、抗氧化剂、多酚等成分组成，一般会添加一些辅助天然草本植物的润滑或修复成分，如乳木果油、绿茶提取物等。海洋纯生物活性成分主要从以下海洋植物生物中提取。

1）海藻。海藻含微纤维，具有穿刺功效，还有抗氧化、抗衰老、抗菌、抗病毒、修复伤口、保湿等功效，有助于恢复皮肤的结构。

图 2-19　草本植物混合物
（图片来自德国雪媚格公司）

图 2-20　海洋草本混合物[①]

2）墨角藻。墨角藻属褐藻，富含碘化物、岩藻依聚糖和海藻酸（多糖，具有穿刺作用）、谷氨酸（皮肤柔润剂、调理剂）等，能刺激皮肤的天然愈合过程，促进新陈代谢，抗过敏。

3）海绵。由硅质海绵体提取物制成的活性中粗磨剂，在显微镜中显示为密麻的骨针结构，因而被称为海绵微针。其穿刺作用能破坏微生物的蛋白结构，并有效促进胶原蛋白质的合成。海绵强有力的吸水性使皮肤角质层脱水干燥，加速老废角质细胞的脱落，促进细胞新陈代谢。

4）珊瑚粉末。珊瑚硅酸盐摩擦剂，输送细胞需要的聚糖蛋白、海盐、钙等无机盐和营养成分，有效促进细胞代谢，激活皮肤组织。

5. 草本植物换肤和深海植物换肤的区别

（1）草本植物换肤。换肤深度至表皮表层－基底层，属浅度换肤，比深海植物换肤更加温和，因此护理前不需要做一定时间的皮肤准备工作。

（2）深海植物换肤。这种由珊瑚和富含无机盐的海藻等提取物相融合的强效组合强度更高，可作用至基底层－真皮乳头层上层，属中度换肤。因此，需要在换肤护理前进行为期 3～4 周的家居皮肤准备工作，具体准备时间和护理前的产品使用要根据皮肤的日光反应（Fitzpatrick 皮肤类型）程度和具体皮肤问题而定。一般使用视黄醇甚至酪氨酸酶抑制剂，以帮助皮肤增加对强度活性成分的耐受性，并可调节色素，以降低护理后产生色素沉着的潜在风险，确保最佳效果。各品牌的要求不一，具体按生产商建议进行。

① 图片来自美国 Cosmedix 公司。

6. 生物换肤的操作程序及按摩时间

（1）操作程序。以草本换肤为例，其操作程序或步骤与普通的面部护理流程类似。根据皮肤需要，将草本植物混合物粉末和活化剂按照精准的剂量和比例要求调成糊状，涂抹在经过严格清洁后的皮肤上，以打圈的方式按摩（见图 2-21）。之后用湿棉片卸除皮肤上多余的草本植物混合物粉末。与化学换肤不同的是，草本换肤按摩完之后皮肤不能再用清水清洗，而应在之后根据皮肤需要涂抹修复或营养精华。有些疗程需要涂覆镇静及修复面膜，再进行淋巴引流按摩以防水肿，最后涂抹修护及防护产品。其他的生物换肤程序与化学性换肤类似，具体步骤应按照各生产商的要求操作。

图 2-21　草本换肤按摩（图片来自德国雪媚格公司）

（2）按摩的时间和力度。一般来讲，生物换肤分为轻度（1～2 min，不脱皮）、中度（3～5 min，轻度脱皮）、重度（6～8 min，轻－中度脱皮）3 种皮肤更新疗程，但脱皮的程度与皮肤的具体状态有关，存在个体化的差异，不能以脱皮的程度判断换肤的效果。这 3 种程度的划分取决于产品的剂量、浓度、按摩的力度和产品停留时间的长短等因素，与化学换肤种类的分类因素不同。

生物换肤的按摩力度和时间取决于个人情况，皮肤的厚度、质地、状况、护理部位及其面积的大小等，一般以中等力度按摩。

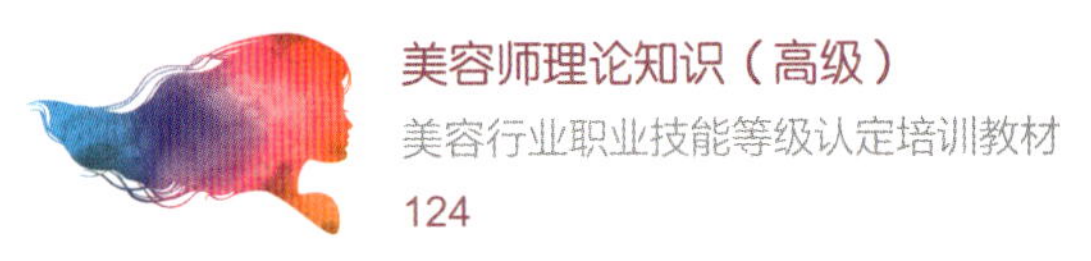

医学美容仪器从生产、销售到使用都要得到国家有关部门的认证和检测。本章中提到的微针美容仪、射频美容仪、激光与强脉冲光美容设备、聚焦超声波美容仪均属此类美容仪。虽然这类美容仪与生活美容仪器在功能、原理和构造上大致相同，但在输出频率、功率、定位精确度和安全系统等方面都有着较大的差异，只能在医疗美容机构中由具备医师资格的美容医生来使用，普通美容院中的美容师是没有操作这类仪器的资格的。尽管如此，美容师还是有必要了解这些仪器的原理和作用，以便为顾客提出更好的建议。

要点提示

1. 了解面部美容类仪器的原理、使用方法和禁忌。
2. 了解身体美容类仪器的原理、适用范围和禁忌。

关键术语

超微小气泡　微电流美容仪　红蓝光美容仪
微针　射频　激光　皮秒　脉冲光　超声刀
G5 振脂仪　阴阳电离子身体护理仪　真空吸杯
淋巴引流仪　法拉狄纤体仪

第一节 面部美容类仪器

一、小气泡美容仪（hydra facial machine）

小气泡美容仪是一种集深层清洁、去角质、补水三大功效为一体的多功能皮肤更新和深层补水仪器（见图 3-1）。使用该仪器进行的小气泡美容护理是目前最受欢迎的护理项目之一。小气泡美容仪分为美容和医学级别两类。

1. 小气泡美容仪的原理

小气泡美容仪有一个独特的气泡发生装置，能产生超微小气泡。

图 3-1　小气泡美容仪

用小气泡美容仪进行护理时，首先，将温和的化学去角质剂溶液（低浓度果酸、水杨酸等）形成的微小气泡通过独特双螺旋漩涡输送系统，即螺旋形护理棒吸头直接作用于皮肤，同时将老化角质细胞吸入真空回路，并彻底清除毛囊中的各种杂质、污垢及多余皮脂，达到深层清洁和温和去角质的目的。然后，根据皮肤的状况选择不同浓度的果酸精华素，通过螺旋输送系统进一步去角质，为精华素的深入渗透做准备。最后，通过螺旋输出系统对去角质后的皮肤注入大量的保湿、抗氧化、抗衰老营养精华素（透明质酸、多肽、抗氧化剂、无机盐、维生素 C 等），为皮肤提供必需的营养，达到深层保湿和滋润皮肤的目的，使皮肤变得更加湿润、细腻、光泽和健康。

另外，此仪器还配有 LED 红蓝光和真空淋巴引流等附加组件，以及具有祛斑、退红、祛痘、除皱功效的营养精华液和不同浓度的果酸去角质精华素（医疗级的比美容级的浓度更高）。护理后可用红光来减轻机械刺激引起的皮肤发红，同时促进精华素的吸收和胶原蛋白的产生。真空吸力的强度可以根据皮肤状况来调节，适合对所有类型的皮肤进行护理，特别是各种类型的缺水性皮肤，即使皮肤敏感人士在经过专业肤质检测后也可使用。

2. 小气泡美容仪的功效

（1）深层清洁的同时为皮肤补充水分，提供持续的皮肤保湿。在不会引起顾客疼痛的情况下，高效去除堆积的老化角质细胞，彻底清洁毛孔，缓解毛孔粗大、毛孔堵塞及痤疮。

（2）增加表皮含水量，促进微循环，改善细纹、皱纹，使皮肤更加丰满。

（3）可根据每个顾客的需求和独特的皮肤状况而定制个性护理方案，配合使用具有祛斑、退红、祛痘、除皱等作用的营养精华液，可增加皮肤透明度，帮助缓解晦暗、暗黄、色斑、细纹等皮肤问题。

3. 小气泡美容仪的使用禁忌

（1）皮肤处于敏感期、皮肤角质层过薄、皮肤破损、患有传染性皮肤病的人群禁止使用。

（2）禁止使用于眼周、耳部、皮肤疾病患处及患处周围、做过整形手术的部位等。

（3）患有其他疾病的顾客请在咨询医生后使用。

二、微电流美容仪（microcurrent facial machine）

1. 微电流美容仪的原理

微电流疗法在医学上原用于加速面瘫、溃疡、扭伤、拉伤等症状的恢复和伤口的愈合。后来，这种疗法在美容上用于收紧面部肌肉。微电流面部提升仪一般是利用微电流来模拟人体生物电，刺激 ATP 的生成。而 ATP 的生成能为细胞提供能量，促进新陈代谢，从而刺激胶原蛋白和弹性蛋白的合成和重建，达到改善皮肤松弛的目的。

ATP 是细胞内储存和传递化学能量的载体，被视为细胞内能量传递的“通用分子货币”。

微电流美容仪相当于面部肌肉的“健身器”，即利用微电流来“训练”面部肌肉，使肌肉产生被动运动，促进肌肉收缩，增加肌肉的弹性和紧实度。

因微电流美容仪在皮肤抗衰方面有显著的作用，因而也成为最常见的家居美容护理仪器（见图 3-2）。一般来说，175~220 μA 的微电流用于眼部专业护理，335 μA 的微电流用于面部家庭护理，400 μA 的用于面部专业护理。

图 3-2　微电流美容仪

2. 微电流美容仪的功效

（1）预防和缓解肌肉松弛引起的面部老化、变形，提拉下垂眼皮、下颚和其他部位松弛肌肉，改善面部轮廓，减少细纹和皱纹，使皮肤紧致、饱满、显得更加年轻。

（2）促进血液循环和淋巴循环，缓解面部水肿、发炎、黑眼圈及眼袋。

（3）提高细胞活性，加速细胞的新陈代谢，增强皮肤吸收与排泄能力，提高皮肤的免疫力，使皮肤恢复活力。

（4）提高成纤维细胞活性，促进胶原蛋白和弹性蛋白的合成，帮助修复受损的皮肤，避免和减少疤痕的形成，帮助暗疮疤痕的修复。

3. 微电流美容仪的使用禁忌

（1）禁止在体内装有金属的相应部位使用。

（2）孕妇、装有心脏起搏器的心脏疾病患者禁止使用。

（3）禁止在有炎症、瘙痒、红肿的部位及有严重毛细血管扩张的部位使用。

（4）禁止在植有假体、隆鼻、注射、埋入金线的部位使用。

三、LED 红蓝光美容仪（LED red blue light device）

1. LED 红蓝光美容仪的原理

LED 红蓝光美容仪（见图 3–3）所发出的光是一种不会灼伤皮肤的冷光，当它照射在皮肤上时，会产生光化学效应，增强细胞活性，加速细胞新陈代谢，改善皮肤的不良状态。LED 红蓝光美容仪有 4 个不同波段的光，即红光、蓝光、绿光和黄光，它们对皮肤产生的功效也是不一样的。

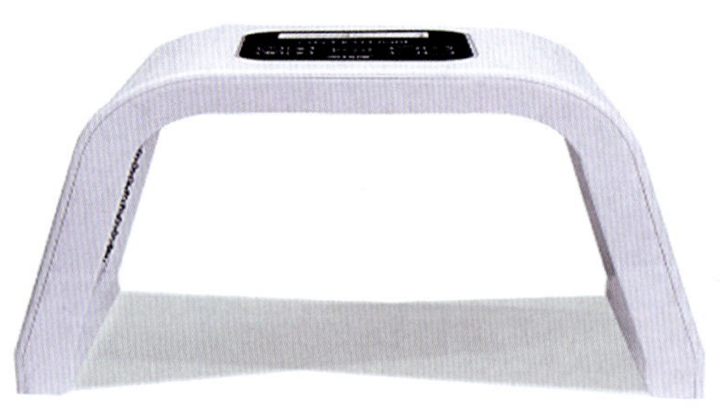

图 3–3　LED 红蓝光美容仪

2. LED 红蓝光美容仪的功效

（1）红光。特定波长的红光能提高细胞的活性，促进细胞的新陈代谢，加速血液循环，促进胶原蛋白的分泌，增加皮肤弹性，改善暗沉的肤色，从而达到抗衰老、抗氧化、修复的功效。

通常，LED 光疗器都使用红光和近红外光的组合，以达到更加全面的疗效。近红外光的作用与红光相似，不同的是近红外光不可见，并且比红光渗透更深，可到达软组织和肌肉的深处。

（2）蓝光。特定波长的蓝光能迅速杀灭痤疮丙酸杆菌，有效减少痤疮的生成，抑制皮脂的分泌，改善油性皮肤的状况。

（3）绿光。特定波长的绿光有镇静皮肤的功效，同时可促进淋巴循环，调节皮肤腺体功能，改善油性皮肤、暗疮皮肤及敏感皮肤的状况。

（4）黄光。特定波长的黄光能抑制酪氨酸酶的活性，减少色斑的生成。黄光还能减轻皮肤的红肿，缓解皮肤发红、红斑、红血丝等症状，主要用于敏感性皮肤。

3. LED 红蓝光美容仪的使用禁忌

（1）光过敏体质者禁止使用。

（2）1 个月内遭受过日光暴晒者禁止使用。

（3）近期服用光敏性药物（如维 A 酸类药物）者禁止使用。

（4）正在使用激素类产品者禁止使用。

（5）患有皮肤传染病、严重高血压、糖尿病、心脏病者禁止使用。

（6）孕妇和哺乳期的女性禁止使用。

四、微针美容仪

1. 微针美容仪的原理

微针美容仪有手动型和电动型两种（见图 3–4）。微针的针头直径只有 0.07~0.2 mm，当微针在皮肤上滚动时，会对皮肤形成“微创伤”，这种微小的创伤不会对皮肤造成过大的负担，愈合迅速且不留疤痕，在创伤修复时还能激活皮肤的创伤愈合机制，促

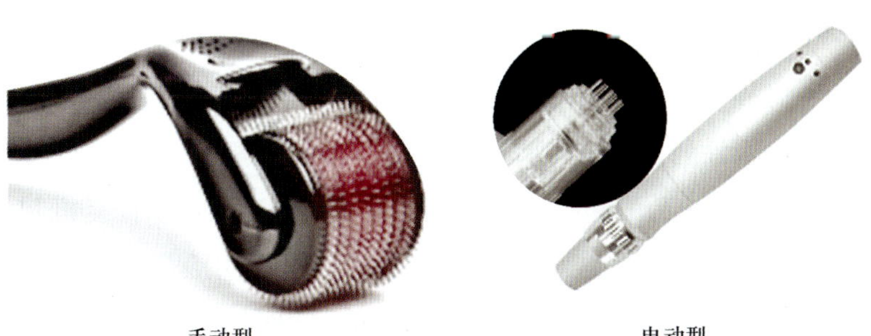

手动型　　电动型

图 3–4　微针美容仪

进胶原蛋白和弹性纤维的产生，填补皮肤的凹洞并改善疤痕组织。另外，微针在皮肤表面形成的数十万个微细管道能使涂抹在皮肤上的产品直接渗透进皮肤，达到更为理想的护理效果。

2. 微针美容仪的应用范围

微针美容仪的针头长度一般有 0.25 mm、0.5 mm、1.0 mm、1.5 mm、2.25 mm 等规格，微针的长度不同，其应用范围也不同。

长度在 1.5 mm 以上的微针能穿透至真皮层，激活皮肤的自愈能力，对于缓解皱纹功效显著，也可用于改善疤痕及妊娠纹。

长度在 0.5~1 mm 的微针可在表皮层制造出许多微细通道，使养分更好地渗透到真皮层，可用于改善肤色、减淡色斑、改善细纹、修复新鲜的疤痕。

长度在 0.5 mm 以下的微针操作更为安全且修复更快，可用于家庭护理，提高护肤品的渗透率，也可用于改善红血丝及脱发。

3. 微针美容仪的使用禁忌

（1）凝血功能异常及瘢痕体质者慎用。

（2）皮肤有开放性伤口、患有严重痤疮或疱疹者禁用。

（3）患糖尿病、高血压、甲状腺疾病等引起内分泌失调者及孕妇不建议使用。

（4）服用光敏药物期间或有免疫系统方面的疾病者不建议使用。

五、射频美容仪

1. 射频美容仪的原理

射频是一种高频交流变化电磁波的简称。射频美容仪的原理是利用高频交流变化电磁波使皮肤内的极性分子（包括水分子）快速运动摩擦而产生热，当热量累积到一定程度（55~70 ℃）时，会引起胶原的即刻收缩，同时启动创伤修复机制，刺激胶原重组和新生，从而缓解皮肤松弛、皱纹等状况。当射频作用深度到达脂肪层时，其产生的高热还可以促进脂肪的分解，达到减脂的目的。

2. 射频美容仪分类

射频美容仪根据工作原理可分为单极射频美容仪和双极与多极射频美容仪。

（1）单极射频美容仪。单极射频美容仪只有一个电极（见图 3–5）。电极的正负两极作用在不同层面，在工作的电极表面会集中很高的能量，而且穿透能力强，治疗深度可达 10~15 mm。单极射频在治疗时所造成的疼痛感明显，因其能量传导的可控性差，对操作者的技术要求很高。目前美容仪器市场上赫赫有名的热玛吉就是一种单极射频美容仪。

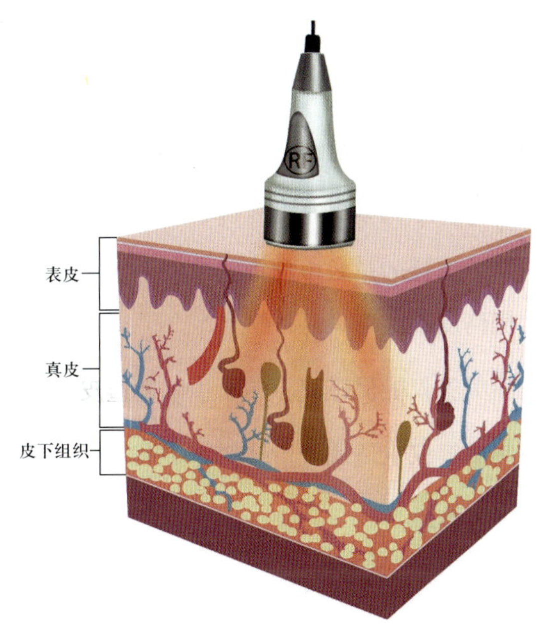

图 3–5　单极射频美容仪

（2）双极与多极射频美容仪。双极射频美容仪有两个电极，且正负两极作用在同一层面（见图 3–6），其穿透深度只有两个电极距离的 1/2，一般只有 2~4 mm。因其穿透深度不够，效果相对不明显，而且热量聚集在皮肤表层，容易造成灼伤，对操作者技术要求较高。

多极射频美容仪的工作原理实质上与双极美容仪相同，其有 3~5 个甚至更多个电极，各个正负极作用在同一层面（见图 3–6），能量集中可控、加热层次更深，且热量分布均匀，因而痛感小、疗效好，是目前应用最多的射频美容仪。大多数的家用射频美容仪采用的就是多极射频技术。

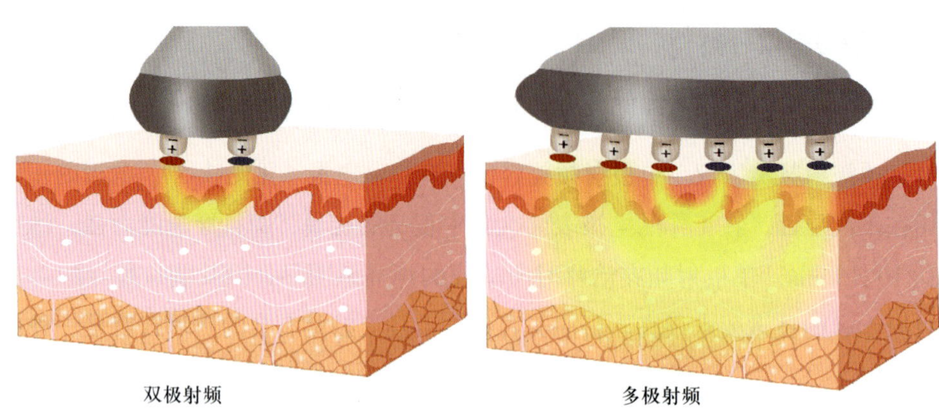

图 3-6 双极射频美容仪与多极射频美容仪

3. 射频美容仪的应用范围

（1）紧肤除皱。射频美容仪不但能收紧面部、颈部的皮肤，缓解皱纹，对乳房、腹部、臀部等部位的皮肤松弛和皱纹也有很好的缓解效果。

（2）改善痤疮。射频美容仪的热效应能抑制痤疮丙酸杆菌的生长，促进血液循环，加快炎症物质的吸收，提高皮肤免疫力。

（3）修复瘢痕。射频美容仪能促进胶原的新生，重塑皮肤组织，修复瘢痕。

除面部美容外，射频美容仪也适用于身体减脂塑形。

4. 射频美容仪的使用禁忌

（1）体内有金属者禁用，有心脏病史、心律不齐、装有心脏起搏器和除颤器者禁用。

（2）凝血功能异常及疤痕体质者慎用。

（3）治疗部位有开放性伤口者，治疗部位有感染伤口者或患皮肤病者禁用。

（4）有严重糖尿病、艾滋病史者，及有传染病史者禁用。

（5）患血液系统疾病等严重系统性疾病者禁用。

（6）孕妇、哺乳期妇女，及患子宫肌瘤、多囊卵巢综合征者不建议使用。

六、激光与强脉冲光美容设备

激光与强脉冲光都属于光，是电磁波的一种。激光是指通过受激辐射方式释放的光，能瞬间产生高能量，聚焦精确，辐射时扩散度低，具有一定穿透力。强脉冲光是以一种强度很高的光源经过聚焦和滤过后形成的宽谱光，作用范围广，辐射时扩散度较大。激光和强脉冲光作用在皮肤上后都会产生光热效应、压强效应、生物刺激效应和光化学效应，不同波长的激光或强脉冲光能治疗不同的皮肤问题，如各种色素斑、血管性皮肤病、增生或凹陷性疤痕、皮肤赘生物等，还能脱毛、除皱、嫩肤，在医疗美容领域占据着十分重要的地位。

1. 激光与强脉冲光美容的原理

（1）淡化色素。激光与强脉冲光美容非常重要的作用之一就是淡化色素，这种作用是依靠选择性光热解的原理来达成的。在皮肤组织中有一些能吸收一定波长光的生物分子，它们大多数是生物体内自然存在的，被称为色基，如血红蛋白、黑色素、水等。当不同波长的激光或强脉冲光作用在皮肤上时，相应的色基会吸收能量，受热后极速膨胀，瞬间爆破为极小的颗粒。位置较为浅表的色基破裂后会从表皮排出，而另一部分则被巨噬细胞吞噬后通过淋巴循环排出体外，使用该方法进行数次治疗后便可达到淡化色素的效果。

（2）除皱嫩肤。激光与强脉冲光美容可以通过皮肤中的色基（尤其是水）吸收光，并产生光热效应使之转化为热量，从而刺激真皮中的成纤维细胞和各种基质细胞产生新的胶原蛋白、弹力蛋白以及各种细胞间基质，并使细胞重组，使胶原纤维收缩。经过数次治疗之后，便可达到增加皮肤弹性、改善质地、减少皱纹的效果。

（3）脱毛。特定波长的激光或脉冲光能穿透皮肤照射到毛囊。由于毛囊中的毛乳头含有很多黑色素，黑色素吸收光能并将光能转化为热能，使毛囊温度升高，最终破坏毛囊，从而减少身体毛发生长的数量。对于有些人来讲，这种方式能够达到永久脱毛的效果，有些人则会重新长出新的毛发，但毛发生长速度减慢且更加稀少。

激光和强脉冲光脱毛由于不能将毛乳头完全摧毁，所以在美容界被称为半永久性脱毛或非永久性脱毛。

（4）精细美容外科手术。激光或短脉冲光可以打破生物分子的化学键，导致组织的汽化。此作用不需要热效应的积累，对周围组织基本无损伤，目前被用于一些较为精细的手术，如眼袋切除、切除皮肤赘生物等。

2. 常见的激光美容仪

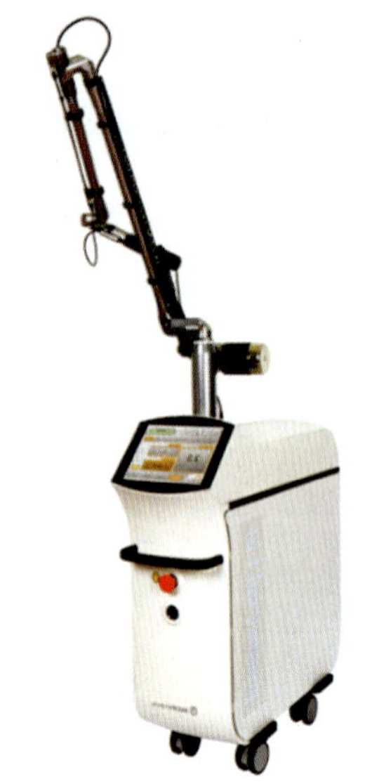
图 3-7　调 Q 激光美容仪

（1）调 Q 激光美容仪。调 Q 激光美容仪（见图 3-7）利用激光调 Q 技术使激光能量在短时间（纳秒级）内迅速增强，形成巨脉冲输出，使皮肤内的色素颗粒被瞬间粉碎，且对周围的皮肤组织无任何损伤。与传统激光美容仪相比，调 Q 激光美容仪对色素颗粒的选择性破坏能力更强，操作时间更短，术后不会结痂、可沾水，更为方便快捷。

调 Q 激光美容仪的应用范围如下。

1）去除内源性色素。如太田痣、褐青色素痣、雀斑、黄褐斑、老年斑、咖啡斑、鲜红斑痣、蓝痣、炎症后色素沉着等。

2）去除外源性色素。如洗眉、洗眼线、洗文身等。

3）嫩肤除皱。如面部美白嫩肤、收细毛孔、淡化细纹、控油、去黑头等。

（2）皮秒激光美容仪。皮秒激光美容仪拥有比调 Q 激光美容仪更为先进的技术，其脉宽比调 Q 激光更短，作用在皮肤上的时间为皮秒级（一万亿分之一秒），峰值功率更高。皮秒激光美容仪产生的作用以光机械效应为主，利用瞬间产生的强大冲击力使色素颗粒解体。相比于调 Q 激光，皮秒激光对色素颗粒的粉碎效果更好，粉碎后的颗粒更容易被吞噬细胞吞噬，因此色素的排出率更高。

皮秒激光美容仪的适用范围与调 Q 激光美容仪相同，但其效果要更优于后者。要达到同样的治疗目的，其所需的能量小于调 Q 激光，对皮肤正常组织的损伤更小，患者在治疗时的疼痛感更轻，术后的不良反应也明显减少。

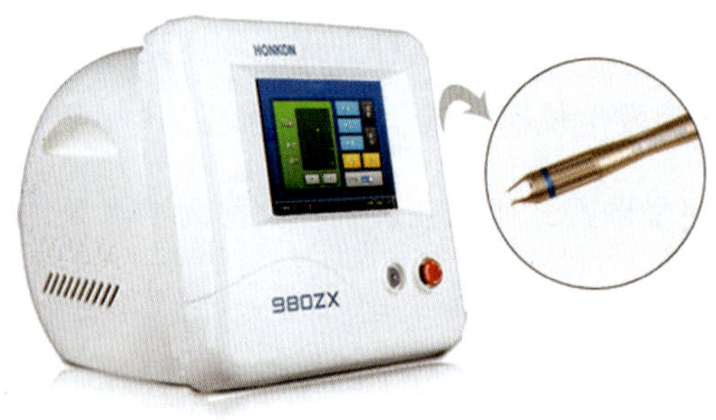

图 3-8　980 nm 激光美容仪

（3）980 nm 激光美容仪。980 nm 激光美容仪（见图 3-8）主要用于治疗皮肤血管性疾病，它利用光热效应作用于靶细胞——血红蛋白，通过将光能转化为热能，产生高温（75 ℃以上）使病变血管中的血红蛋白凝固阻塞毛细血管，使毛细血管萎缩而逐渐消失。

980 nm 激光美容仪的适应证主要是皮肤血管性疾病，包括单纯性毛细管扩张、蛛状痣、扁平樱桃状脉管瘤、线状红血丝等。

（4）点阵激光美容仪。点阵激光美容仪将一束激光分为多束激光（见图 3-9），每个激光美容仪的作用点由单个或多个高能激光脉冲组成，可直接穿透至真皮层。激光的能量转变为热能，产生热效应，形成热凝固、热剥脱。热效应使胶原纤维收缩，热凝固和热剥脱形成直径约 0.12 mm，深度 2~4 mm 的创伤小孔，启动皮肤的创伤修复机制，产生大量的胶原蛋白，重构皮肤结构，达到紧肤、嫩肤、淡斑、平复疤痕等效果。由于点阵激光只会作用于部分皮肤，且微孔之间不会覆盖，因此保留了部分的正常皮肤，使复原速度加快，大大减少了创伤修复时间。

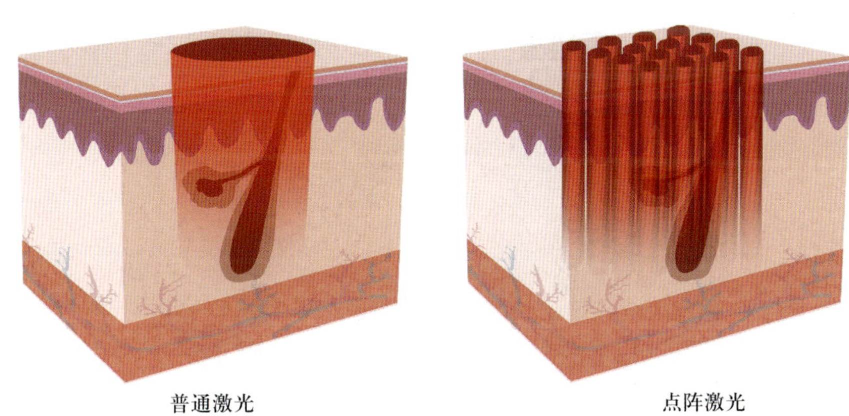

图 3-9　普通激光与点阵激光

点阵激光美容仪的应用范围如下。

1）缓解各种皱纹、瘢痕。

2）缓解皮肤松弛、皮肤变薄变脆、皮肤粗糙、色素沉着、毛孔粗大、痤疮。

除面部美容外，点阵激光美容仪也可用于改善妊娠纹。

（5）808 半导体激光脱毛仪。808 半导体激光脱毛仪使用特殊的多脉冲激光，以较低的能量密度使毛囊温度升高至 75 ℃，引起毛囊热凝固损伤而达到永久性减少毛发生长的效果。其适宜的脉冲持续时间和合适的能量密度能使目标组织受到足够的热损伤而不影响周围的其他组织，其表皮保护措施也保证了治疗的安全性。808 半导体激光脱毛仪适用于全身任何部位多余毛发的脱除，也可用于美白皮肤。

3. 强脉冲光美容仪

强脉冲光美容仪使用的是一种经过聚焦和滤过后形成的宽谱光，当它作用在皮肤上时，皮肤中的多种色基（如黑色素、血红蛋白、水等）会选择性地吸收不同波长的光，通过光热作用达到消除皮肤问题的目的。

强脉冲光与激光的不同之处在于激光是波长固定的单色光，而强脉冲光的波长多在 420~1 200 nm 之间，光谱宽、易调节，其作用范围广，辐射时扩散度较大（见图 3-10）。强脉冲光波长的可调性决定了其可以应对多种皮肤问题，且刺激性比激光小，安全性更高。相对的，在针对问题性皮肤进行治疗时，激光要更为精准、效果也更明显。

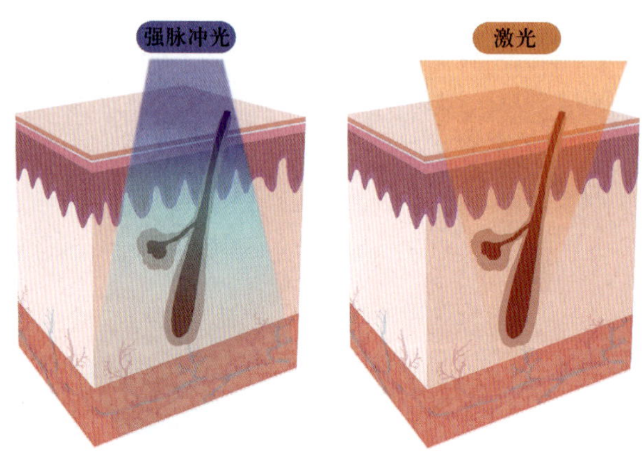

图 3-10　强脉冲光与激光的扩散度

4. 激光与强脉冲光美容仪的使用禁忌

（1）光敏体质、两周之内使用过光敏感药物（如维 A 酸类药物）者禁止使用。

（2）2 周内进行过日光暴晒者和 2 周内使用过抗凝剂治疗者禁止使用。

（3）皮肤患有炎症、疱疹者，治疗区有非典型痣者，皮肤有破损、活动性病变者禁止使用。

（4）近 1 个月内使用过功能性化妆品（如祛斑霜）者禁止使用。

（5）患高血压、糖尿病、癫痫者，孕妇及月经期女性禁止使用。

七、超声刀美容仪

超声刀美容仪又称为聚焦超声波美容仪，它是利用高能聚焦超声波技术，作用于浅表肌肉筋膜层，使筋膜层收紧、胶原蛋白产生从而达到紧致皮肤、增加皮肤弹性的效果。

1. 超声刀美容仪的原理

超声刀原本用于医疗范畴，主要针对肿瘤进行治疗。它利用超声波的穿透性和可聚焦性，将超声波的能量聚焦在指定的目标组织上，瞬间产生高温灼烧目标组织令其坏死。而美容级的超声刀能量聚焦的部位在更为表浅的浅表肌肉筋膜层（见图 3-11），通过在浅表肌肉筋膜层上形成众多细小的灼烧伤痕，激活人体的自我修复功能，促进胶原蛋白的新生与重组，提升筋膜、收紧面部肌肉、改善因肌肉松弛造成的各种皱纹，紧实皮肤。

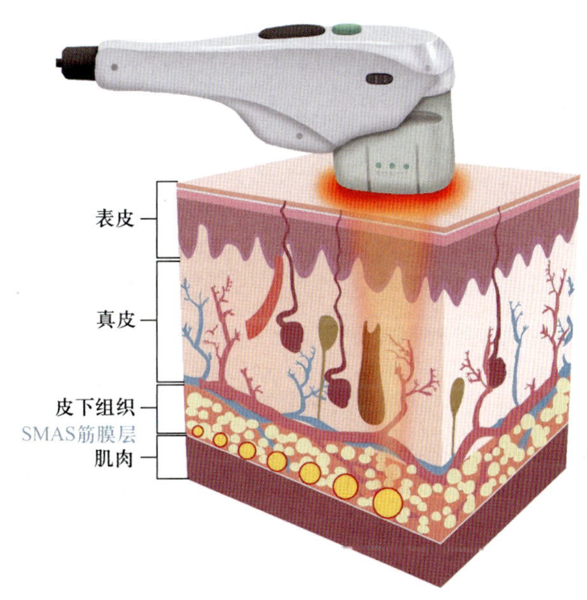

图 3-11 超声波聚焦

理论上来说，因为超声刀能穿透皮肤脂肪和肌肉在指定部位聚焦，所以不会对皮肤造成不良影响。但在国内，超声刀美容市场混乱，仪器设备良莠不齐、操作人员优劣混杂，因仪器的精准度不够或操作者操作不规范而使顾客受到伤害（如皮下瘢痕、神经损伤、局部神经坏死、皮下慢性炎症等）的情况经常出现。针对这种乱象，中国整形协会在 2016 年发起了美容超声刀专项整治活动，以规范超声刀美容市场。因此，在正规的医疗美容机构进行超声刀美容治疗对顾客而言要更有保障。

2. 超声刀美容仪的应用范围

（1）缓解皮肤松弛，如眼皮下垂、眼袋、法令纹、嘴角纹、双下巴。

（2）缓解皱纹，如抬头纹、眼纹、嘴周纹、颈纹、耳前纹。

（3）增加皮肤弹性，改善面部轮廓。

（4）当高能聚焦超声波作用在脂肪层时，有减脂塑形的效果。

3. 超声刀美容仪的使用禁忌

（1）体内有金属者禁止使用。

（2）瘢痕体质、光敏体质者禁止使用。

（3）3 个月内曾进行化学剥脱术、磨削术及其他换肤术者禁止使用。

（4）患糖尿病、高血压、心脏病、癫痫、活动性疱疹、皮肤癌变者禁止使用。

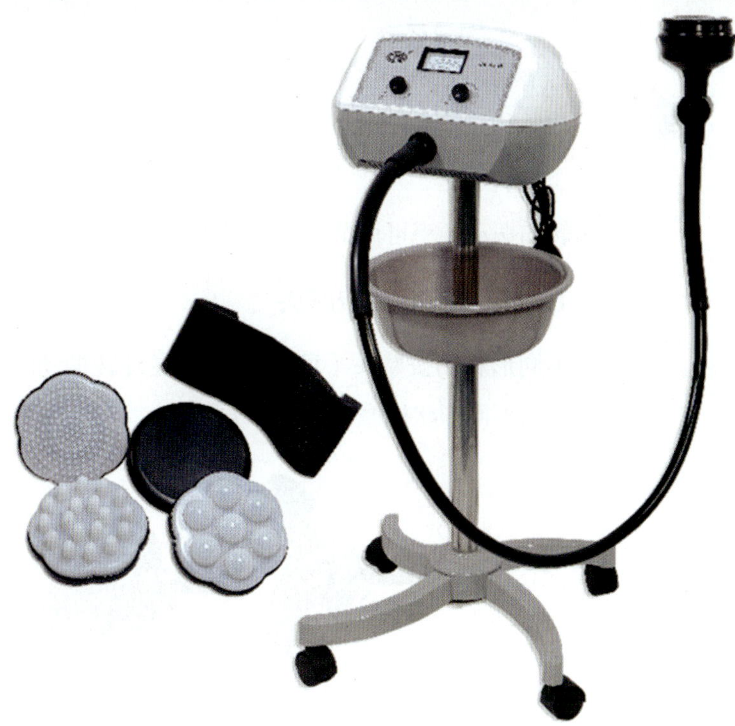

第二节
身体美容类仪器

每位女性都想拥有或保持苗条的身材，但要实现这个梦想需要付出一定的努力。除了坚持运动和控制饮食的健康减肥方法外，还可借助一些身体减肥和瘦身美容仪器达到辅助减肥的效果。本节介绍四种基础减肥瘦身美容仪器。

一、G5 振脂仪

G5 振脂仪（见本页节首图）即旋转按摩器，有 5 种不同形状与用途的橡胶按摩头，在使用时，电机驱动按摩头高速旋转振动，

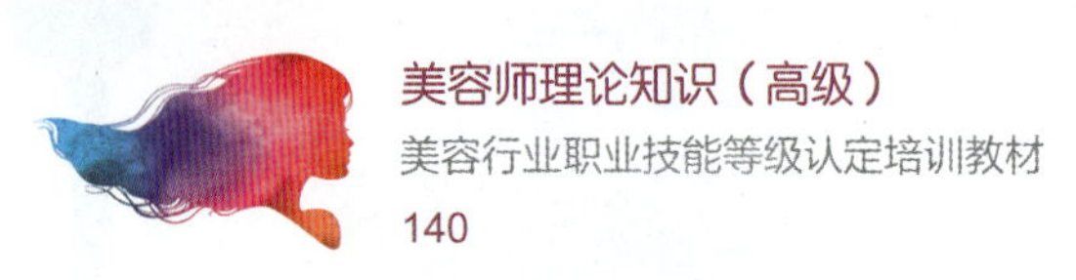

其旋转和振动频率可调节，相比于人工按摩具有更好的按摩效果。

1. G5 振脂仪的按摩头

不同形状的按摩头（见图 3–12）在旋转振动时，可以模拟不同的人工按摩手法。下面介绍不同形状按摩头的操作方式。

图 3–12　G5 振脂仪的按摩头

（1）海绵按摩头。操作时应顺着顾客身体的轮廓及静脉的走向使用长扫动作，模拟人手按摩的按抚法，一般在按摩的开始和结束使用。海绵按摩头分为 U 形头和圆形头两种，U 形头适用于腿部、脚部及身体侧面等弧形轮廓部位，圆形头全身都可使用。

（2）半球形按摩头。操作时用手推起按摩头周围的肌肉，用按摩头以打圈旋转推压的动作模拟人工按摩的揉捏法，提供深入的按摩，适用于皮下较硬的脂肪和肌肉。

（3）柱形按摩头。用于对肥厚的脂肪或肌肉进行更为深度地按摩。

（4）刷形按摩头。操作时可停留在局部，如穴位处，模拟人工按摩的扣抚法或模拟摩擦法，也可模拟干毛刷做全身脱屑或做旋转打圈的动作，适用于较柔软的脂肪，如腹部脂肪。

2. G5 振脂仪的作用

（1）刺激局部血液及淋巴循环，增加细胞血液的供应，促进细胞新陈代谢，有助于去除积存在体内的代谢废物。

（2）使脂肪细胞排列更为松散，有助于脂肪分解转化。同时有助于脂肪细胞间隙多余水分的排出，消除橘皮组织。

（3）摩擦振动能帮助肌肉放松，减轻肌肉疲倦和酸痛。同时能够给肌肉带来更多的养分，增强肌纤维的韧性，增强肌肉组织。

（4）有一定的脱屑作用。用于腹部能改善便秘。

3. G5 振脂仪的应用范围

（1）全身肥胖、肌肉僵硬、身体缺乏线条、橘皮组织、血液循环差、便秘。

（2）可作为预先护理，配合其他仪器加强美体效果。

4. G5 振脂仪的使用禁忌

（1）禁止用于受挫伤、被阳光晒伤处，有水肿或腺体膨胀处，皮肤薄弱处，以及缺乏皮下脂肪组织的身体部位。

（2）患静脉曲张、血栓塞或静脉炎者禁止使用。

（3）近期曾接受手术及存在未复原疤痕组织者，及患糖尿病、癫痫病者要经医生认可方能使用。

（4）在骨骼突出、多毛发的部位谨慎使用。

（5）女性月经或怀孕期间，不能使用于腹部。

（6）骨质疏松的老年人禁止使用。

5. G5 振脂仪的操作方法

（1）准备工作

1）消毒仪器和按摩头，在按摩头上包上一次性保护套或保鲜膜。

2）消毒顾客待护理部位。

3）用干棉片蘸爽身粉并将其涂在待护理部位。

（2）操作

1）装上需要的按摩头（按摩头需用专用一次性保护套或保鲜膜包裹），开机后调整转速，在顾客待护理部位测试强度后再开始操作。操作前应在顾客待护理部位涂抹爽身粉，以起到干燥、润滑作用。

2）对每个部位的操作都要以按抚（以一定压力做长距离滑动）开始，然后根据需要选择相应的按摩头进行操作，最后以按抚动作结束。

3）操作时间：局部 10~15 min，全身 30 min。

4）操作结束后，应用干毛巾擦掉多余的爽身粉，拆掉按摩头上的保鲜膜，消毒按摩头及仪器后还原仪器。

6. G5 振脂仪的操作及清洁注意事项

（1）操作前需检查按摩头是否拧紧，开机时按摩头不可超过床的高度，操作时美容师必须紧握按摩头，以免按摩头松脱飞出造成顾客受伤。

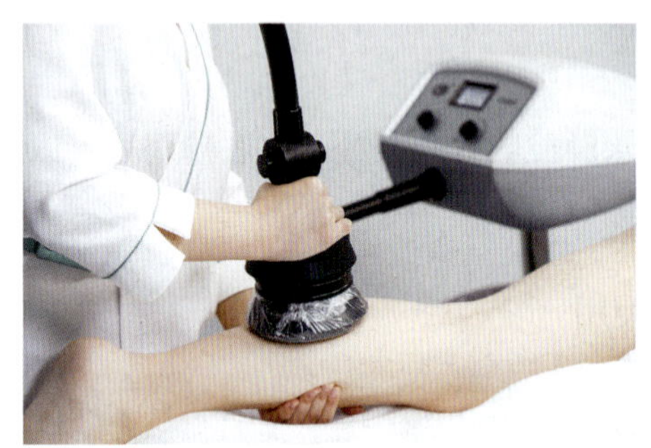

图 3–13　G5 按摩头的角度

（2）应根据顾客身体轮廓及部位选择大小合适的按摩头，在操作时始终保持按摩头表面与身体表面平稳接触（见图 3–13）。每次更换按摩头后都需要在顾客待护理部位测试强度再开始操作。

（3）不能超出需护理的范围，避免接触有挫伤的部位以及毛细血管膨胀和骨骼突出的部位。

（4）操作时，按摩头的移动方向如图 3–14 所示。

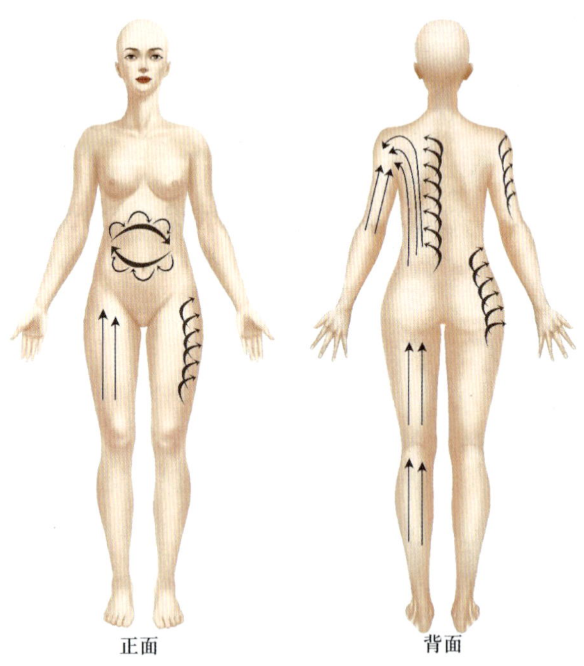

图 3–14　G5 按摩头的移动方向

（5）如按摩头可用水洗，应用温水加柔和的皂液及稀释的消毒药水清洗，不能用酒精清洗。

二、阴阳电离子身体护理仪

阴阳电离子身体护理仪（见图 3–15）通过用稳定的，电流强度小于 10 mA 的直流电作用于人体，在正负电极之下和电极之间产生一些生物效应（见表 3–1），这些生物效应有助于改善蜂窝组织、软化脂肪、帮助脂肪代谢。同时，还可以利用离子导入的原理帮助一些产品吸收以加强护理的效果。

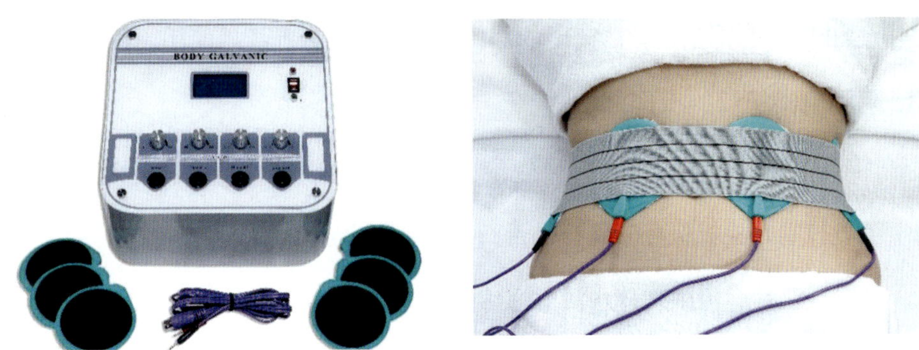

图 3–15　阴阳电离子身体护理仪

表 3–1　阴阳电离子身体护理仪各极性的生物效应

极性	生物效应
阴极	1. 产生碱性反应，释放水分，软化皮肤及皮肤组织 2. 令更多的血液流过治疗部位，为皮肤带来养分和氧气，并清除新陈代谢产物，可能会产生充血和红斑 3. 刺激感觉神经末端，以增强神经的传导性 4. 会在电极片下产生热量 5. 一些含有负极带电离子的产品会从阴极导入皮肤
阳极	1. 产生酸性反应，收紧皮肤和皮肤组织 2. 释放氧气，增强皮肤组织的活力 3. 削弱神经的传导性，在电极片下可能会产生止痛的效果 4. 水分会减少，因为水分子会由阳极向阴极移动 5. 会在电极片下产生热量 6. 一些含有正极带电离子的产品会从阳极导入皮肤
两极之间	促进血液循环、促进新陈代谢、促进淋巴的流通、减低血压

1. 阴阳电离子身体护理仪的应用范围

阴阳电离子身体护理仪主要用于改善蜂窝组织及软化脂肪组织，也可用于温暖、舒缓皮肤组织。

2. 阴阳电离子身体护理仪的使用禁忌

（1）患任何皮肤病如湿疹、牛皮癣者禁止使用，有晒伤、皮肤炎症、割伤或擦伤、皮肤过敏等情况者禁止使用。

（2）心脏病、高血压、糖尿病、静脉曲张、水肿患者禁止使用，月经前期及经期女性禁止使用。

（3）体内有含金属物体者禁止使用，以免造成伤害。

（4）禁止在肾脏部位、骨骼突出的部位、胸部、坐骨神经处使用。

3. 阴阳电离子仪的操作方法

（1）准备工作

1）消毒仪器，检查所有的旋钮是否归零，选择合适的绑带。

2）消毒电极片，用生理盐水浸湿海绵垫。

（2）操作

1）将绑带松紧适度地绑在操作的部位。

2）在电极片下放置海绵垫并一起放在绑带下。负极为活跃的电极，应放在脂肪较厚的部位，如图 3–16 所示。

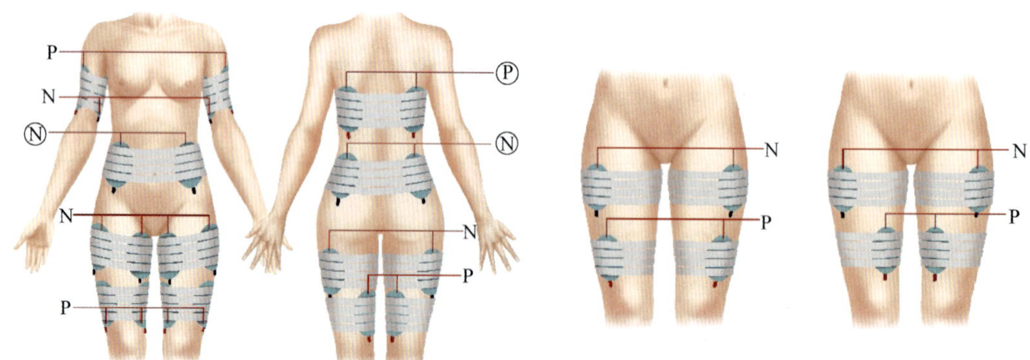

图 3–16　阴阳电离子身体护理仪电极片的摆放

3）所有的电极片放好后，检查电极片的摆放是否安全，然后再开机。

4）选择阴极工作状态，均匀而缓慢地增加每对电极片的电流强度，每对电极片之间的电流强度差不能大于 1 mA。

5）根据顾客承受力调至合适电流强度，其强度一般为 3~5 mA。

6）15 min 后将所有电极片的电流强度慢慢归零，转换至阳极工作状态，在阳极工作状态工作 5 min 后，关闭所有电极片后再关机。

7）打开绑带，取下电极片和海绵垫后再取下绑带，整理好放回原处。

8）电极片用棉片擦拭干净后消毒，海绵垫清洗干净，晾干后放于消毒柜中。

4. 阴阳电离子身体护理仪可能会导致的危险

（1）热力烧伤

1）热力烧伤的原因。如电流集中在某一点上（如带有金属的部位）、电流的强度太大、电流的持续时间太长、某处的电阻太大使得电流过于集中（如棉垫未完全浸湿或作用部位有致密伤疤），就会存在热力烧伤的危险。因此，在使用阴阳电离子身体护理仪做身体治疗时，一定要小心摆放电极片和棉垫，如有避不开的伤疤，电流的强度一定要保持在 2 mA 以下。

2）导致热力烧伤的因素

①海绵垫的湿润度不平均，干的区域电阻强，湿的区域电阻弱。

②海绵垫放置不平整，在皮肤和电极之间有间隙。

③顾客将电极片压在身体下或绑带太紧，限制了血液的循环，阻碍了热由该位置传导到身体其他部位。

3）热力烧伤的表现及处理方法。热力烧伤时，顾客会有疼痛感，皮肤发红甚至起水疱。可立即冰敷以降低皮肤的温度，严重时需送至医院就诊。

（2）化学烧伤

1）导致化学烧伤的因素。假如电流在一个部位集中或治疗的时间太长，会使阴极下的氢氧化钠或阳极下的氯化氢浓度变得太高，从而发生化学烧伤。

①海绵垫不平整或有褶痕，海绵垫的厚度太薄或不平均，电流产生的酸性和碱性

3. 真空吸杯身体护理的禁忌

（1）分娩后 2~3 个月及月经或怀孕期间妇女禁止使用，不能使用于胸部。

（2）高血压、低血压、曾患血栓栓塞症者禁止使用。

（3）患静脉曲张或曾患静脉炎、淋巴肿胀、癌症者，以及有因肾功能失调而产生的水肿者禁止使用。

（4）禁止在灼伤、烫伤部位，有新形成疤痕处及皮肤组织较薄和骨骼突起的部分使用。

（5）患有皮肤病、过敏性皮炎者及有皮肤高度敏感、明显的毛细血管扩张症状者禁止使用。

4. 真空吸杯身体护理的操作方法

（1）准备工作

1）取按摩油作为介质，准备仪器及各种大小的吸杯。

2）检查吸杯口有无裂痕并消毒，将干的小棉球塞入吸杯的小口处，消毒仪器，连接仪器配件。

（2）操作

1）在顾客的待治疗部位均匀地抹上按摩油。

2）美容师消毒自己的手腕内侧后，用该部位测试吸力；再在顾客的待操作部位进行测试，并在调整到合适的强度后（皮肤吸起达吸杯的 20%），开始按照引流路线图（见图 3–18）操作。局部操作约 20 min，全身约 40 min。

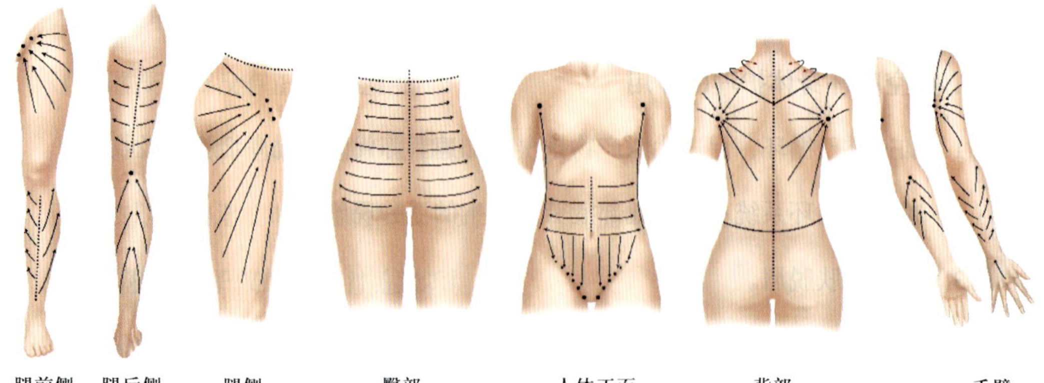

图 3–18　真空吸杯身体护理引流路线图

3）操作完毕，用热毛巾将皮肤擦拭干净，清洁吸杯，消毒仪器。

5. 真空吸杯身体护理的操作注意事项

（1）操作前应告知顾客会有皮肤被拉伸的感觉，也可能有发热的感觉，护理后皮肤会发红。

（2）先对靠近大淋巴结的部位进行操作；操作时一手握吸杯在前引流，一手在吸杯后绷紧皮肤；每护理一条路线要重复上一条路线的1/3，每条路线重复3次。

（3）吸杯要在皮肤上保持缓慢而均匀的移动，在路线中间不要停顿；吸杯移动到淋巴结前1~2 cm时，应轻轻地松开皮肤，防止淋巴液回流。

（4）对面积大的部位进行护理时用较大的吸杯，对面积小的部位进行护理时用较小的吸杯。

（5）使用完的吸杯要用温水加中性洗涤剂清洁，晾干后置于紫外线消毒柜中。

四、法拉狄纤体仪

利用法拉狄纤体仪进行的法拉狄身体护理（见图3–19）是利用“脉冲电流”即低频间断的直流电或交流电刺激肌肉神经，使肌肉做被动收缩运动。法拉狄纤体仪产生的肌肉持续被动运动能使肌肉变得紧实而富有弹性，但是对皮下脂肪不产生任何直接影响。

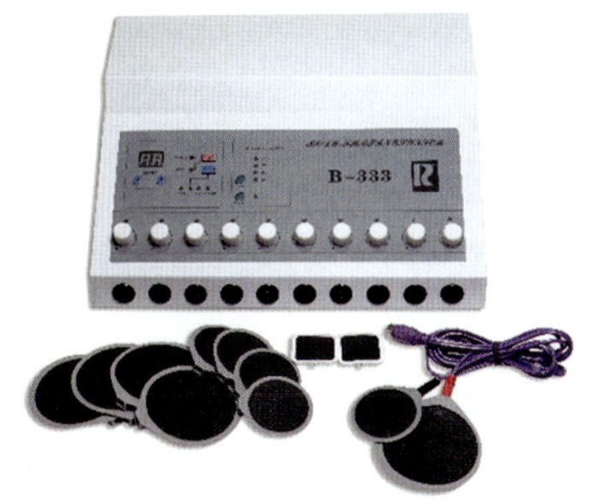

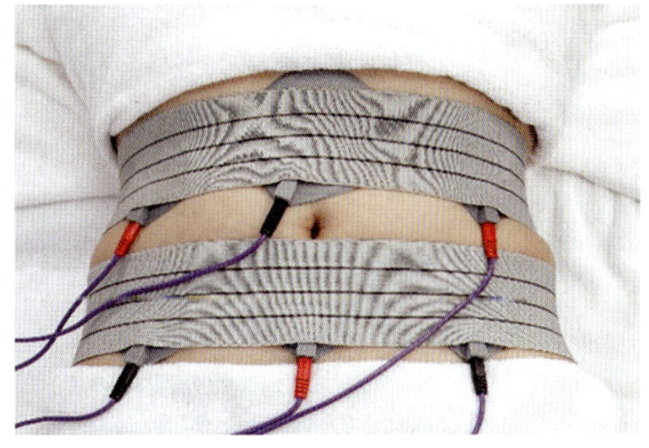

图3–19　法拉狄身体护理

1. 法拉狄身体护理的作用

（1）增加肌肉的紧实度，预防肌肉松弛。

（2）减肥效果微乎其微，但可以起到塑造形体的作用。

2. 法拉狄身体护理应用范围

适合缺乏运动、身体有赘肉者或生过孩子导致并不肥胖但腹部松弛且对体型有要求者，同时也可作为运动训练的辅助手段。

3. 法拉狄身体护理的禁忌

（1）为体内有含金属物品者、有心脏起搏器者及心脏病患者进行护理时，电极片不能放在接近心脏的位置。

（2）有神经、肌肉系统失调及损伤、皮肤感觉失调及静脉曲张情况者，禁止对患处进行护理。

（3）若有伤口或烧伤的部位，或有新疤痕、骨折或怀孕则禁止使用。

（4）经期的前 2~3 天不能在腹部使用，但可使用于其他部位。

（5）手术、生育后者及患癌症、癫痫症、糖尿病、高血压、低血压者应遵照医生的建议进行护理。

（6）肥胖者因皮下脂肪过厚，电阻过大，会导致电流无法到达表层肌肉，无法引起肌肉收缩。

（7）不应对小腿肌肉进行护理，因小腿肌肉紧张易引起痉挛。

4. 法拉狄身体护理的操作方法

（1）准备工作

1）消毒仪器，检查所有的旋钮是否归零，选择合适的电极片固定绑带。

2）消毒电极片，准备导电啫喱。

（2）操作

1）将绑带松紧适度地绑在操作部位。

2）保证电极片干燥的前提下，在电极片上均匀涂上足够的导电啫喱，按照肌肉走向和“肌肉运动点”，即肌肉上运动神经轴突分支较为集中的点摆放于绑带下，如图 3–20 所示。

3）所有的电极片放好后，检查电极片摆放是否符合规范。

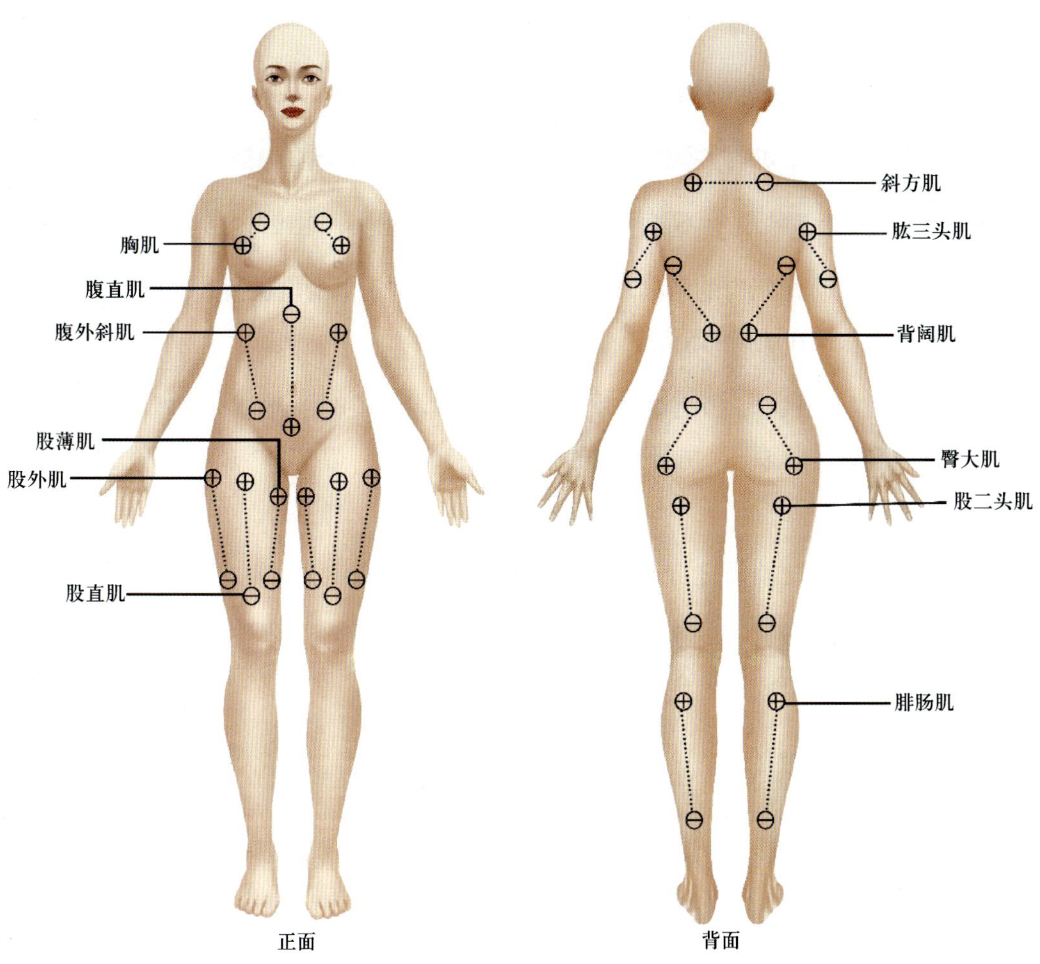

图 3-20　法拉狄身体护理电极片摆放图

4）开机，根据需要调整参数。

5）按照电极片摆放的顺序均匀地增加每对电极的强度，先以低强度让顾客适应，再慢慢调高能量至顾客肌肉明显跳动。

6）操作结束，均匀地减少每对电极片的强度并确保归零，关闭仪器。

7）打开绑带，按顺序取回电极片，取下绑带。

8）电极片用棉片擦拭干净后消毒。

5. 导致肌肉收缩不良及不协调的原因

（1）电极片的位置放置错误或其中一个电极片下的肌肉阻力较大。

（2）电极片干燥或污秽。

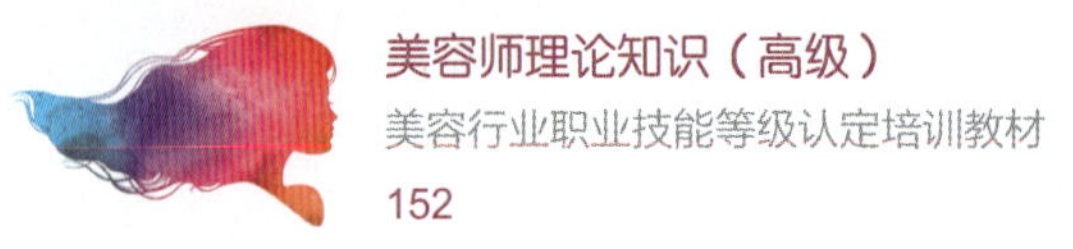

（3）固定电极片的绑带太松，电线接触不良或松脱。

6. 法拉狄身体护理的操作注意事项

（1）开机前要告知顾客操作时会有微微的刺痛和肌肉收缩的感觉。

（2）放电极片时要注意不能挨到一起，不能碰到骨头，电极片之间不能重叠。

（3）要熟悉每组肌肉的名称和运动方向，注意带正电的电极片放在肌肉的始端，带负电的电极片放在肌肉的止端。

（4）开机和关机时，所有电极片的电流强度都要均匀缓慢地增加或减弱，以免引起“抢电”现象，即某一个电极片的电流强度突然加大，造成肌肉过度收缩引起疼痛，甚至导致电击伤。

（5）进行护理之前需进行 5~10 min 低强度热身。首次护理时间为 15 min，之后 20 min，随着护理次数的增多，每次护理时间可慢慢增加至 30 min。护理可每日进行，每周至少需要 2~3 次，才能达到理想效果。

第四章
芳疗美容护理

芳疗美容护理是芳香疗法的一个分支，芳香产品作为护肤品的一个类别，在国内外 SPA 场所和美容院运用历史悠久且非常普遍。芳疗美容基础知识是美容师必须了解和掌握的专业知识，本部分仅从肌肤保养和愉悦情绪角度呈现芳香疗法在美容院及居家护理中的配方参考、产品运用和护理建议。美容师如果想成为一名专业的芳疗师，可系统和深入学习并取得相关证书。

要点提示

1. 了解芳香疗法的定义及历史。
2. 熟知精油的物理特性和吸收排出途径。
3. 了解精油的分类和萃取方式。
4. 熟知常用精油、纯露、基础油的美容功效。
5. 掌握日常芳香美容配方的使用方法、保存方法。
6. 掌握芳香护理安全知识。
7. 掌握面部芳香护理和身体芳香护理的基本原理及方法。

关键词语

芳香疗法　精油　单方精油　复方精油（不含基础油）　复方调配油（含基础油）　基础油　纯露

第一节
芳香疗法概述

一、芳香疗法的基本概念

1. 芳香疗法的起源

芳香疗法一词起源于法国，法国化学家雷内·摩利斯·盖特佛塞（Rene Maurice Gattefosse）于1928年出版了名为“aromathérapie”的论文集，首创“芳香疗法”一词，成为现代芳香疗法之父。aromathérapie翻译为英文后，即aromatherapy，由aroma与therapy两个词合成，aroma指令人感到愉悦的香味，therapy为运用药物或手术的治疗方法，aromatherapy也可称为香氛疗法。

2. 芳香疗法的定义

芳香疗法是以芳香精油、基础油、纯露为物质基础，以芳香疗法学为理论指导依据，辅以相关工具、器材、配方产品、手法及环境设置，使芳香精油以不同的方式作用于人体，以达到治疗疾病、美容、美体、保健等功效的一种治疗方法。芳香疗法属于自然疗法，也是一种辅助疗法，它可以对正统医疗方法进行一定的补充，但并不能替代正统医疗方法。

3. 芳香疗法运用方向

因为芳香疗法有效的治疗作用，法国将其列为常规医疗项目之一，德国慕尼黑的医院实践芳香疗法超过 30 年，日本有以芳香疗法为主的疗养院，英国芳香疗法教育学校与世界各国多有合作。芳香疗法在中国经过 20 多年的发展，目前已经发展为包括芳香植物种植、芳香产品生产、设备包材、芳疗教育、健康管理机构，以及各种“精油 +”行业企业的芳香全产业生态链模式。芳香疗法在美容、酒店旅游、心理咨询、医疗、照护、运动身心健康等领域有着广泛的运用。芳香疗法广阔的运用及发展也为美容师提供了更多的职业发展空间。芳香疗法所涉及的领域如图 4–1 所示。

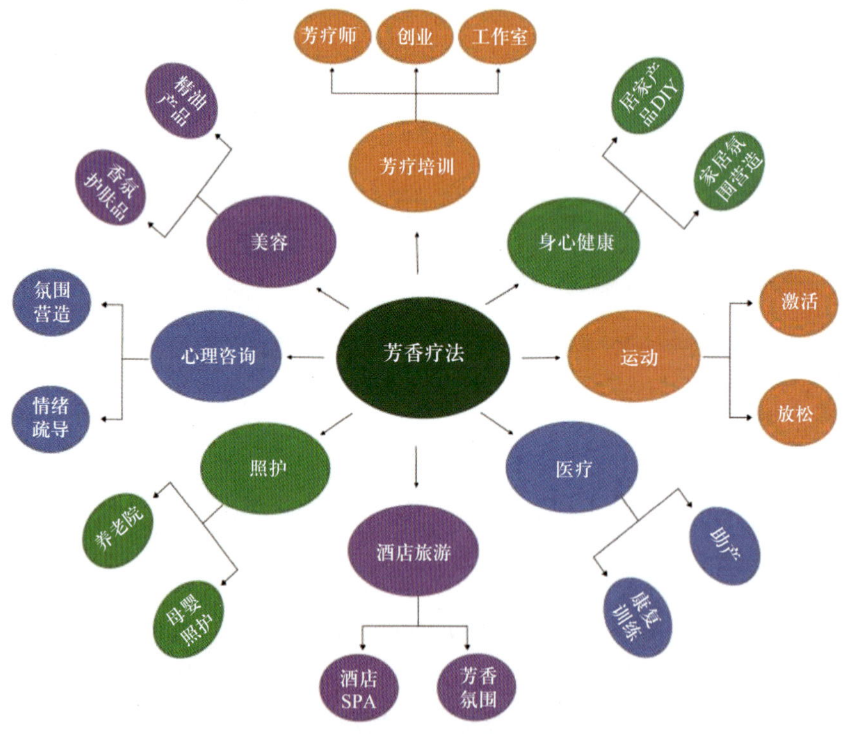

图 4–1　芳香疗法所涉及的领域

二、芳香疗法简史

芳香疗法的前身——植物药草疗法，可被称为人类历史上最古老的治疗方法，在蒸馏萃取精油的技术出现之前，几千年来，人们一直将会产生精油的芳香植物（见图 4–2）作为重要的药材使用。芳香疗法简史见表 4–1。

图 4–2　芳香植物

表 4–1　芳香疗法简史

时间	事项
史前	烟熏病患，食用芳香药用植物
公元前 4000 年	古迹石板记录苏美尔人使用芳香植物
公元前 3000 年	埃及历史记录芳香药用植物的使用，包括医疗、美容、制作木乃伊、宗教仪式
公元前 2000 年	印度《吠陀经》记录芳香药用植物的使用方法
公元前 11—公元前 6 世纪	《诗经》记载了当时常见的芳香植物
公元前 460—公元前 370 年	西方医学奠基人希波克拉底的著作所载的药草处方有 300 多种
公元前 3—公元 1 世纪	《黄帝内经》总结记录了古代医家对药用植物的认知与使用经验
1—3 世纪	《神农本草经》系统地总结了古代医家等各方面的用药经验；罗马对药用植物进行了分类
9—11 世纪	阿拉伯人拉齐撰写的《医学集成》中专门对草药进行介绍；波斯（今伊朗）的著作中记录了超过 800 种药用植物，并有改进当时的蒸馏法，萃取精油的记载；《伯德医书》，将当时在修道院保存的药草治病方法汇编成书
12 世纪	阿拉伯的香水与蒸馏设备传入欧洲，欧洲开始用本土的芳香植物萃取精油

续表

时间	事项
1578 年	明代医药学家李时珍著成《本草纲目》，记载药物 1 892 种，其中有大量的药用植物
1597 年	约翰·杰洛出版《药草简史》，在民间广为流传，是英国最早的药草书之一
1652 年	英国药草学家卡尔培波（Nicholas Culpeper）出版《药草志》，描述了精油的应用
17—18 世纪	弗里德里希·霍夫曼（Friedrich Hoffmann）对精油进行研究
1928 年	法国化学家雷内·摩利斯·盖特佛塞发现植物精油的治疗效果，并发表论文，首创 aromathérapie 一词
1950—1977 年	法国医生尚·瓦涅（Jean Valnet）以精油治疗疾病和创伤，获得成功后继续研究运用精油进行医疗，著有《芳香疗法之临床医疗》；摩利夫人（Marguerite Maury）出版《摩利夫人的芳香疗法》法文版；罗伯·滴莎兰德（Robert Tisserand）的《芳香疗法的艺术》出版，其成为英国芳疗界的先驱
1985 年	国际芳香疗法治疗师学会（IFA，International Federation of Aromatherapists）在英国创立，该学会现已经发展成为国际上最为权威的芳香疗法治疗师培养机构之一，证书覆盖范围超过了 50 个国家及地区
1990 年	德国芳香疗法协会 FORUM ESSENZIA 创立，该协会定期出版内容严谨翔实的专业期刊，举办由医师、化学家、护理专业人员、自然疗法师教授课程的讲座，并召开三年一次的国际芳疗学术研讨会
1996 年	法国医师潘威尔（Daniel Pénoël）与化学家法兰贡（Pierre Franchomme）合著的《精确的芳香疗法》出版，此书是他们两人自 20 世纪 70 年代以来的研究成果总结，被奉为最具学术价值的“芳疗圣经”
2004 年	理查德·阿克塞尔（Richard Axel）和琳达·巴克（Linda B. Buck）博士的“发现嗅觉受体和嗅觉系统的组织方式”研究获得诺贝尔生理学或医学奖

第二节 精油

一、精油基础知识

1. 精油的定义

精油（essential oil），也称植物精油，是由特定种类植物的根、茎、叶、花、果实等部分经过物理处理（压榨、蒸馏等萃取方式）而得到的，带有香味、具有挥发性的油溶性液体，是芳香疗法使用的主要原材料。

2. 精油的使用

在美容院，美容师使用的精油产品主要有两种，一种是可直接

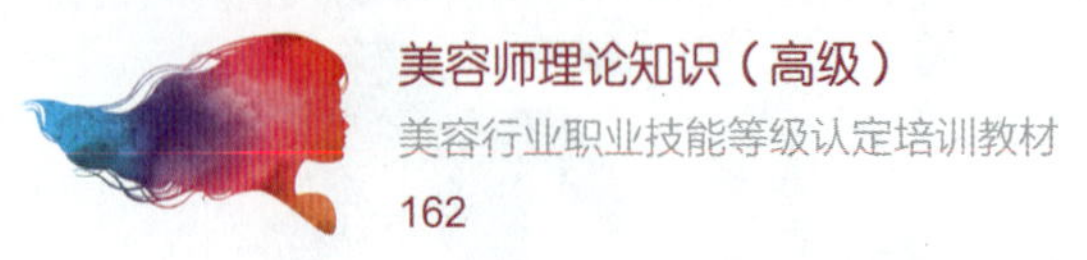

使用的含有精油成分的护肤品，另一种是用于面部或身体按摩、泡浴或薰香环境的精油（混合载体使用）。

精油的用途广泛，但有些精油具有刺激性，使用后会引起皮肤过敏、红肿、瘙痒。此外，掺有杂质的或过期的精油也会引起皮肤发炎。劣质精油不仅会使皮肤发炎，还会伤害黏膜组织，甚至有一定毒性。吸入过量精油亦会导致眩晕或头痛。根据研究发现，人们在受伤或身体健康状况不良时，对精油的敏感度会比正常的情况下高。所以美容师正确选油、调配合适浓度并按照安全的方法使用精油非常重要。

芳香疗法在国际医学界可以用作治疗或辅助治疗，一些医生会根据病情开内服精油处方，但只有获得了法律授权和具备执业资格的医生才能指导精油口服。只经过芳香疗法培训者并不具备医生资格，无权指导精油口服。

3. 精油的特性

（1）性状。精油一般为液态，不同种类精油的黏稠度各不相同。有的精油流动性非常好，例如薰衣草精油、甜橙精油等，从滴口滴出时快速流畅；但安息香精油、没药精油等就相对比较黏稠，滴出速度会比较缓慢。此外，有些精油是固态的，如秘鲁香脂，还有些精油低温会结晶，比如大马士革玫瑰精油。

图 4-3　不同颜色的精油

（2）颜色。大部分精油是无色的，也有一些例外，如棕色的安息香精油、蓝色的德国洋甘菊精油（见图 4-3），还有一些精油偏橙色、绿色（如特定品种的岩兰草精油）等。

（3）密度。大部分精油的密度比水小，滴入水中会漂浮在水面上；也有密度比水大的精油，滴入水中会沉底。

（4）挥发性。几乎所有精油都具有在常温下易挥发的特性，所以可以直接滴出嗅闻香气。不同精油的挥发速度不同，有的挥发快，如柠檬精油，滴出 20 min 左右就嗅不到明显味道（即完全挥发），在精油中也被称为快板或高音精油；有的超过 1 h 才会完全挥发，如迷迭香精油，被称为中板或中音精油；也有的挥发时间超过 4 h，甚至 2 天以上仍可闻到香气，如檀香精油，被称为慢板或低音精油。

（5）气味。气味是精油的显著特点之一，每一种精油都具有自己独一无二的气味，其中有些精油气味清新芬芳，如果香味的柠檬精油、甜橙精油、西柚精油，花香味的玫瑰精油、橙花精油、依兰依兰精油，药草味的薄荷精油、迷迭香精油等。也有个别精油气味初闻让人感觉难以接受，觉得刺鼻或者恶心。这可能是因为嗅闻者没有对这个气味的嗅觉记忆，或者曾经在这种气味中经历过不堪回忆的过往，人们可以借此增加嗅觉经验或者发现心理治疗的突破口。人对气味的接受度是个性化的，同一种气味一些人能够接受，另一些人则无法接受，所以调制配方时应考虑顾客的接受度。

（6）可溶性。精油不溶于水，这一特性对精油的使用方式而言非常重要。虽然芳香分子会溶于水，但精油并不能完全溶于水，所以精油与水性溶剂混合时需要分散剂辅助。

精油可溶于植物油、酒精等有机溶剂。当稀释精油时，根据用途可以选择不同溶剂让精油更好地发挥作用。例如按摩时选择植物油作为溶剂更利于润滑，空间环境喷雾时选择酒精作为溶剂更利于挥发扩散。

（7）氧化（变质）。精油与氧气接触后易发生氧化反应。一般精油的保存时间是 2~4 年，但氧化时间却不一样。有些精油氧化较快，例如佛手柑精油、柠檬精油，开封接触空气后 6 个月即会氧化，被氧化的精油化学成分会改变，可能会对皮肤和黏膜造成刺激，但仍然可以用于家居清洁等。而有些精油留存时间越久越好，如东印度檀香（白檀）精油，适当氧化可以使其含有的 α – 檀香醇转化为 β – 檀香醇以增强疗效。

4. 精油的吸收与排出途径

精油的吸收与排出途径如图 4–4 所示。

（1）精油的吸收途径

1）经由嗅觉进入人体

①精油分子进入鼻腔后通过嗅觉传导通路可影响大脑皮质（见图 4–5），对大脑皮质产生兴奋或抑制作用，从而使人增强记忆、促进专注或放松、助眠等。

②精油分子进入鼻腔后通过嗅觉传导通路作用于大脑边缘系统（见图 4–5），从而影响人的情绪、记忆、内分泌以及性反应等。

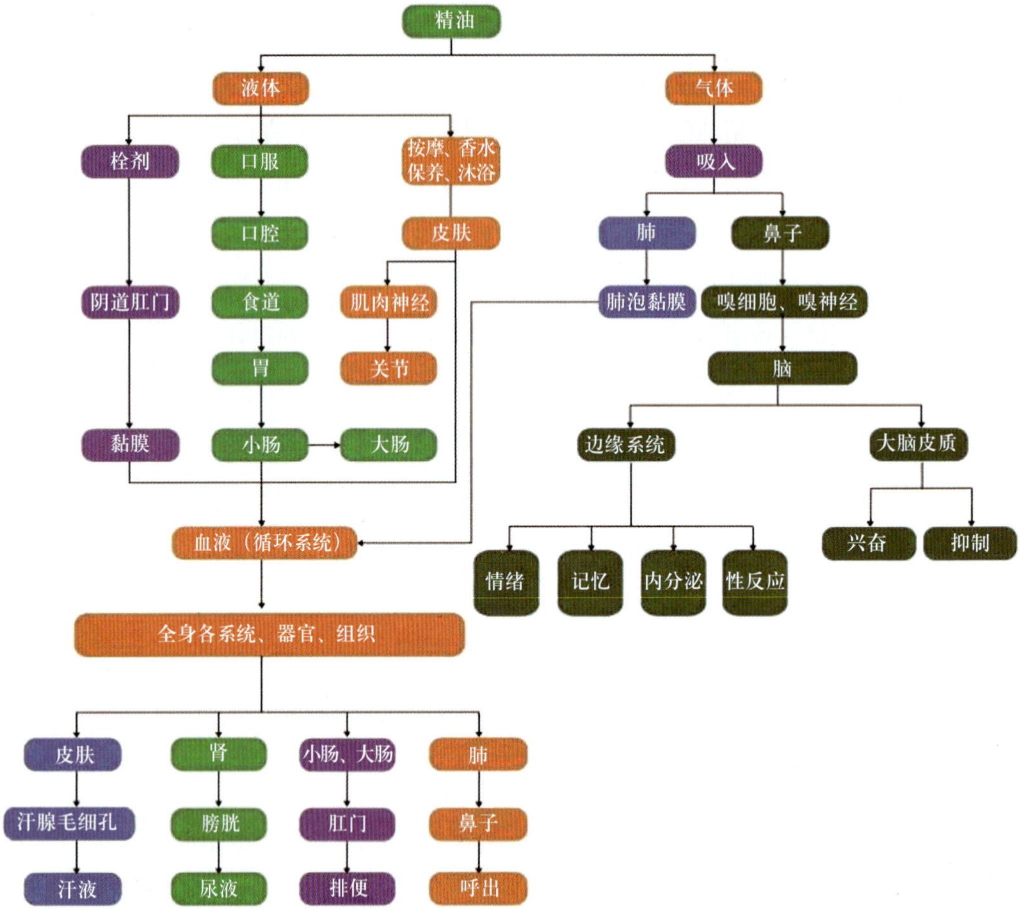

- 精油
  - 液体
    - 栓剂 → 阴道肛门 → 黏膜 → 血液（循环系统）
    - 口服 → 口腔 → 食道 → 胃 → 小肠 → 大肠
      - 小肠 → 血液（循环系统）
    - 按摩、香水保养、沐浴 → 皮肤
      - 肌肉神经 → 关节
      - 皮肤 → 血液（循环系统）
  - 气体
    - 吸入
      - 肺 → 肺泡黏膜 → 血液（循环系统）
      - 鼻子 → 嗅细胞、嗅神经 → 脑
        - 边缘系统 → 情绪、记忆、内分泌、性反应
        - 大脑皮质 → 兴奋、抑制
- 血液（循环系统）→ 全身各系统、器官、组织
  - 皮肤 → 汗腺毛细孔 → 汗液
  - 肾 → 膀胱 → 尿液
  - 小肠、大肠 → 肛门 → 排便
  - 肺 → 鼻子 → 呼出

图 4-4　精油的吸收与排出途径

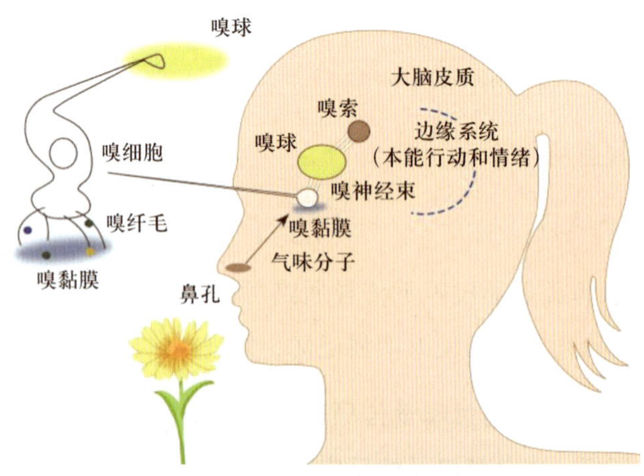

图 4-5　嗅觉作用于大脑的示意图

③精油分子通过呼吸道进入肺泡，再通过血液交换过程进入人体的血液循环。

因为精油可以通过嗅觉对人体产生作用，无论是使用精油扩香（见图 4-6）或是外用涂抹按摩时，这些芳香分子都能同时通过嗅觉影响大脑调整情绪感受。这是芳香疗法有别于其他护理方式的重要特性之一。

图 4-6　扩香器扩香

2）经由皮肤进入人体。精油的分子量极小且为脂溶性，因此可以通过细胞膜进入细胞，外用时，精油进入人体的最佳途径就是通过皮肤渗透进入血液循环作用于全身。

精油能影响细胞膜的穿透作用，许多“不受细胞欢迎”的分子也因此容易随同精油进入细胞当中，引起过敏性的免疫反应。所以，应避免同时使用精油和以矿物油为基底的护肤产品和药用软膏，例如不能在涂抹精油后贴膏药或者涂抹药膏。

表皮层没有血管，精油不会在此停留，毛囊和皮脂腺的孔道结构是精油渗入皮肤的最快途径（见图 4-7），大多数精油经由皮肤的吸收速度极快，在涂抹精油产品数分钟后，血液中便会有精油分子的存在，50 min 到 2 h，呼出的气体中便会有芳香分子存在，这说明挥发度高的精油分子已经开始排出体外。

影响皮肤吸收精油的因素包括角质层厚度、皮肤保湿度、调配精油基质的黏度、温度、表面活性剂种类、皮肤的通透度以及使用方法。

3）经由其他途径吸收。精油还可以通过口腔进入消化系统吸收，也可以制作成栓剂或其他形式通过阴道、直肠黏膜吸收。

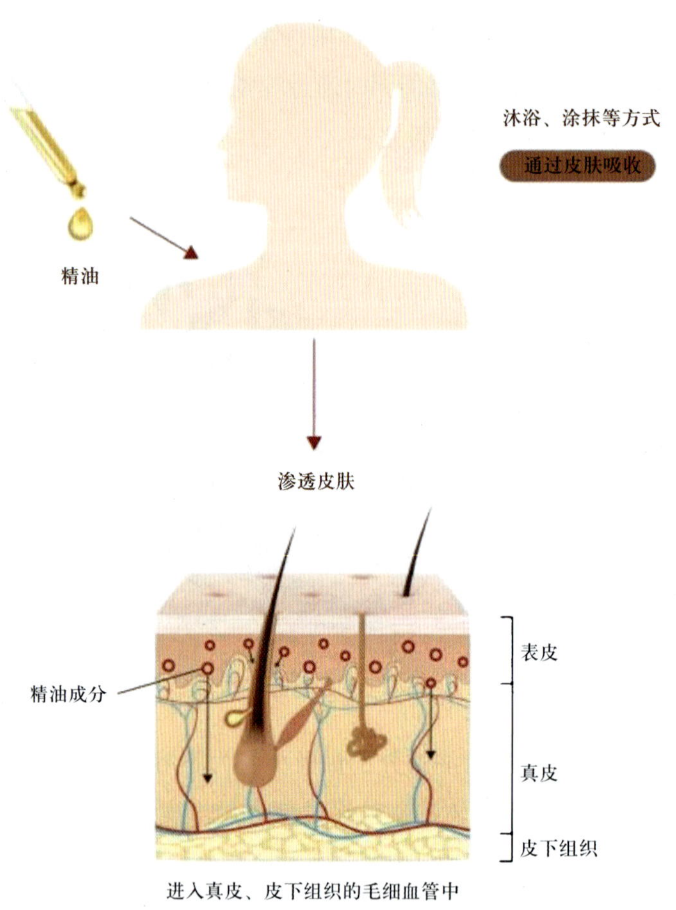

图 4-7　精油经皮肤进入人体

（2）精油的排出途径。精油进入人体后经由血液循环和淋巴循环到达身体的各个部位，发挥作用后再借由汗液、尿液、粪便和呼吸方式从皮肤、泌尿系统、消化系统、呼吸系统排出体外（见图 4–8）。所以，芳疗美容按摩后身体排泄物气味加重或带有精油气味是正常现象。

5. 精油的萃取方法

精油是从各种植物的不同部位萃取、提炼出来的，提炼需要耗费大量的人力、物力，因此成本很高。萃取 1 kg 精油所需原材料的量如图 4–9 所示。

萃取精油是一门学问，也是芳香产业研究的分支之一，除了植物的品种、产地、种植外，还涉及采收的时间、采收方法、原材料的处理方式、萃取技术和原料储存等方面。精油主要萃取方法如下。

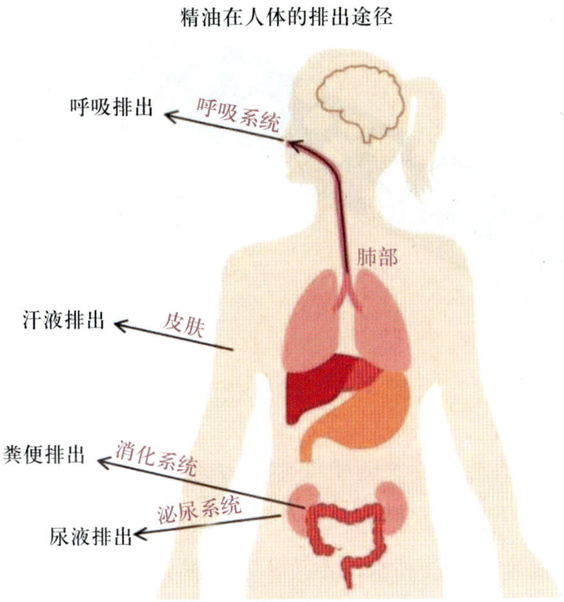

精油在人体的排出途径

呼吸排出　呼吸系统
肺部
汗液排出　皮肤
粪便排出　消化系统
尿液排出　泌尿系统

图 4-8　精油排出人体的途径

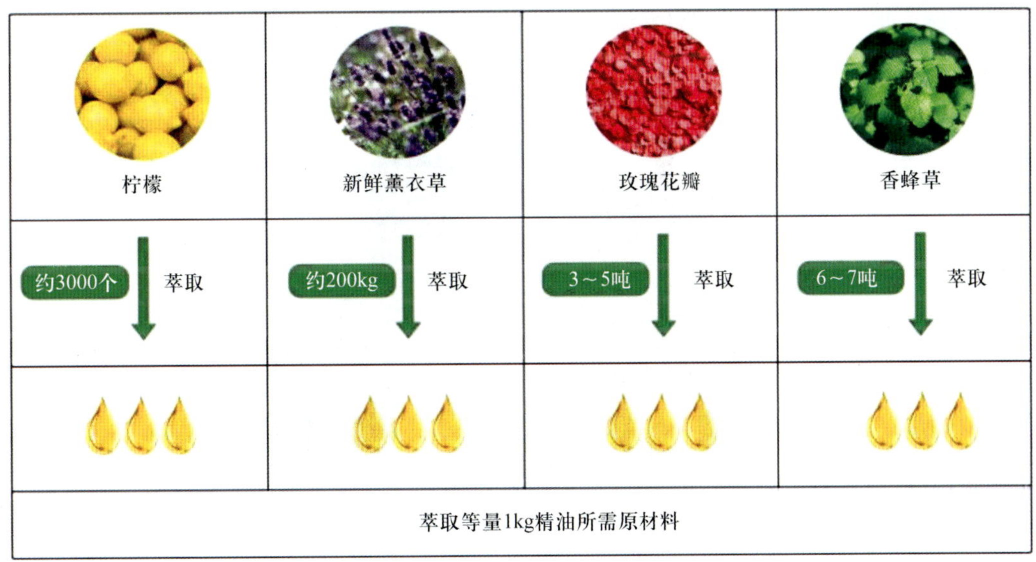

柠檬	新鲜薰衣草	玫瑰花瓣	香蜂草
约3000个　萃取	约200kg　萃取	3～5吨　萃取	6～7吨　萃取
萃取等量1kg精油所需原材料			

图 4-9　萃取 1 kg 精油所需原材料的量

（1）冷压法（压榨法）。主要用于橘子、柠檬、橙、葡萄柚等柑橘类植物精油的萃取。主要步骤是把原料放进研磨机研磨，再经过油水分离和净化的步骤，就可以获取精油，如图 4-10 所示。

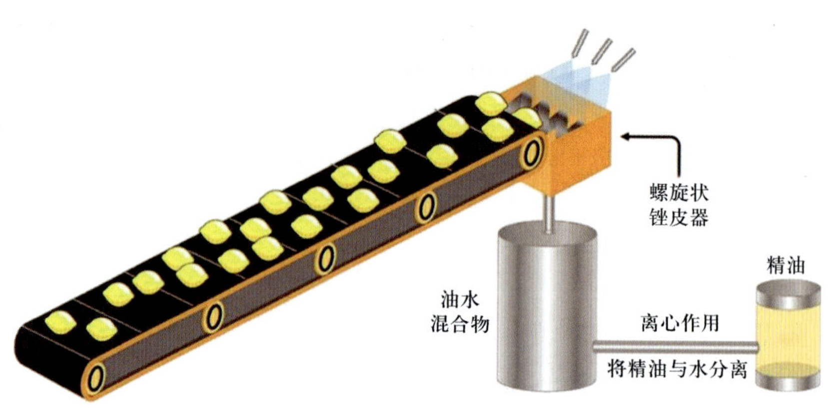

图 4–10　冷压法示意图

（2）蒸馏法。蒸馏法是最普及的精油萃取方式（见图 4–11），它利用蒸馏容器以水或蒸汽（或是两者并用）将原料加热，生成带有精油成分的水蒸气，再经冷凝而产生浓缩液。此浓缩液混合了精油和水，不溶于水的精油会和水分离，因为精油的密度一般比水小，通常会浮在水上，如果是密度大于水的精油，如丁香精油（见图 4–12），则会沉在水底。不论密度大小，这时都可以轻易把精油和水分离。蒸馏过程中使用的原料、器材、水、温度、时间都会影响到精油的品质。

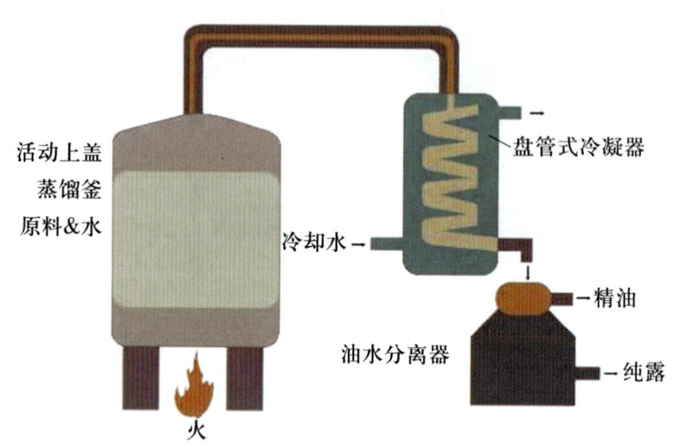

图 4–11　蒸馏法示意图

（3）脂吸法和浸泡法。脂吸法和浸泡法都是利用脂肪可以吸收精油的特性进行萃取。所用的脂肪必须经过特别处理，并且只能用于采收后仍会持续制造精油的花朵，例如茉莉花。主要步骤是用一片玻璃镶嵌在一个长方形框架上，把薄薄的一层脂肪涂在玻璃上，然后铺一层刚采收的新鲜花瓣在脂肪上（见图 4–13），使油脂慢慢吸附花瓣中的芳香分子，一段时间后取出失去香气的花瓣，再放新鲜花瓣，如此反复，直到油脂吸满芳香分子，就成为所谓的香油脂，再将油脂和芳香分子进行分离即得到精油。

图 4–12　沉底的丁香精油

而浸泡法通常用于采收后不会再继续制造精油的植物原料。主要步骤是把原料浸入到热油脂中，让油脂透过原料的细胞壁吸取精油，经过吸附的原料以离心机或过滤器筛出后，再投入更多新鲜原料，这个程序反复进行，最后再从饱含精油的香油脂中分离出精油。

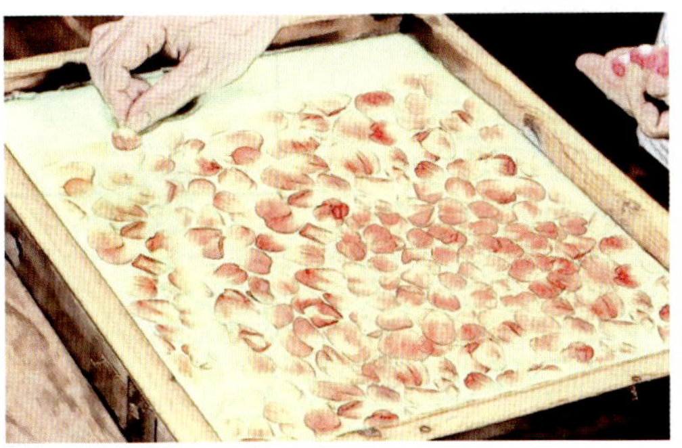
图 4–13　脂吸法示意图

（4）化学溶剂萃取法。直至 20 世纪初，人们才开始以化学溶剂萃取某些植物中所含的香氛精华。主要步骤是在欲萃取的植物上淋上特定化学溶剂，在固定的温度下蒸馏，使油冷凝而溶剂保留原状，此时，得到乳霜状的半固体。再利用酒精溶解及双重过滤后，获得不含蜡、不含溶剂的纯精油，称为“原精”，如图 4–14 所示。不过这种方法不一定能完全过滤残留的溶剂，因此在芳香美容面部护理过程中更建议选择蒸馏法萃取的精油。

（5）二氧化碳超临界萃取法。这是 20 世纪 80 年代才发展起来的一项高新技术。这种萃取方式的原理和用水蒸气蒸馏类似，只是把水蒸气换成了加压状态的二氧化碳，加压状态的二氧化碳为液态，这种状态下的二氧化碳可以溶解精油分子，在植物精华溶解后解压二氧化碳使它恢复到正常的气态，精油分子就可以从中分离出来，如图 4–15 所示。

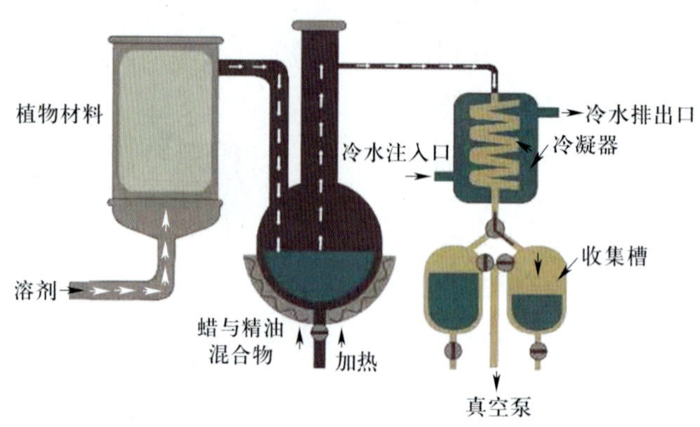

图 4-14　溶剂萃取示意图

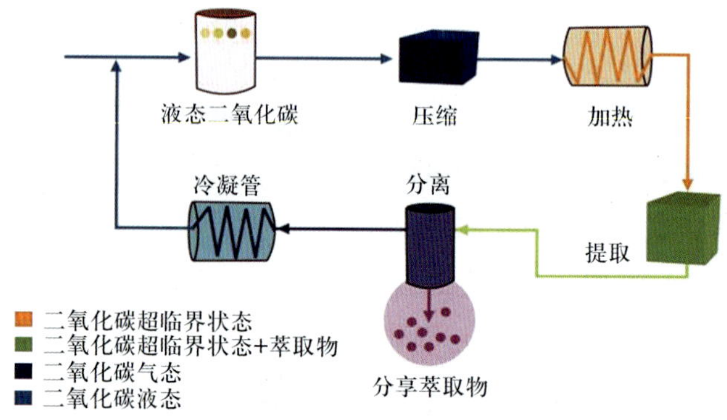

图 4-15　二氧化碳超临界萃取

二氧化碳作为溶剂不会与精油分子发生化学反应，萃取出的精油分子不会被高温破坏，萃取时间只需几分钟，萃取成分完整。

二、精油的分类和鉴别保存

1. 精油的分类

精油一般以原料植物科属、化学分子结构、萃取部位、挥发度和制作成商品后的不同特性来进行类别划分。当进行芳香疗法专业学习时，原料植物科属和精油化学分子结构是必修课程，在芳疗美容部分仅就精油产品分类进行简单介绍。

（1）单方精油。单方精油是指单一品种未经调配的精油，具有特有的香气层次和功效特点，可以单独使用也可以和其他油调配后再使用。

（2）复方精油（不含基础油）。复方精油是两种以上单方精油按一定比例调配融合后的产物。调配后的复方精油作用会有特定倾向，比如柠檬和迷迭香的复方精油倾向激活脑力、增强记忆力，而柠檬和茶树的复方精油则倾向消毒杀菌、分解异味。调配后的复方精油可以用于熏香、泡脚、泡澡，也可以与基础油混合后大面积用于皮肤。

（3）复方调配油（含基础油）。复方调配油是两种以上的单方精油与一种以上基础油按一定比例混合的产物。该种精油可以以按摩的方式直接使用于人体皮肤，但不适合扩香。复方精油和复方调配油通常被统称为“复方油”，在选择使用时一定要确定这是单纯的复方精油还是添加了基础油的复方调配油，以确保使用方式正确。

另外，还有以精油成分为核心的喷剂、可溶性精油滴剂等精油衍生产品，这些根据市场需求设计制作的产品品项会越来越多，而其核心区别一是直接应用于环境氛围还是应用于人体，二是能直接接触人体还是需要媒介介入再应用于人体。接触此类产品时应先区分这两点，才能正确选择和安全使用。

2. 精油的鉴别保存

（1）精油的鉴别。影响精油品质的因素很多，除原材料因素外，还包括萃取方法和储存运输等。从美容师选购精油角度，可通过精油产品的包装、价格、说明进行初步鉴别，包括品名、学名、植物原产地、植物萃取部位、萃取方式、标示的精油纯度、生产批号或日期、是否以深色避光瓶存放等方面，如图 4–16 所示。

图 4–16　精油的品质鉴别

选择高品质精油来锻炼对精油气味的分辨能力，是学习精油识别最好的方式之一。纯天然精油气味芳香馥郁且自带层次变化，相比之下，人工合成精油的香味不够细腻、层次单一但比真品浓烈。还有气味相似的平价精油冒充高价精油（如用天竺葵冒充玫瑰）等造假情况，这些都需要经过锻炼才能进行鉴别。

（2）精油的保存。精油含有高浓度、易挥发的芳香分子，与空气接触会氧化，所以必须小心保存，且开启后应在保存期内尽快用完。精油的保存要注意以下方面。

1）以深色玻璃瓶存放。精油一定要存放在具有遮光效果的深色玻璃瓶中，这样至少可减少 90% 的紫外线照射。不要用塑胶瓶存放精油，塑胶的化学成分会破坏精油的品质。

2）完全密封。为了避免精油氧化及快速挥发，储存容器完全密封是非常重要的。精油的瓶盖一定要密封，并减少开盖次数，若经常开启瓶盖，精油很容易因接触空气而变质。

3）避免接触阳光及强光。阳光会使精油变质，保存精油时要避免阳光照射；同时也应避免强度较高的灯光照射到精油。

4）远离热气及高温。精油需置于干燥、阴凉的地方，最好是带盖的木质容器内，如抽屉木匣等；同时不应离电器用品太近，当然更不能放于厨房或浴室。

5）保证稳定的存放温度。精油的存放温度是 18~30 ℃，最佳存放温度约为 25 ℃，切记精油绝对不可存放在冰箱内，因为内外温差太大会加速精油品质变化。

6）避免强烈的振动。振动可能会使精油变质，所以不要抛甩摇晃精油。

7）留意保存期限。无论是纯精油还是经过调配的按摩油都会在包装上注明保存期限，已过期的精油切勿使用，以免影响效果或引起皮肤过敏等不良反应。尤其是调配过的精油最多只能保存两个月，开封后的纯精油也最好在半年内使用完毕。

8）为了避免儿童误食或误用，也避免宠物受到影响，精油需存放在儿童和宠物不容易接触到的地方。

三、精油的使用方法和常用精油

1. 精油的使用方法

（1）嗅觉途径进入的使用方法

1）扩香。吸入法是最简单的精油使用方法，扩香则是吸入法中最流行的精油使用方法。将 1~3 种精油加入扩香器中并以正确方法使用，即可使精油扩散到空气中。目前市面的扩香器有超声波扩香、振荡雾化扩香、热扩香、风扩香、精油瓶扩香、自然散香等类型，精油添加量则根据使用空间和容器选择（10 m^2 左右空间使用 5~6 滴精油）。各种扩香设备如图 4–17 所示。

图 4–17　各种扩香设备

2）蒸汽吸入。蒸汽吸入是缓解呼吸道问题的好方法，除了使用专业的吸入设备进行操作，居家时可以在瓷碗或玻璃碗等不会被精油腐蚀的容器中加入 1 000 mL 左右开水，在开水中滴入 1~3 滴精油，然后用大浴巾包裹住头部和容器（避免蒸汽外泄），深深地嗅吸蒸汽带出的精油，如图 4–18 所示。

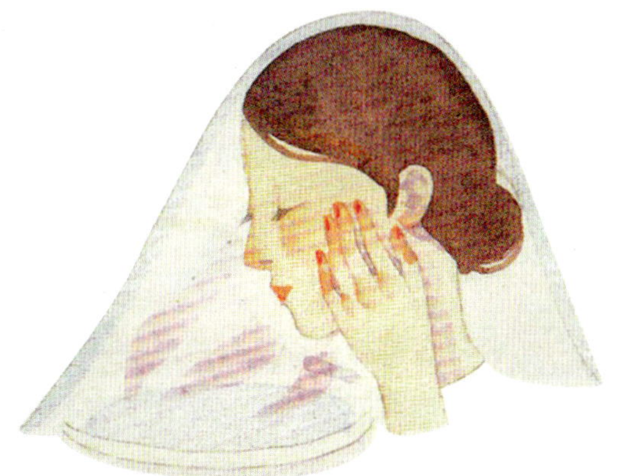

图 4–18　蒸汽吸入法示意图

3）空间喷雾。空间喷雾指将 5~10 滴精油加入 10~50 mL 溶剂中，对周围环境进行喷雾。这种方法可杀菌驱虫或净化空气。如果选择的溶剂不能直接溶解精油，一定要提前使用精油乳化剂将精油乳化后再加入溶剂中，否则精油不能均匀溶解于溶剂中，会造成喷雾浓度不均，喷出香气不均匀。如果仅能以纯净水稀释精油喷洒，喷洒前一定要用力摇匀再使用。

（2）皮肤途径进入的使用方法

1）涂抹。涂抹是最常见的精油使用方法，根据需求将精油与基础油混合调成复方调配油，在需要时以适当频率和用量涂抹在相应身体部位，就可以达到美容、放松等调理需求。

2）按摩。芳香身体按摩不仅可以放松肌肉，精油的特殊功效还可以平衡神经系统，达到使身心放松的保健效果。日常保养时，用于眼部按摩的精油浓度为 0.5%，用于面部按摩的精油浓度为 1%，用于身体按摩的精油浓度为 2%。

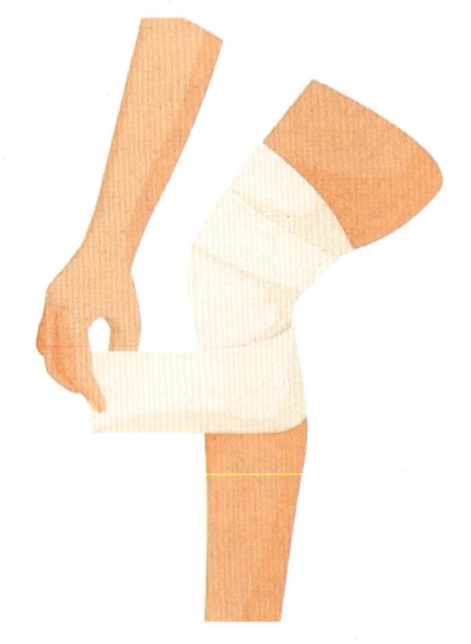

图 4–19　裹敷法示意图

3）裹敷。裹敷是指将精油按 1%~5% 的比例稀释于温水或冷水中，再用纱布、毛巾等吸水物品置于其中充分浸润再拧至半干，覆盖在需要治疗的部位，如图 4–19 所示。这种方法可以用来缓解关节炎、扭伤、感冒、肌肉疼痛等症状。

4）沐浴泡浴。沐浴泡浴是常用的居家护理方法，可以发挥特定精油功效，起到保健养身、放松解压及愉悦身心的作用。操作步骤是将 1~5 滴精油加入 5 mL 无香沐浴露、洗发水中使用，或者加入一汤匙牛奶、浴盐、蜂蜜中，先轻微乳化稀释，再加入浴缸水中泡浴。

2. 常用精油

美容师在进行芳香美容护理时虽一般会直接使用已经调配好的成品油和精油产品，但是对于常用精油的功效与作用、日常应用及禁忌也应有一定了解，以便在顾客需要时推荐合适的精油。常用精油的功效与作用、日常应用和禁忌见表 4–2。

表 4–2　常用精油的功效与作用、日常应用和禁忌

精油	功效与作用	日常应用	禁忌
薰衣草	1. 治疗烧烫伤，改善粉刺、脓肿、头屑、皮炎、蚊虫叮咬等各种皮肤问题 2. 镇静放松，缓解焦虑，改善睡眠 3. 薰衣草精油是有名的百搭精油，可以和各种精油搭配以强化疗效	1. 烫伤面积不超过 1 cm^2 时可将薰衣草精油直接滴在患处再冷敷（面积超过 1 cm^2 仍可滴薰衣草精油救急，但应及时就医） 2. 在感冒多发的季节可以将薰衣草精油、尤加利精油和柠檬精油以 1∶1∶1 的比例混合扩香 3. 头痛时取 1 滴薰衣草精油按摩头皮	孕妇慎用

续表

精油	功效与作用	日常应用	禁忌
柠檬	1. 清洁油性肌肤 2. 净化空气，消炎杀菌，提振精神，促进消化，激励免疫系统	1. 柠檬精油与迷迭香精油以2∶1的比例混合扩香嗅吸，有利于改善记忆力 2. 洗澡时在5 mL无香沐浴露中加3~5滴柠檬精油，或者将精油与浴盐混合后泡浴可增强身体抵抗力	具有光敏性，使用时接触精油的皮肤部位应避免日光照射
茶树	1. 消炎祛痘，改善皮疹、头屑、脚气等，蚊虫叮咬后止痒 2. 抗菌，杀虫，防腐，抗病毒，促进排汗，激励免疫系统	1. 直接在化脓局部点涂 2. 直接用于脚气渗液瘙痒处 3. 与柠檬精油以1∶1的比例混合后，可用于空气净化（扩香）、清洁（加入清洁用水、洗衣机漂洗）以及厨房浴室等清洁 4. 外出旅行时可将茶树精油和薰衣草精油以1∶2的比例混合，用于消毒房间及浴缸、预防蚊虫、消毒小伤口等	注意适量使用
胡椒薄荷	1. 改善皮肤充血瘙痒 2. 止痛，消炎，抗菌，抗痉挛，消胀气，舒缓头部不适，促进消化，退烧	1. 在5 mL基础油中加入2滴胡椒薄荷精油涂抹太阳穴、颈椎处可以缓解头痛、提神醒脑 2. 在5 mL基础油中加入2滴胡椒薄荷精油、2滴姜精油、1滴甜罗勒精油涂抹在胃腹部，可以预防和缓解晕车不适 3. 在5 mL基础油中加入2滴胡椒薄荷精油、1滴天竺葵精油、1滴柠檬草精油涂抹在关节肌肉处可以缓解酸痛感	孕妇、婴幼儿禁用，有癫痫、心脏病者禁用
澳洲尤加利	1. 防腐、抗菌，用于皮肤感染、伤口、溃疡及蚊虫叮咬的恢复，促进皮肤伤口复原 2. 抗病毒、消胀气、解毒、利尿、祛痰、退烧	1. 用3~4滴进行室内扩香，可缓解鼻炎等呼吸系统不适感 2. 在5 mL基础油中加入2滴澳洲尤加利精油按摩胸口和后背，可缓解呼吸系统不适	无
罗马洋甘菊	1. 缓解各种皮肤炎症、敏感及湿疹 2. 止痛，消炎，消胀气，助消化，助眠	在5 mL基础油中加入1滴罗马洋甘菊精油，用于敏感皮肤日常护理	无
德国洋甘菊	1. 消炎，用于各种皮肤炎症、过敏、红肿、外伤、疹子等 2. 止痛，消炎，抗过敏，抗痉挛，消胀气，促进伤口愈合，助消化，退烧，通经 3. 缓解痛经、更年期不适等各种妇科问题	对于一些长期或反复发作的皮肤问题，可在5 mL基础油中加1滴德国洋甘菊精油，调和后涂抹	孕妇慎用

续表

精油	功效与作用	日常应用	禁忌
桉油醇迷迭香	1. 促进血液循环，抗衰老，改善各种皮肤炎症及代谢缓慢状况 2. 止痛，抗菌，抗忧郁，抗风湿，助消化，利尿，激励循环，提振精神，升压，缓解头部不适，滋补身体	1. 用于扩香可以帮助增强记忆力 2. 在 5 mL 基础油中加 1 滴桉油醇迷迭香精油、1 滴玫瑰天竺葵精油按摩，可以帮助补充体力，缓解疲劳感	孕妇、有高血压及癫痫者禁用
玫瑰天竺葵	1. 促进细胞再生，适合处理所有皮肤问题 2. 调节免疫系统，调节荷尔蒙，补益身体各系统	1. 在 5 mL 基础油中加 1 滴玫瑰天竺葵精油可平衡皮脂腺分泌，对于干性皮肤和油性皮肤都有很好的调节作用 2. 与柠檬精油、玫瑰精油等搭配，用基础油稀释后按摩全身，可以改善经前症候群和更年期问题 3. 与澳洲尤加利精油、柠檬草精油、薰衣草精油等混合可以调制驱蚊油或驱蚊喷雾	孕妇及婴幼儿慎用，有乳腺癌及卵巢癌者禁用
大马士革玫瑰	1. 有极佳的润肤和保湿效果，能改善皮肤炎症和衰老症状 2. 滋补身体，通经，利肝，抗忧郁，催情，排毒净化	1. 需要抗衰、美白、改善肤质的皮肤护理油都可以添加大马士革玫瑰精油；在 5 mL 基础油中加 1 滴大马士革玫瑰精油可以让皮肤细胞代谢活跃起来 2. 女性内分泌调理的常用油之一，闻嗅和稀释涂抹都适用	孕妇禁用

部分常用精油原材料如图 4-20 所示。

图 4-20　部分常用精油原材料

第三节 基础油和纯露

一、基础油

1. 基础油的概念

由于大多数纯精油都无法直接用于皮肤，所以通常把精油稀释后，通过涂抹或按摩等方式作用于皮肤。用于稀释精油的植物油脂就是基础油（base oil 或 carrier oil），也称基底油、媒介油，从植物的种子或果实中萃取所得。

芳香疗法中使用的葡萄籽油、甜杏仁油、荷荷巴油等基础油除

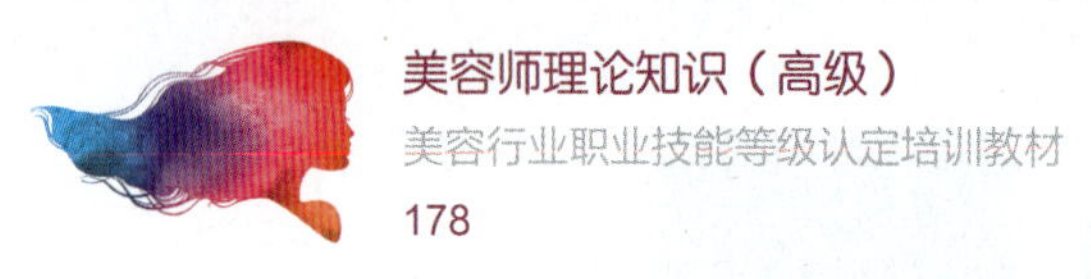

了由种子或果实压榨得来，还有少数是把植物浸泡在这些基础油里而获得的，如山金车浸泡油、圣约翰草浸泡油、金盏花浸泡油等。大部分基础油主要成分为脂肪、磷脂质和脂溶性维生素等，而荷荷巴油严格来说不是油，而是一种液态的蜡。

基础油的保存期通常只有 1 年左右，开封接触氧气后要在 3~6 个月内尽快用完。葡萄籽油等更易氧化的基础油如果在倾倒后未擦干净瓶口，可能在几天内就能在瓶口闻到异味，这就是瓶口残留的基础油氧化变质的结果，这也会污染后续从瓶口倒出的基础油。所以，在倾倒基础油后，一定要用消毒纸巾擦干净瓶口后再盖好盖子，以免污染基础油导致皮肤刺激。

2. 基础油与精油的区别

基础油与精油都是由植物萃取，都称之为“油”，但是它们的性质则完全不同。有些精油商品是添加基础油稀释后的精华油（复方调配油），美容师要懂得辨别，基础油与精油的区别见表 4–3。

表 4–3　基础油与精油的区别

基础油	脂肪油，会在纸上留下永久油印	润滑且不挥发	不溶于酒精	气味清淡或低沉，单一无层次感
精油	不含油脂的芳香分子，不会在纸上留下油印	不润滑，易挥发	可溶于酒精	气味比基础油强烈很多且自带层次感

3. 基础油的作用

（1）用于稀释、包裹纯精油并作用于皮肤，帮助精油进入人体。

（2）基础油在按摩时起到润滑作用，使得按摩的各种手法更加容易操作，手感更好。

（3）基础油和纯露非常容易被吸收，在处理皮肤问题时效果比精油更直接。

4. 常用基础油

（1）葡萄籽油（grapeseed oil）。葡萄籽中的维生素 E 可发挥抗氧化作用，广泛应用于护肤品。葡萄籽油的颜色从无色到淡绿都有可能，质地清透稀薄，渗透皮肤很快，没有任何油腻感。因为不会堵塞毛孔，特别适合年轻皮肤的顾客或天气炎热时使用。只是葡萄籽中油脂含量只有 5%~20%，一定要加热处理才能提炼，因此不如冷压法萃取的基础油滋润有营养。葡萄籽油极易氧化变质，通常会在护理用品上留下油臭味，可用柠檬酸浸泡改善。

（2）甜杏仁油（sweet almond oil）。初学者首先应学会辨别甜杏仁油和苦杏仁油。苦杏仁油有毒，甜杏仁油才是安全可使用的基础油。冷压的甜杏仁油有淡淡的坚果香气，颜色淡黄，是比较普及且很容易购买到的基础油之一。它的质地滋润细腻、略黏稠，适合任何年龄段、任何肤质的顾客使用，也可用于护理老化皮肤和硬化皮肤，还可用于脆弱的指甲养护。甜杏仁油与葡萄籽油以不同比例调配，可以为需要不同程度滋润的皮肤个性化的芳香美容护理。

（3）荷荷巴油（jojoba oil）。和其他基础油不同的是，荷荷巴油的主要成分是植物蜡，它没有太多营养成分但是抗氧化性很强，易保存、不易变质。

荷荷巴油保湿能力很强，还有消炎、软化皮肤、清洁毛孔等功效，被广泛运用于护肤品、护发品中。荷荷巴油与人体皮脂成分类似，适合任何肤质的顾客使用。荷荷巴油不易氧化，在复方调配油中加入适量荷荷巴油可以适当延长保质期。

相关链接

1. 芳香疗法中的基础油与一般植物油的区别

芳香疗法中的基础油一般是经冷压萃取得来的（在 30 ℃以下处理），含有丰富的无机盐、维生素、脂肪酸等。而一般植物油则是以高温萃取，如大豆油是以 200 ℃以上的高温萃取（高温会产生对人体有害的氧氰酸）。基础油非常容易被皮肤吸收，且有独特的滋养效果；超市食用植物油中的营养大多已被高温破坏，很难被皮肤吸收，没有美容作用。

2. 矿物油和动物油是否可以用来稀释精油?

石油提炼的矿物油或分子较大的绵羊油等动物油不适合用作基础油。因为它们不但不含营养成分，还因为渗透性差容易阻塞毛孔，造成粉刺与痤疮。如果将矿物油或动物油与精油混合进行护理，会阻碍皮肤对精油的吸收，使精油无法发挥疗效。

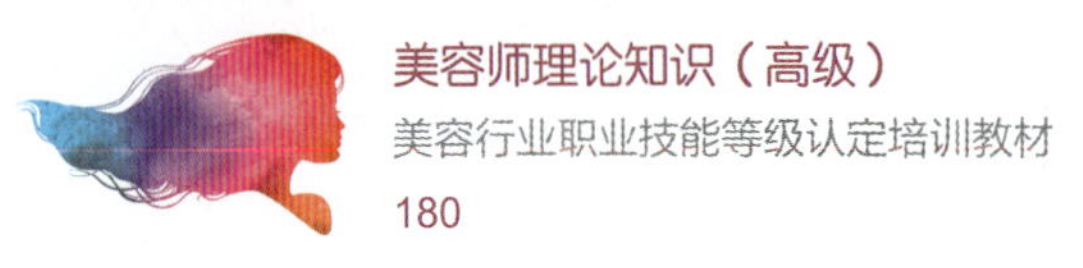

二、纯露

1. 纯露的概念

纯露的英文名称有 hydrolat、hydrosol、floral water 等，中文名称也有很多种，如“花水”“精露”。纯露通常是蒸馏法的副产品，蒸馏过程中，植物的芳香分子随着水蒸气一同流动，并冷凝为浓缩液，此时一部分水溶性强的芳香分子被留在水中，另一部分饱和后析出与水分离，成为精油，精油被分离出后的水溶液就是纯露。

纯露的 pH 值均为酸性。绝大多数纯露都是透明无色的，少数在蒸馏初期可见特殊颜色，如德国洋甘菊蒸馏初期的浓缩液呈现德国洋甘菊精油的蓝色，分离静置后恢复无色；还有少数纯露可能呈淡黄色，如迷迭香、茉莉等。

和精油一样，纯露不要放在阳光直射处，应尽量恒温保存；纯露在保存时不要接触其他杂质，以免造成污染；纯露中的有效成分会挥发，保存时需要盖好瓶盖；纯露在稀释使用时要即时使用，因为浓度降低会加速纯露变质。纯露生产示意图如图 4–11 所示。

2. 纯露与精油的区别

来自同一药用植物的纯露与精油，其效果与作用大体相同，区别如下。

（1）纯露为水性，与精油相比，纯露性质更温和安全，孕妇和婴幼儿都可以使用。在皮肤正常的情况下使用纯露不需要稀释，而过敏或受特殊损伤的皮肤，因为适应力下降，使用纯露时可适当以蒸馏水或纯净水稀释。

（2）纯露与精油的成分有很大区别，它们是两种不同性质的产品，不能用水添加精油的方式来替代纯露。

3. 纯露的使用

（1）纯露的成分可以与精油互补，两者可结合使用。

（2）可根据皮肤性质及需要选择不同功效的产品做爽肤水或做面膜湿敷。

（3）居家日常可用作护发水、剃须水、香体露，在泡澡、足浴、臀浴时可加入水中，也可用于空气增香和净化（扩香、喷洒）。

（4）若要口服纯露，必须保证纯露的品质和包装的无菌化，还须专业芳疗师根据个人体质状况提供建议，美容师不能推荐顾客口服纯露。

（5）纯露可单独以喷洒或用化妆棉湿敷在身体上的形式使用，也可配合精油、基础油共同使用，配合使用时纯露应用于精油、基础油之前。

4. 常用纯露

常用纯露的香气、功效和使用范围见表 4–4。

表 4–4　常用纯露的香气、功效和使用范围

纯露	香气	功效	使用范围
薰衣草纯露	清澈草木香带隐约甜香	帮助皮肤愈合、消炎、角质再生、平衡油脂分泌	1. 任何肤质均可使用 2. 改善油性皮肤（包括头皮）状况，缓解敏感、炎症、痤疮、湿疹等症状 3. 对外伤可起到消炎止痛、促进愈合的作用 4. 镇静、安抚情绪
罗马洋甘菊纯露	浓郁的草药香带苹果香	止痒、消肿、抗敏、促进皮肤愈合、消炎抗菌、镇静，是最安全的纯露之一	1. 用于敏感脆弱、有红血丝的皮肤 2. 对湿疹、晒伤、皮炎、男性剃须后的皮肤不适有很好的缓解作用 3. 舒缓眼部炎症和疲劳干涩状况 4. 缓解蚊虫叮咬、湿疹、瘙痒等各种皮肤问题
大马士革玫瑰纯露	芬芳甜美的花香带有一丝蜂蜜的酸甜	1. 补水、抗衰 2. 抗菌、抗病毒、抗真菌、抗感染、消炎、促进血液循环、帮助皮肤愈合	1. 任何肤质都可以使用 2. 是居家护肤、泡浴的常用纯露 3. 若使用后皮肤发红，应暂停使用或以蒸馏水稀释后使用

第四节 芳疗美容护理方法

一、芳疗护理注意事项

因为精油的种类繁多，且有高浓度、易吸收、会进入身体循环等特性，所以了解使用精油的安全注意事项非常重要，这可以帮助美容师在安全状况下进行芳香护理，以避免发生护理事故。主要注意事项如下。

1. 安全使用精油要点

（1）不使用不了解功效的精油及劣质的精油。

（2）不超出美容师执业范围指导顾客使用精油。

（3）严格遵守精油使用的安全浓度和剂量，稀释后方可用于顾客皮肤和身体护理。

（4）应根据顾客身心状态选择合适精油，并在首次进行芳香护理前做敏感测试。具体步骤为将为顾客选择的精油涂抹在顾客耳后、颈部或手肘内侧，涂抹面积为 1 元硬币大小，观察 4 h，根据皮肤是否有不良变化确定是否使用。

（5）敏感皮肤在过敏期间避免使用含有精油的护理产品，可使用适合皮肤状况的基础油或纯露。

（6）老人、婴幼儿、病人及孕妇可选择纯露和基础油进行保养，必须使用精油时，应慎重选择使用的精油品种，并使用低浓度精油产品进行皮肤护理。

（7）如精油不慎刺激黏膜（包括眼部），可用甜杏仁油、葡萄籽油等基础油进行冲洗。

（8）有光敏性的精油不能在日光照射时使用在顾客未遮盖的皮肤上。

（9）美容师调制精油时应与顾客保持距离，避免纯精油溅到顾客皮肤上造成刺激。

2. 芳香安全护理要点

（1）顾客在剧烈运动后、大量饮酒后、饱餐后 30 min 内不能做芳香护理。

（2）打疫苗后 36 h 内不得进行芳香护理。

（3）美容师在护理前禁止饮酒。

（4）美容师有任何疑虑应及时请教专业芳疗师。

二、面部芳疗美容护理

1. 芳香疗法在皮肤护理中的作用和功效

芳香精油在皮肤护理中可以起到促进血液及淋巴循环、抗菌消炎、抗敏感、修复瘢痕、改善皮肤细胞生长及皮脂分泌状况、增强表皮吸收能力、调节情绪、平衡内分泌等作用。

2. 美容院应用芳香疗法的主要方式

目前美容院对芳香疗法的应用主要有以下两种方式。

泉，当地的居民常在此聚集浸泡温泉，他们认为温泉浴可以治愈某些疾病。这种享受大自然资源，以治疗功效而闻名的温泉浴随后在欧洲流行，SPA 一词由此与水疗产生了必然联系。

（2）SPA 的发展历程。关于西方洗浴方式的最早描述来自古希腊的文献记载，希腊人的淋浴养生法奠定了 SPA 的美容文化发展的基石；罗马人使用热温泉来缓解风湿病和关节炎；16 世纪，法国国王亨利三世利用海水来治疗皮肤病；17 世纪，温泉疗养胜地成为欧洲上流社会的社交和娱乐活动中心；19 世纪末，英国和法国在沿海地区建立了第一批海洋治疗中心，随后，水疗这一概念开始在欧洲兴起。

20 世纪 40 年代，欧洲的水疗风吹到美国。60 年代，将欧洲 SPA 的历史文化和与美国现代新生文化元素合为一体的现代都市型 SPA 出现在美国，并迅速风靡世界，成为 SPA 的主流。90 年代，SPA 服务在我国各大都市出现，很多高级酒店纷纷设置 SPA 服务。

（3）现代 SPA 的理念和发展趋势。现代 SPA 倡导的是健康与美，是崇尚自然、环保和养生的理念。现代 SPA 已由一种奢侈的休闲享受转变为大多数人可享受的，涵盖美容美体、休闲减压、亲水娱乐等内容的大众化服务形式。

随着收入和生活品质不断提高，人们对 SPA 使人深层放松、舒缓精神、减轻压力等方面作用的认识也不断增强，对有预防和治疗疾病功效的 SPA 疗程的需求也不断增加，水疗的康复价值不断呈现。

如今，顾客对 SPA 配套的硬件设备、环境舒适度、服务质量、服务范围和护理疗效的要求越来越高。为了满足人们日益增长的需求，大型美容院、酒店内 SPA 服务的质量逐渐提高。

3. SPA 的功效

（1）舒缓压力。SPA 舒适雅静的环境和各项减压服务能把人与嘈杂的外界和忙碌的生活暂时隔离开来，令人的不良情绪得到释放和抚慰，心情恢复平和宁静，从而缓解头痛症状，舒缓压力，解除疲劳并改善睡眠，给人带来活力和健康。

（2）抗衰老。时常放松和减压可预防衰老。面部护理和身体护理能滋润皮肤、有效改善皮肤问题，使肌肤容光焕发，有助于预防和延缓皮肤的衰老迹象。

（3）缓解疼痛。水疗和按摩能有效减轻肌肉僵硬和疼痛。

（4）美体瘦身。SPA 服务中的各种理疗按摩、瘦身包敷、仪器瘦身等项目可起到局部暂时性瘦身的作用。

（5）增加幸福感。SPA“五感疗法”的呵护可使人感到身心畅快，能使顾客感受到无微不至的关怀，从而增加幸福感。

4. SPA 的特点和元素

（1）“五感”情境。SPA 的核心思想是利用水资源，结合水疗、光线、芳香精油、按摩、饮食、音乐等多种元素，来满足人体对“五感”体验的需求，为顾客提供一种全方位的放松及愉悦感受。构建“五感”情境包括以下元素。

视觉：自然或仿自然景观、人文环境、柔和的灯光 / 烛光。

嗅觉：精油熏香、天然花草芳香。

听觉：大自然森林鸟雨声、海浪声、冥想音乐。

味觉：花草饮料与健康饮食。

触觉：水疗、按摩呵护。

（2）水和天然护肤品。SPA 离不开身体与水的亲密接触，通过在水中加入无机盐、花草萃取物、海底泥、海盐、海藻、植物精油、牛奶、花瓣等天然护肤品可加强水疗效果，达到护肤、养生的作用。

（3）减压护理。SPA 的灵魂元素是减压，注重营造一个类似于大自然的温馨宁静的环境氛围，以此带给人精神上的放松和愉悦感，让人获得身、心、灵的平静和净化。SPA 借助五感疗法，并通过水疗和专业护理，能够为顾客的每一寸肌肤乃至心灵世界带来无微不至的呵护，消除疲劳、缓解压力。

（4）服务齐全。与一般美容院相比，SPA 场所的面积更大，提供的服务项目更加全面。除常规美容院提供的面部护理、身体护理、美甲等服务外，SPA 还为顾客提供了健康生活模式所需要的各种元素，如水疗、蒸汽桑拿、健身运动、健康咨询、营养膳食、精神安抚等。

5. SPA 的服务项目

SPA 的服务项目根据经营者的经营理念、服务设施的占地面积、当地的文化风情及传统项目等因素而设置，各类 SPA 有不同的主题诉求，总体包括健康和饮食计划、有氧运动、水疗、瑜伽、冥想、保健养生、面部护理、身体护理、纤体塑身、身体按摩、美发、美甲、脱毛、化妆等全方位的服务项目。

6. SPA 必备的条件和硬件设施

SPA 的硬件设施应具体根据 SPA 的规模大小、类型和条件等因素而选择性设置。度假村类大型 SPA 通常具有较全面的硬件设施，而都市中、小型 SPA 则因占地面积较小，硬件设施相对简单。

SPA 必备的条件：宁静舒适的环境和合理划分的更衣区域、洗浴区域、独立护理区域、美甲美发区域、运动区域、餐厅以及休息区域等。

硬件设施：自来水浴、桑拿浴 / 干蒸、土耳其浴 / 湿蒸、桶浴、热水按摩池、水疗器械、热水浴、冷水浴、冷热水交替浴等。

除此以外，SPA 场所还必须配备能够为顾客提供各种服务的专业人士。

7. SPA 搭配的饮食

与 SPA 搭配的饮料通常是以新鲜水果、坚果等作为主要原料，制成的清爽提神、清香美味的冷饮或花茶，常用原料包括黄瓜、姜片、柠檬、草莓、西瓜、橙、薄荷叶、茶叶等。高档 SPA 通常提供采用天然或有机原料和配料所制成的低盐、低糖、低卡、少油的健康食物。

8. SPA 的类型

以健康保健、美容美体、压力管理、享受娱乐等经营理念为主的各类 SPA，根据用途、产品类型、受众人群等可以划分为不同种类。国际 SPA 协会 ISPA 根据不同用途，将 SPA 划分为以下 7 种类型。

图 5-1　度假村 SPA 的海滩按摩小屋

（1）度假村 / 酒店型。这类 SPA 一般设于风景秀丽、气候宜人的海滨、温泉旁、湖边或其他风景区中（见图 5-1）。这类 SPA 的特点是远离尘世喧闹，可以利用优美的自然景色和当地的资源，与大自然融为一体，为顾客提供了一个可在其中进行疗养的，舒适安静的“世外桃源”。各类度假胜地依当地的自然环境和条件不同，所提供的服务也有所差别，总体来讲，一般会包括健身课程、健康教育、室内有氧运动、室外日光锻炼，冥想、瑜伽、温泉浴、海洋浴、SPA 服务、健康饮食等服务。

这类 SPA 的共同特点是占地面积大、设施齐全、服务项目全面，顾客可在此轻松享受一整天或几天的专业护理，包括水疗、面部护理、身体护理、减肥纤体、按摩、手足保养、艺术美甲、化妆造型、美发造型等。其服务宗旨是通过专业而综合的服务，为顾客带来最佳的康乐体验。

（2）矿温泉型。矿温泉 SPA 设置于自然的矿温泉旁边，是利用环境资源，集温暖、养生和治愈于一体的理想冬日度假地。有的大型矿温泉 SPA 可归类于度假村型。矿温泉水的自然热度及其富含的硫等无机盐可以缓解风湿症状、缓解压力、放松肌肉、滋养皮肤、对一些皮肤病有辅助治疗的作用，特别是硫黄温泉。长途旅行或疲惫运动后享受浸泡天然矿温泉、源于泉底的矿物泥浴和泉水淋浴，是一种绝佳的放松体验。

（3）目的地型。此类以提供健康养生服务作为竞争力的 SPA 一般由专业营养师和康复师为顾客提供服务，由酒店提供住宿，并安排有完整的行程规划以及身心重建功能的配套疗程。这类 SPA 通常设于风景优美的地方，通过提供包括 SPA 服务、室内外体育锻炼、健康教育、健康饮食和特殊兴趣在内的综合计划来指导顾客养成良好的健康习惯，实现生活方式的改变。

（4）都市 / 日间型。这类 SPA 被称作“城墙内的世外桃源”，面积比度假村型小，致力于将大自然的元素带到繁华都市中，精心营造一个接近大自然的舒适和宁静的环境，使生活在压力下的人们不离开城市就能处于大自然环境中，感受花草雨露的滋润。这类 SPA 分为都会型 SPA 和都市酒店型 SPA。

都会型 SPA 是一种都会日间保养场所，通常设置于购物中心及大型商业区，服务项目包括面部护理、水疗、身体护理、保健养生、美发、美甲、化妆等。

都市酒店型 SPA 能提供各项专业服务、健身服务和健康服务，结合星级酒店的设施及服务管理，能使住客在商务洽谈或休闲旅游行程中身心得到放松。

（5）俱乐部型。这类 SPA 一般为以会员制为主的大型健身俱乐部，提供各种日常专业美容美体服务和理疗服务。非会员也可以享受 SPA 服务。

（6）医疗型。这类 SPA 是属于传统 SPA 和医疗健康护理服务的结合体，设有专业医疗设备、独立养护住房，并有医生、护理人员和高级美容师为顾客提供服务。医疗 SPA 致力于将 SPA 宁静舒适的环境和医学美容相融合，在舒适轻松的环境中提供医疗级别的，能够改善顾客身心健康的医疗美容服务。服务项目包括注射肉毒毒素和填充物、激光美容、激光脱毛、痤疮治疗、医疗级换肤、橘皮组织治疗、塑形瘦脸、整形手术甚至牙科美容。

（7）邮轮型。这类 SPA 设于邮轮上，规模较小，为游客提供面部护理、身体护理、减压疗程和美甲等比较基本的服务。

二、SPA 的基本流程及特色项目

SPA 的流程应根据顾客的喜好、需求和许可时间，SPA 设备的繁忙程度及其他因素来做灵活相应的安排，制定出个性化的流程和护理程序。一般其完整的程序依次为：清洁淋浴、桑拿 / 蒸气浴、热水按摩浴、身体护理（去角质、裹敷、瘦身纤体）、水疗（如维其浴、花瓣池）、按摩、面部护理、美甲（足浴）、美发、化妆。

SPA 的设备包括淋浴、桑拿、蒸汽、水疗按摩池、热 / 冷水池等。世界各地还有各种具有当地特色的身体护理项目，如印度阿育吠陀疗法、传统泰式按摩、泰式草药球按摩、夏威夷 Lomi Lomi、四手按摩、热石按摩、瑞典式按摩、日式 Shiatsu、中国传统推拿按摩等。

1. SPA 的基本流程

（1）清洁淋浴。SPA 的流程从清洁淋浴开始。在进行桑拿浴、蒸汽浴或水疗之前需要清洗掉皮肤和头发上的污垢、油脂、化妆品，以保持公共设施的清洁卫生，并为后续的身体护理做好准备。淋浴设施通常设有水力按摩系统，利用多个不同角度的喷头起到清洗和按摩放松的作用。

（2）桑拿 / 蒸气浴。桑拿的起源说法不一，比较一致的说法是古典桑拿起源于古罗马时期，分为干蒸和湿蒸。现代人普遍将桑拿称为干蒸，蒸汽浴称为湿蒸。

1）桑拿。桑拿又称干桑拿浴、干蒸，由于起源于芬兰，又称芬兰浴。芬兰语 Sauna 的原意是指“无窗户的小木屋”。现代桑拿指在封闭的木屋内通过桑拿炉的发热装置加热炉上的岩石块而产生热量，形成一个高温干燥的环境，对人体进行热疗的过程。桑拿房（见图 5-2）中温度为 65~90 ℃，一般在 75 ℃左右，相对湿度为 10%~20%，设有供坐卧的木制台阶形长台、木枕、水桶等设备，使用时可将水倒在加热的岩石块上产生蒸汽，提高热量。蒸完一次桑拿后可短暂洗冷水澡或泡冷水池，利用冷热刺激使血管反复扩张和收缩，增强血管弹性，预防血管硬化。

图 5-2　桑拿房

桑拿可以激活神经系统，改善血液循环和心脏功能，有利于心血管健康，还能激活汗腺并排除代谢废物，缓解腰酸背痛和关节炎症状，改善神经衰弱、焦虑、睡眠问题，加速新陈代谢，增强免疫系统，缓解压力和放松身心等。桑拿特别适合血液循环不良、怕冷和想出汗的人。

2）蒸汽浴。蒸汽浴又称湿桑拿浴、湿蒸，由于起源于土耳其，又称土耳其浴。蒸汽浴是通过由装满沸水的发生器加热而产生蒸汽，形成湿度接近 100%、温度 41~50 ℃的高湿度热环境，来对人体进行理疗的过程。蒸气浴通常与芳香疗法配合，如将清新的桉树精油、有镇定作用的薰衣草精油喷洒到浴室内或添加到蒸汽喷头的精油置放处，使蒸汽房充满植物芳香味，以增强放松身心的效果。

由于干蒸的温度比湿蒸高，而湿度很低，皮肤上的汗液会蒸发，有助于皮肤自然冷却，因此，身体可以承受较高的温度。而湿蒸的温度虽比干蒸低，但湿度非常高，水会凝结在皮肤上而影响汗液的蒸发，使身体的温度无法自然下降，因此，身体无法承受很高的温度。目前尚不清楚湿蒸是否会引发与干蒸相同的生理效应，但研究证明，湿蒸能促进血液循环和改善心血管健康，可促进身体释放一定的激素而帮助降低血压。另外，湿蒸可帮助缓解鼻塞。

3）红外线桑拿。近年来，红外线桑拿越来越受欢迎。红外线桑拿房（见图 5-3）内气氛柔和温馨，温度 45~60 ℃，设有近、中、远不同波长的红外线发射器。红外线可穿透表层身体组织而直接加热深层组织，且不同的波长能带来不同的保健效果。另外，也可以与光疗法配合使用。科学证明，LED 近红外线能深入人体组织，

图 5-3　红外线桑拿房

具有促进血液循环、促进组织生长和细胞的新陈代谢、加快伤口愈合、延缓衰老、舒缓肌肉的疲劳和紧张、放松身心、缓解疼痛等作用。

（3）热水按摩浴。进行按摩浴的水池中水温 40~42 ℃，池壁座位和池底设有多个水力按摩喷头，用于浸泡和水疗按摩。温度、浮力和按摩可以缓解纤维肌痛、肩颈痛、腰酸背痛和关节炎疼痛，同时起到放松减压的作用。

2. SPA 的特色项目

（1）全身磨砂。全身磨砂是身体护理的第一步，其目的是去除角质和污垢，加速细胞的新陈代谢，使皮肤变得光泽滑润，有助于护肤品的吸收，增强身体护理的疗效。

（2）印尼 Beng Kong wrap 草木身体裹敷。该项目是由印尼古老的局部产后瘦身法演变成的现代纤体瘦身护理方法。美容师使用长布带将抹上植物原料的腰背和臀部紧紧地绷扎包裹起来，可帮助去风、紧肤、排毒、刺激淋巴系统、加速产后身材恢复。植物原料包括菩提树叶、珊瑚粉、蒟酱等。

（3）"第三眼"疗法（Shirodhara treatment）。该项目是印度阿育吠陀医学体系中的一种经典疗法。"第三眼"疗法是用加热的药油稳定、缓慢、连续不断地滴在额头"第三眼"位置上，使人的意识和大脑处于镇静放松的状态，从而实现动态的身心平衡。此过程有助于减轻压力，恢复平静和促进健康，如图 5–4 所示。

图 5–4　印度"第三眼"疗法

（4）四手按摩。据说此法源于夏威夷，有多种风格，通常由两位体重和身高相似的美容师，使用瑞典式按摩手法，以经过编排的同步动作在身体的对称部位进行同等力度的操作。两位美容师中，一位是带领者，另一位则是镜像对称者，跟随其后进行操作。操作时，两位美容师可以动作镜像同步，节奏、力度和呼吸一致地进行按摩，也可以一位按摩头部，另一位按摩脚部。四手按摩能在同一时间内带给顾客双份的呵护和放松，使顾客分不清谁在做什么，体验特别的按摩乐趣，如图 5–5 所示。

图 5–5　四手按摩

图 5-6　足浴

（5）足浴。足浴已有千余年历史，用热水泡脚是自古以来的健康养生方法之一。现代 SPA 中足浴已演变成集美肤、减压放松和防病治病于一体的疗养方法（见图 5-6）。足浴结合温水浸泡、去角质、足部按摩和足膜，能达到改善局部血液循环、刺激神经末梢、消除疲劳、改善睡眠、驱除寒冷、缓解足部肌肉疼痛、滋润皮肤等养生保健效果。足浴原料包括中药、海盐、薄荷叶、花瓣、柠檬片、薄荷精油、柠檬香脂精油、桉树油精油、椰子油等。

三、水疗简介

1. 水疗的概念

水疗是借助于不同温度、压力的水，以各种形式作用于人体各大系统，以达到改善身体状况、对疾病起到预防和辅助治疗作用的一种自然物理疗法。现代水疗常在淡水浴缸中加入无机盐、花草萃取物、海底泥、海盐、海藻、植物精油、牛奶、花瓣等，以浸泡、皮肤吸收和呼吸道吸入的形式来增强水疗放松身心、养护肌肤的作用。

2. 水疗的作用

由于水的物理特性，使得不同水温、水压的刺激以及不同的持续作用时间会对身体的各个系统产生不同程度的影响。水疗的主要作用如下。

（1）舒缓身心，改善亚健康。水流的冲击和热量能促进身体产生内啡肽，刺激人体各大系统，有助于缓解焦虑和忧郁。水温和水压对末梢神经的刺激可改善神经系统调节功能，起到镇静、催眠、发汗、缓解疲劳、改善睡眠、舒缓精神的作用。

（2）缓解肌肉紧张和疼痛。热水对神经末梢的刺激和高水压对肌肉的冲击按摩可缓解运动后肌肉和韧带的紧张疲劳，减轻纤维肌痛、缓解痉挛和神经痛，有助于运动损伤和肌肉疲劳的恢复。水疗能促进身体产生内啡肽，这种天然止痛药能缓解肌肉和神经疼痛。水的浮力可减轻四肢的压力，也有助于减轻疼痛感。

（3）促进血液 / 淋巴循环。水疗能促进血液循环、淋巴循环和新陈代谢，有助于加快受伤组织的愈合、促进肌肉和关节的康复、提高免疫能力和增强体质。

（4）美体瘦身。在水中运动时，水的阻力使人体消耗的热量增加，能起到良好的减肥效果，并能有效锻炼腰腹和腿部的肌肉，有助于起到美体瘦身的效果。

（5）预防和治疗疾病。水温和水压共同作用可增强心肺功能，预防心血管病变和其他疾病。在医学上可用于治疗关节炎、类风湿关节炎和其他慢性疾病，缓解各种不适。

3. 水疗的适用范围

水疗的适用范围非常广泛，除患特定疾病者外，人人都可以享受。

（1）缓解运动损伤、肌肉拉伤、肌肉痉挛、韧带扭伤、软组织疼痛、腰酸背痛。

（2）缓解关节炎、肢体麻木、痛风、神经痛、运动后肌肉酸胀。

（3）帮助烧伤、肌力不足者，及进行过下肢骨折手术者康复。

（4）压力大、失眠、忧郁、焦虑、亚健康者。

（5）爱美人士、注重身心健康者、爱好享受者。

4. 水疗的种类

水疗依水源、水质、水温和水力按摩设备等不同可以分为多个种类。如，根据水源、水质不同，水疗可以分为矿温泉浴、海水浴、硫黄温泉浴、自来水浴；自来水浴又可以根据水温、洗浴方式和水疗设施的不同分为热水按摩浴、热水浴、温水浴、冷水浴、热冷水交替浴等；根据水中添加成分的不同，可以分为牛奶浴、花瓣浴、香薰浴、盐浴、中药浴等；根据水力按摩设备的不同，可以分为水下按摩疗法、维其浴、喷射水柱疗法、悬浮疗法等多种形式的现代水疗方法；根据洗浴方式的不同，可以划分为浸泡浴、冲洗浴、冷热交替浴、悬浮浴，以下主要介绍四种水疗洗浴方式。

（1）浸泡浴。浸泡浴种类繁多，如可多人同时进行的矿温泉浴、淡水按摩浴、温水浴、热水浴、冷水浴和单人进行的花瓣浴、牛奶浴、海盐浴、香薰浴等。各种浸泡浴池或浴缸中通常设有不同的水力按摩设备，以在顾客浸泡的同时，为其提供全身水疗按摩治疗。浸泡浴根据不同的喷头设置主要分为以下几种。

1）河水浴（见图 5–7）。河水浴即通过多个水力按摩喷头在池壁座位处喷出河水式冲击水流柱，产生强大的冲击力以起到按摩的作用，可放松肩颈、腰背等部位肌肉，安抚神经，舒缓压力，预防和辅助治疗一些疾病。

图 5–7　河水浴

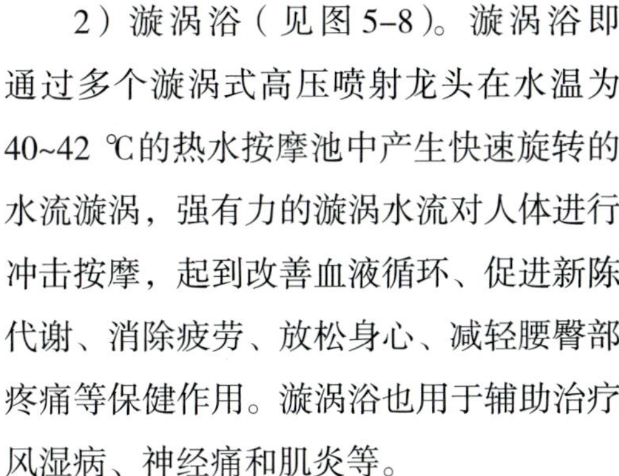

2）漩涡浴（见图 5–8）。漩涡浴即通过多个漩涡式高压喷射龙头在水温为 40~42 ℃的热水按摩池中产生快速旋转的水流漩涡，强有力的漩涡水流对人体进行冲击按摩，起到改善血液循环、促进新陈代谢、消除疲劳、放松身心、减轻腰臀部疼痛等保健作用。漩涡浴也用于辅助治疗风湿病、神经痛和肌炎等。

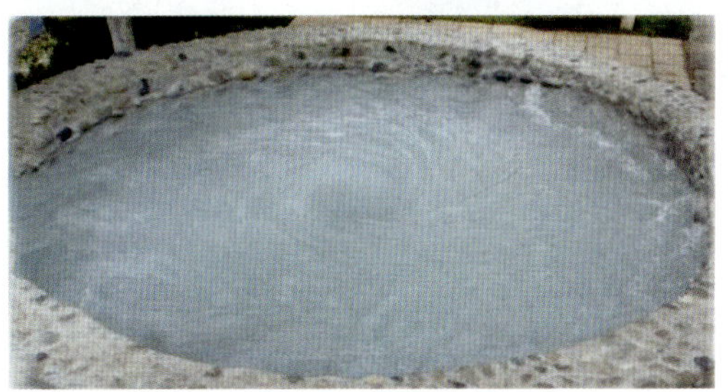

图 5–8　漩涡浴

3）气泡浴（见图 5–9）。气泡浴即通过设置在浴缸底和四壁的气泵吹动水而产生气泡，气泡破裂时对体表产生机械刺激从而起到按摩作用，无数的气泡可使人体随波自然浮动，能够舒缓压力，使顾客沉浸在彻底放松的状态中。

图 5–9　气泡浴

4）水下按摩（见图 5–10）。水下按摩在专用浴池中进行，浴池设有水下按摩软管、几十个河水柱和气泡喷头等装置。进行水下按摩时，顾客半卧于温热水中，头颈露于水面，双手握住扶手。美容师手握高压软管并将喷头埋于水中，用手控制水柱的方向，利用强力的水柱对人体各部位进行水下按摩。高压水柱能起到深层组织按摩的作用，有助于缓解关节炎疼痛和纤维肌痛等慢性疼痛，常用于运动员的训

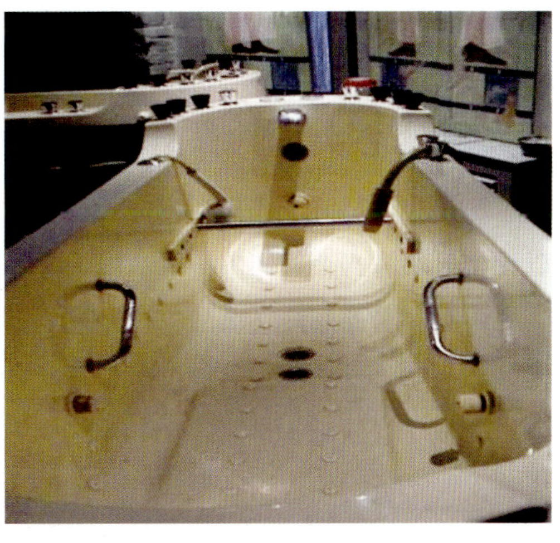

图 5–10　水下按摩

练和康复。美容师手动按摩完毕后，打开水疗控制系统，让无数气泡和水柱对顾客全身各个方位进行水疗按摩。同时，水中可以添加海盐、海藻、精油等，使顾客身心得到更深层的放松。

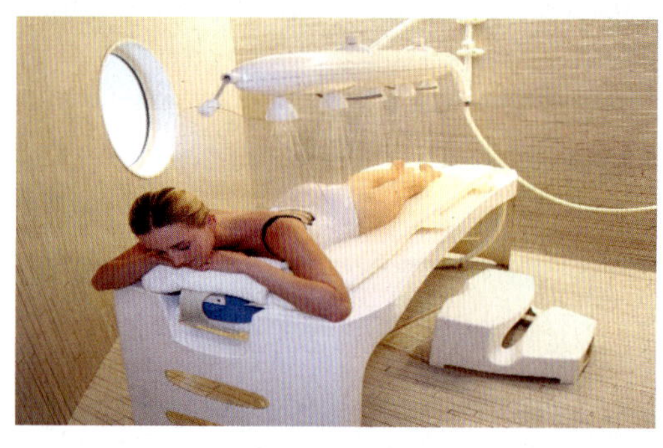
图 5–11 维其浴

（2）冲洗浴。冲洗浴利用水柱倾泻而下的冲击力，对身体各部位进行冲击按摩。冲洗浴既可单独进行，也可用于身体去角质和包敷后的冲洗。其种类包括水柱冲击浴、细密喷雾淋浴、维其浴（见图 5–11）、高压冲射淋浴、脉冲喷头淋浴等，其中，源于法国的维其浴是水疗中最经典和最常用的一种。它通过多股高压细密水柱冲击躯体，能起到促进血液循环、刺激神经末梢、松弛紧张神经、减轻肌肉酸痛、消除身体疲劳、改善睡眠质量、激发人体活力的作用。

（3）冷热交替浴。人体对温热与寒冷刺激所产生的反应完全不同，冷热交替疗法是指通过交替使用冷热浴池（或桑拿时短暂使用冷水浴或冷水淋浴），利用冷热交替的反复刺激使血管在短时间内反复扩张收缩，起到改善血液循环、锻炼心血管功能、提高心肌能力、促进心血管健康、刺激身心、增强身体机能、缓解压力和疲倦的目的。冷水浴每次短暂洗 3~5 min，应先热后冷，逐渐增加冷水刺激强度。冷热交替浴不适合所有的人。

1）热水浴。热水浴水温为 38~42 ℃，因为人体对热刺激的反应较缓慢和温和，所以热水具有镇静舒缓的作用。热水浴可使体表血管和毛孔扩张、汗腺通畅，并可放松肌肉和神经、安静身心、提高睡眠质量。医学上，热水浴可用于治疗肌肉疼痛、关节炎、类风湿关节炎和其他一些慢性疾病。浸泡时间以 15~30 min 为宜，不宜过长。

2）冷水浴。冷水浴水温为 4~20 ℃，因为人体对寒冷刺激的反应迅速和激烈，所以冷水有刺激兴奋的作用。冷水浴可使体表血管收缩，大量血液被推入内脏血管，使流向内脏血管的血流量增加，稍后进行热水浴时，表浅血管再次舒张，大量血液又流向体表皮肤。这样一张一缩的过程被称为“血管操”，有促进血液循环、增强血管弹性、预防血管硬化的作用。冷水的反复刺激能增强呼吸器官功能，治疗慢性阻塞性肺病和支气管炎。冷水浴有助于恢复运动后神经和肌肉的疲劳，提神、使身心兴奋，还可以收缩毛孔。

3）温水浴。温水浴水温为 30~35 ℃，因水温与人体皮肤温度相近，浸泡时基本上感觉不到温度对皮肤的刺激，体温也不会改变，有良好的镇静和催眠作用，适合不希望受到太高水温刺激者、心肺功能不良者、心烦意乱者、烫伤患者、儿童和老年人。

（4）悬浮浴。悬浮浴（见图 5–12）是指在悬浮池或太空漂浮舱里灌满温度接近皮肤的超饱和盐溶液，营造一个模拟死海的环境。高浓度盐溶液产生的浮力能抵消人体重力，使躯体在无重力状态下悬浮于水面上。这种失重的感觉配合太空漂浮舱与世隔绝的宁静、放松和舒适环境，轻柔的音乐和柔和的灯光，能使人全身得到放松。悬浮浴是放松身心的自然疗法之一，具有改善睡眠、缓解压力和疲劳、辅助心理治疗、减轻腰背酸痛等功效。悬浮浴每次进行 50~60 min。

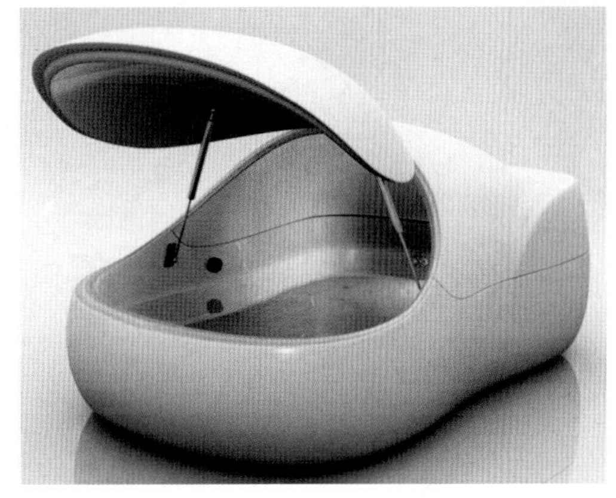

图 5–12　悬浮浴

5. 水疗的应用原理

（1）温度传导。水的导热性能好，能迅速调节体温，其传导效应比空气强。当水疗时的水温高于体温时，体温会迅速上升，反之则迅速下降。水温刺激有助于促进血液循环，加速受损组织的愈合，减轻关节肿胀、疼痛，松弛肌肉。

（2）静水压力。浸浴时，胸、腹部会受到静水压力而产生压迫感，需要用力呼吸来调节，从而加强肺通气功能、改善心脏功能，静水压力还会促进淋巴和血液循环，有助于减轻关节肿胀、疼痛，松弛肌肉。

（3）水流冲击力。各种水流均可产生较强的机械刺激作用，并能起到按摩作用。河水式的水流冲击可给人亲抚的感觉，柱状的强力水流冲击可给人按摩的感觉，细小密集的针状水流冲击可给人针刺般的刺激感。

（4）浮力。水的浮力可以使人体处于减重的状态，能减少关节、骨骼和肌肉承受的重量和压力，有助于缓解疼痛，促进下肢及脊柱的术后康复。浮力使人在水中活动较为省力，运动时对关节的影响明显小于陆地，适合跌倒风险高或有关节痛的人。

（5）阻力。水的阻力比空气阻力大得多，所以在水中运动所消耗的热量比同样速度在陆地上运动大得多，在水中运动可增加运动强度，帮助燃脂减重。研究证明，肥

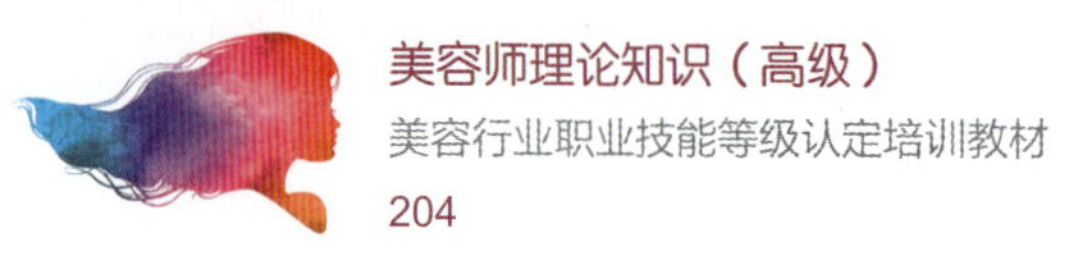

胖者在水中慢跑六周，能有效减少腰臀部尺度和体内脂肪含量，紧致腰部、臀部、腹部、腿部的肌肉，使瘦身减肥更加快速和有效。

6. 水疗的操作程序

图 5–13　玫瑰花瓣牛奶浴

以下以玫瑰花瓣牛奶浴（见图 5–13）为例，介绍水疗的操作流程。

（1）准备工作。无论任何形式的水疗，美容师都应预先根据 SPA 场所的水疗设施，为顾客做好水疗准备工作。

1）顾客准备。填写顾客健康咨询表，了解疗程的内容、程序、预期效果、注意事项。入浴前应取下手表、首饰，淋浴并上洗手间。

2）美容师准备。操作前应认真阅读顾客的健康咨询表或档案，了解顾客的健康情况和禁忌证，确保顾客水疗的安全性。穿上防水围裙或防护衣，消毒双手。

3）用品准备。准备植物精油、新鲜玫瑰花瓣、鲜奶或奶粉、浴帽、浴巾、颈枕、防滑垫、拖鞋、紧急报警按铃、耳塞、冷湿小毛巾、梳子、润肤霜、沐浴露、洗发水、护发素、洗面奶、香薰灯、香薰蜡烛、SPA 饮料等。

4）浴池准备。在消毒过的浴缸内注入温度适宜的清水，确认水位盖过所有的喷头，水温为 35~42 ℃。向水中加入 2~3 L 鲜奶（或温水泡开奶粉而成的复原乳）和新鲜花瓣，之后打开喷头开关，将牛奶和水混合均匀。将叠好的浴巾、浸湿的小毛巾、SPA 饮料和紧急报警按铃整齐地放在浴缸旁顾客随手可及之处，以便顾客随时取用，并在浴缸边铺上防滑垫。

5）房间准备。确保房间温暖、通风、灯光柔和，并播放轻柔的音乐，准备好香薰灯和蜡烛（最好采用充电式香薰灯，以防火灾），营造一个舒适、安静和芳香的水疗环境。

（2）操作过程

1）水疗前告知顾客浴池的使用方法和报警装置的使用方法，以及浸泡时不能自行放热水、排水和改变水温等注意事项。并提醒顾客在进入浴池前上洗手间。

2）让顾客试温，脱衣、鞋入浴，为顾客带上耳塞，告知顾客头颈部应露出水面、静卧于浴缸中、双手握住扶手，在颈后垫上枕巾。应询问顾客是否需要协助入浴，顾客换衣入浴时美容师应暂时离开水疗室，以免直视顾客。

3）美容师在门外等待 1~2 min 以后，敲门并经许可后进入。确保顾客感到舒适、安全，水温合适。建议顾客浸浴时用冷毛巾冷敷额部，以防过热。告知顾客尽量放松享受，自己将在门外等候，如感到恶心、头晕等任何不适应立即按报警按铃。

4）在整个疗程中，美容师应每 5 min 左右进门查看一次，应注意观察顾客情况，特别是体弱、年老和需要特殊照顾的顾客，确保顾客在浸浴中保持舒适和安全，防止淹溺或出现不良反应。

（3）结束工作

1）水疗结束时，如顾客需要协助出浴，美容师可用浴巾帮助顾客包紧身体，让顾客手扶浴缸边出浴。告知顾客之后应淋浴、擦干身体后涂抹上润肤霜并换上浴袍，带客人到休息处休息并递上一杯饮料，让客人在离开之前休息一会。

2）记录顾客的疗程细节，并为顾客提供家居保养的建议。

3）清除花瓣，将水排空，刷洗、消毒浴缸后擦干。

4）清洁、消毒和整理所有用品，将用过的毛巾、浴袍和拖鞋分别放在指定位置。

5）确保整个水疗室的地面干燥、清洁。

进行花瓣牛奶浴可根据顾客的喜好添加植物精油、喜马拉雅山粉红盐（被称为“生命之盐”，含有多种细胞生存所必需的无机盐，具有清洁和促进伤口愈合的作用）、蜂蜜（能滋养、软化皮肤并改善皮肤干裂）等原料，以加强疗效。

四、SPA 的禁忌和注意事项

1. 禁忌

（1）干蒸、湿蒸的禁忌

1）患心血管疾病、心脏病、高血压、糖尿病者及免疫力低下者做桑拿前应咨询医生，病情严重者不建议做桑拿。经医生许可的患者要注意控制桑拿时间，并应避免做高温桑拿。

2）饥饿或过饱、酒后、孕妇、发烧、发热、身体不适者不宜做桑拿，脱毛后24~48 h 内不宜做桑拿。

（2）水疗的禁忌

1）患传染性皮肤病者、患性病者、皮肤破损发炎者、处在妊娠期或月经期者、眼睛或耳部发炎者、大小便失禁者不适合进行水疗。

2）有呕吐、身体不适、饥饿或过饱、畏水、尿道炎、肾衰、过度疲劳、酒后等情况者不适合进行水疗。

3）患严重动脉硬化、静脉血栓、心脏病、高低血压、呼吸系统疾病、循环系统疾病、恶性肿瘤、癫痫、传染病及 6 周内接受过放射治疗者，在进行水疗前应咨询医生。

4）不是人人都适合进行冷水浴和冷热交替浴，特别是患严重高血压、心脏病、关节疼痛、风湿病、肺结核等疾病者，不适合冷水浴。

2. 注意事项

在干蒸、湿蒸及水疗区域，必须在明显处贴有顾客安全使用说明。顾客进入桑拿房和水疗池前需要淋浴，并且，在水疗区域不能刮毛、梳头、搓澡、修脚等，离开时需带走用过的毛巾和物品，以保持公共场所的清洁和卫生。水疗区域是放松身心的地方，讲话的声音应尽量低。使用这些设备的时间不宜过长，使用时不能入睡，建议用冰冷的小毛巾冷敷额头，以防过热。注意多喝水，以防脱水。

（1）干蒸、湿蒸的注意事项

1）干蒸

①由于封闭式的干蒸房空气不流通且温度高，可能导致大量流汗、流失电解质，从而导致脱水、头晕、心力衰竭，因此，进行干蒸时每次不宜超过 15 min。建议儿童满 3 岁才能进行干蒸，并且必须由家长看护，最好使用低温干蒸，使用时间不宜超过 10 min。有健康问题的人应减少干蒸时间或进行低温干蒸。

②进行干蒸会暂时升高阴囊的温度，从而暂时减少男士精子数量，准备做父亲的男士应少进行干蒸。

③金属物品受热容易烫伤皮肤，干蒸前建议取掉金属类饰品。

2）湿蒸。蒸汽室的温度不足以杀死某些类型的细菌，温暖潮湿的环境甚至可能使细菌更快繁殖造成污染。建议 13 岁以下的儿童和孕妇不进行湿蒸，身体健康的人每次不超过 15 min。

3）干蒸和湿蒸的共同注意事项

①每蒸 10~15 min 应走出蒸房用冷水冲洗或浸泡冷水，不适应冷疗的人应休息几分钟，让体温逐渐恢复正常，以免头晕。整个疗程时间不宜超过 30 min。

②应穿拖鞋、游泳衣或身体用毛巾裹住后坐在毛巾上。

③无论是干蒸、湿蒸或水疗，冷热交替疗法并不适合所有的人，特别是冠心病和心血管疾病患者，热疗后迅速降温对这些人来说具有危险性。

④干蒸、湿蒸室每天必须按照有关规定进行清洁和消毒，消毒后关掉设备，将门打开通风。

（2）水疗的注意事项

1）美容师必须经过厂家的培训之后才可以使用水疗仪器。

2）水疗室应保持通风良好，地面干燥，以防滑倒。

3）浴袍、浴巾、毛巾、拖鞋、地垫必须专人专用。

4）进行水疗会消耗体力，每次应在 15~30 min。顾客在治疗过程中出现头晕、多汗、恶心、心慌等不良反应时，美容师应立即搀扶顾客出浴，擦干身体并带到通风处休息，并注意保温和饮水。同时应立即通知值班经理，对症采取相应的急救措施，严重时应打急救电话。

5）桑拿和水疗区域潮湿温暖的环境容易受到细菌的污染。水疗仪器和浴缸在每次使用后，必须按照厂家的使用说明严格进行清洁和消毒。公用的浸泡池必须按照健康卫生机构的规定，由专业负责人员定期进行换水、过滤、清洁、消毒，并测试水温和水的酸碱值，以防细菌的滋生。应定期对所有水疗设备进行细菌学检测，发现污染时应及时做严格的消毒处理，确保达到当地卫生机构的标准。

第二节 SPA 服务项目

一、身体皮肤护理

在现实生活中，许多人长期注重面部皮肤的保养，却疏忽对颈部以下身体皮肤的呵护，面部皮肤光泽滋润，身体皮肤却粗糙灰暗的情况非常普遍。殊不知，受皮脂腺分泌的影响，小腿、大腿内侧、手臂、臀部皮肤很容易干燥，背部皮肤则容易产生粉刺痤疮；手肘、膝盖等部位的皮肤受到衣服频繁摩擦会变得粗糙发硬；女性腹部、腰部、大腿随着体重的增减特别容易出现妊娠纹等皮肤问题，而这些问题都可以通过专业的身体护理和正确的日常保养得到改善。由此可见，身体皮肤的护理也应该得到足够的重视。美容师引导顾客建立保养意识、养成保养习惯并长期坚持下去，顾客才能拥有健康、光泽而年轻的皮肤。

SPA 服务项目中的身体皮肤护理的程序和方法与面部基础保养相同，都是按照清洁、去角质、敷膜、润肤四个基本护理程序进行护理。除了日常的清洁、去角质、润肤和防晒基础保养之外，定期进行专业身体皮肤护理能去除皮肤上堆积的污垢及死皮、润滑皮肤、改善肤质，预防和减少皮肤问题的发生。

1. 身体清洁

（1）身体清洁的概念。身体清洁是指通过使用香皂、沐浴乳、淋浴刷、洗澡海绵、搓澡巾等各种清洁用品用具，借助淋浴、泡浴或两者结合的方式，将身体皮肤上的汗液、灰尘、护肤品、死皮、污垢等清洗干净，起到促进皮肤新陈代谢及保养皮肤的作用。身体清洁包含日常清洁和定期深层清洁。

（2）身体清洁的作用。清洁是身体皮肤护理的第一步。每天及时清除身体皮肤表面和毛孔中的灰尘、污垢、汗液、多余油脂，能保持皮肤清爽、洁净、润滑和健康，促进皮肤新陈代谢和角质老化细胞的脱落，去除身体异味，防止细菌感染和毛孔堵塞，强化皮肤的呼吸功能。同时，淋浴、沐浴有助于放松身心、缓解疲劳，“洗去”一天的压力和烦恼。

（3）产品选择及护肤方法。身体皮肤护理与面部皮肤护理一样，想要达到理想的护理效果，就应根据皮肤类型、季节变化来选择合适的产品。身体皮肤类型的特点、洗护产品的成分、配方、作用、护理方法等与面部皮肤护理相似或相同的内容不在此重复。

1）干性皮肤

①清洁品。日常清洁应选用不刺激皮肤、性质温和的沐浴露或婴儿沐浴露，避免使用碱性香皂。如果皮肤较干燥，可不用沐浴露，仅用温水洗澡。每周可以 1～3 次根据皮肤状况使用搓澡巾等清洁用品清洁皮肤，使用时力度要轻柔。

②护肤品。浴后应立即全身涂抹足量含有神经酰胺、玻尿酸、维生素 E、甘油、核桃油、玫瑰果油或椰子油、绿茶或石榴提取物等成分，具有舒缓、抗氧化、抗干燥作用，滋润度高的身体乳或润体油，最好早晚各涂抹一次。

2）油性皮肤

①清洁品。日常清洁可选择温和、有抗粉刺作用或弱碱性等适合油性皮肤的沐浴露、精油皂，使用热水洗澡更容易溶解油脂。可根据皮肤油脂堆积状况使用搓澡巾等清洁用品，重点清洁容易长粉刺痤疮的胸前和背部，保持皮肤清洁和毛孔通畅。

②护肤品。浴后应立即涂抹含乙醇酸、乳酸、尿素、薄荷、芦荟、柠檬等无油保湿成分的清爽型身体乳，避免选用含油性成分和含凡士林和羊毛脂等容易堵塞毛孔成分的乳液。

3）中性皮肤

①清洁品。日常清洁时产品可选择的范围较广，可选用温和的沐浴露，沐浴时水温适中。每周可使用几次搓澡巾等清洁用品来清洁皮肤。

②护肤品。浴后立即使用温和、保湿的润肤乳涂抹全身。夏天使用较清爽的身体乳，冬天使用滋润度较高的身体乳。

（4）身体清洁及注意事项

1）饭前饭后 30 min 内不宜洗澡或泡浴。空腹时血糖偏低，会使毛细血管收缩，此时洗热水澡会使毛细血管扩张，并消耗体力，容易导致低血糖而感到疲倦和眩晕。饱腹时血液会集中在肠胃处，而洗热水澡会使肠胃及其他器官的血液集聚到身体的表层，从而造成肠胃血液供应减少，导致消化器官功能降低，容易消化不良。饭后 1 h 左右洗澡较合适。

2）运动后不宜立即洗澡。运动后洗澡会使大量血液流向皮肤而不是大脑，容易造成脑部供血不足，并使心脏负担加大。运动后最好休息 20 min，待呼吸恢复平稳，心率趋于平衡，体温、血液流动、肌肉充血状态恢复正常，汗液基本蒸发完毕后再洗澡。

3）酒后不能立即洗澡。饮酒后血液中的葡萄糖会被大量消耗，而洗澡时会进一步消耗体内储存的葡萄糖，使人全身无力、头晕眼花，甚至晕厥或昏迷。

4）发烧或身体不适时不宜洗澡。发烧时体能下降严重，不宜洗热水澡，可用温热毛巾擦拭身体或短时间用温水或冷水冲洗，以帮助降低体温。

5）水温应适宜。人体的正常体温在 37 ℃左右，所以洗澡或泡浴时水温保持在 35～40 ℃较为合适，不宜太热，否则会洗去过多的油脂。

6）时间应适宜。洗澡时间不宜过长，时间越长，聚集到体表的血液就会越多，而流向大脑的血液就会越少，使出浴时容易出现头昏眼花、胸闷、全身无力等“晕澡”

症状。

7）沐浴露应彻底冲洗干净。沐浴露用量要适中，并彻底冲洗干净，否则容易留在皮肤上，导致皮肤干燥和过敏等问题。

8）洗澡后应立即涂抹身体乳。洗澡后应用毛巾擦干皮肤，在皮肤还湿润时涂抹身体乳，以锁住皮肤的水分防止蒸发，达到最佳的保湿效果。

9）补充水分。洗澡前、后建议喝一杯温水，给身体补充水分，以防脱水。

10）通风透气。浴室、护理室空气流通性要好，否则容易造成缺氧甚至晕厥。

（5）干刷清洁（dry brushing）

1）干刷清洁的概念。干刷清洁是指使用干的毛刷，在干燥的身体上以特定的方法从四肢、腹部朝心脏方向刷动的过程，可以帮助去除表皮的死细胞并促进血液流动，如图 5–14 所示。

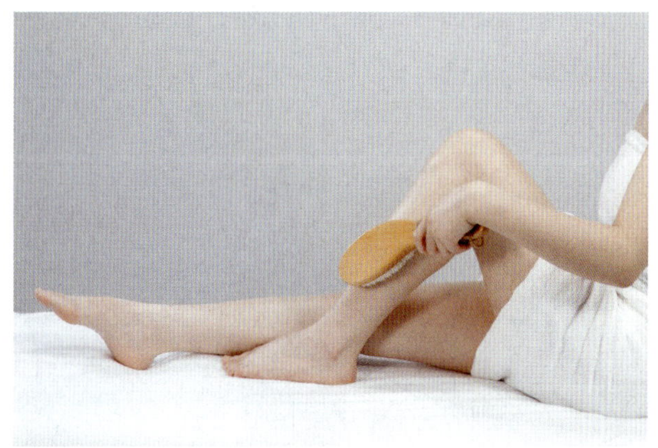

图 5–14　干刷

在欧美、新加坡等地，干刷清洁无论在 SPA 或日常护理中一直很受欢迎，常作为专业身体护理前的附加项目，也曾经是世界技能大赛美容项目的模块之一，但目前在国内 SPA 中运用并不普遍。全身干刷大约需要 10 ~ 15 min，在家中也可根据皮肤的类型和状况，进行干刷清洁，油性皮肤可每周进行 2 ~ 3 次，其他类型皮肤每周可进行 1 次。

干刷工具有长柄、短柄和手挎式无柄之分，刷头有圆形和椭圆形，有的工具有按摩颗粒。刷毛主要是由竹纤维、仙人掌纤维、猪鬃毛，以及人工合成毛制成。仙人掌纤维刷比其他类型毛刷稍硬，更适合皮肤较厚的部位；猪鬃毛、人工合成毛刷则相对较软，适合所有部位皮肤。

2）干刷的作用

①干刷是一种有效的物理去角质方法，可使皮肤光滑，促进表皮新陈代谢，有助于护肤品吸收。

②干刷的刺激性摩擦能促进血液循环和淋巴循环。

③干刷一般在洗澡、水疗前使用，能刺激感觉神经末梢、醒肤提神。

3）干刷的方法和顺序。美容师在操作时，可持 2 个手挎式无柄圆刷，双手交替刷，这样操作起来高效快速。也可持一个手挎式无柄圆刷或短柄刷，右手一边刷，左手一边按摩并抹掉死皮。顾客在家可选择长柄的天然毛刷，以便刷背部等难以触及的部位。

①干刷方向大致为从肢体末端向心脏方向（见图 5–15），每个部位重复 3 ~ 5 次。

②刷四肢时，从足部沿腿往上刷，从手部沿手臂往腋窝方向刷。

③刷躯干正面时，从下往上刷，从躯干两侧往腋窝处刷，腹部也可打圈刷，胸部以上从颈部往下刷。

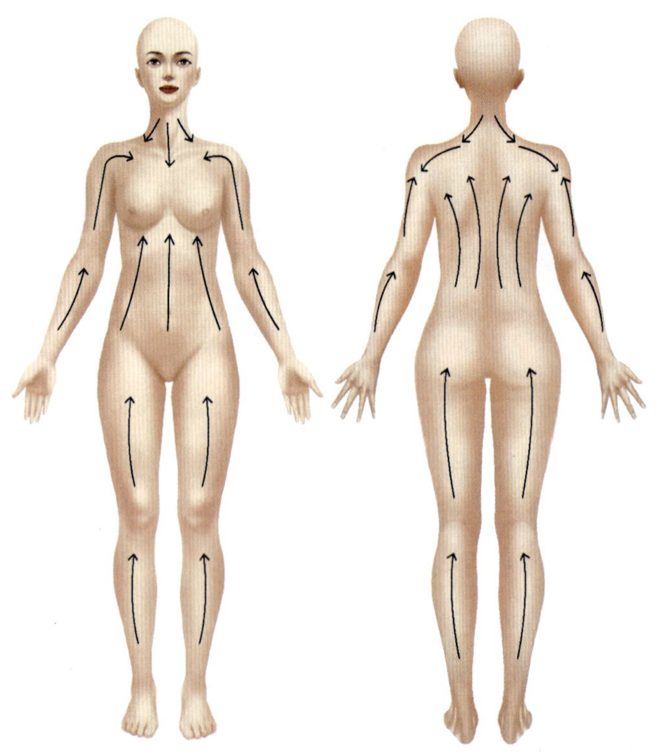

图 5–15　干刷方向

④刷背部时，从臀部往背心、肩胛骨刷。

⑤刷肘、膝盖、脚底等角质层厚的部位时可稍用力并多刷几次，而刷腹部、乳房等皮肤薄的部位时力度要轻柔。

4）干刷清洁注意事项

①肌肤敏感、有伤口或患湿疹、牛皮癣等皮肤疾病不可以做干刷清洁，以免加重病情和引起感染。

②刷身体的刷子一般不用于脸部，脸部应使用较柔软的脸部专用毛刷。

③皮肤和毛刷需保持干燥，操作时一气呵成，不能来回、倒着或间断刷。

④力度应适中，在家不能过度使用，否则容易刺激皮肤，破坏皮肤屏障，使皮肤变得干燥和敏感，或在皮肤上留下细微划痕，甚至引发感染。

⑤与磨砂一样，干刷清洁后皮肤会出现暂时的轻微发红，这是正常现象。

⑥干刷清洁后淋浴不能使用搓澡巾等清洁工具洗去死皮屑，水温不能过热，避免引起刺激。

⑦淋浴后应用毛巾擦干皮肤并立即涂抹身体乳或和润肤油，避免皮肤干燥。

⑧居家护理时，刷子每次用完后必须用沐浴露或其他清洁剂清洗消毒，擦干并在干燥通风处晾干，不能放在浴室等潮湿的地方，以防滋生霉菌。

⑨美容院护理时，刷子一次性使用，或用完送给顾客，以免产生交叉感染的风险。

2. 身体磨砂护理

（1）身体磨砂的概念。身体磨砂（body scrub）是指借助磨砂膏颗粒在身体皮肤上进行物理性摩擦，可去除老化角质，使皮肤变得光滑细腻，如图 5-16 所示。因为身体皮肤比面部皮肤厚，更需要定期去角质。身体磨砂通常在淋浴，泡浴或干、湿蒸后进行，有助于软化角质，使老化角质更容易脱落。磨砂后再做维其浴（冲洗）、身体包裹、按摩等护理项目会使皮肤更光洁润泽。

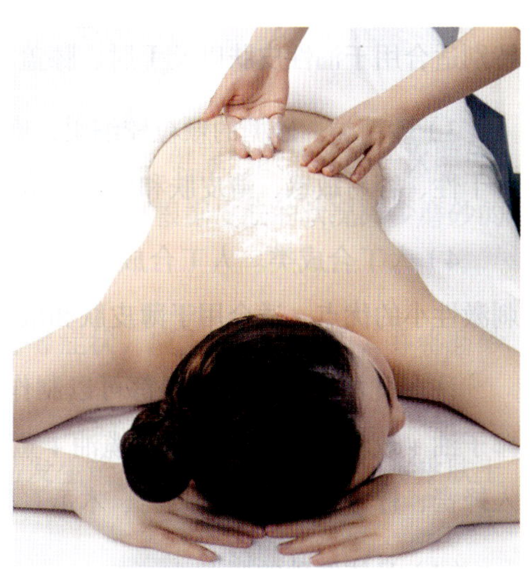

图 5-16　身体磨砂

身体乳。

3. 身体包裹护理

（1）身体包裹的概念。身体包裹（body wrap），也称为体膜（body mask），是指在清洁后的身体皮肤表面涂覆一层有保湿、滋养、排毒等作用的体膜，再用锡箔纸、塑料薄膜、绷带等包裹材料将涂抹体膜的部位包裹起来并盖上毛毯、电热毯保温，利用包裹材料的封闭作用和毛毯或电热毯的保温作用来提高皮肤温度，增加产品渗透力，使皮肤能充分吸收营养成分，达到深度滋养皮肤的护理目的，如图 5-17 所示。

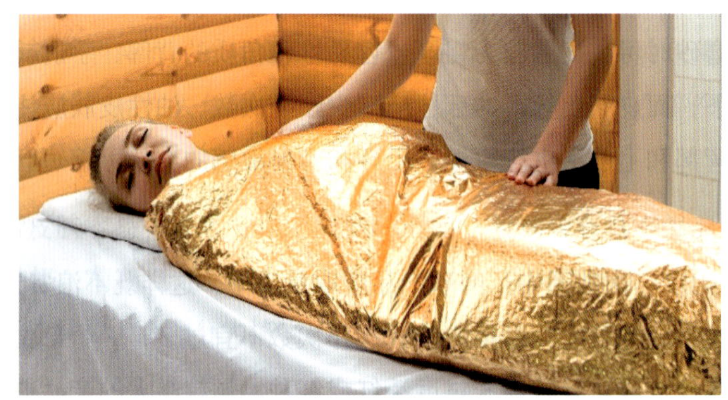

图 5-17　身体包裹

身体包裹通常与磨砂、按摩、水疗等其他身体护理项目组合成身体护理疗程，为身体提供全面的呵护。绝大部分的身体包裹是在整个身体上进行，有的美容机构也提供局部减肥包裹。由于局部减肥包裹操作时很费体力，所以只有一些特定的美容机构才提供此类护理项目。身体包裹时间一般在 15 ~ 20 min，包括清洗时间在内的整个护理时间一般为 45 ~ 60 min。

（2）身体包裹的产品和材料。身体包裹产品主要包含成品的泥状、膏霜状和半成品的粉状等不同性状，一般都可用于面部和身体。粉状产品使用时需加入热水、精油、植物油等成分，调成糊状后涂抹。

身体包裹的材料，除了减肥瘦身包裹需要使用绷带缠绕身体护理部位以外，其他类型的包裹一般使用锡箔纸或塑料薄膜来包裹身体。

（3）常见身体包裹类型。身体包裹有多种分类方法，如以功效划分，可分为减肥纤体、保湿等身体包裹；以原料划分，可分为咖啡、巧克力、海藻、草药、泥浆、蜡膜等身体包裹。身体包裹对全身皮肤状况的改善效果显著，不同种类的身体包裹具有不同的效果。

1）减肥纤体包裹。减肥纤体包裹主要用于全身或局部暂时性减肥。常见的方法是将绷带浸泡在高浓度的含草药、无机盐等成分的溶剂中，加热后用绷带缠绕护理部位。也有将草药粉（杜松、茴香、洋甘菊、姜根、迷迭香等）煮沸后加入精油、海盐、无机盐、橄榄油等护肤原料并调成糊状，稍冷却后涂抹于身体，之后用塑料薄膜封住以保持和增加温度，促进皮肤出汗，最后用医药绷带或棉绷带缠绕身体的方法。

缠绕绷带时从脚踝开始逐渐向上缠绕，缠绕时应缠紧，必须将皮肤组织绷紧。包裹后可使用红外线加热毯来促进新陈代谢和排毒过程，以获得更好的效果。护理前、后都要测量身体尺寸，以检验效果。

在身体包裹的过程中，绷带紧固的裹扎挤压作用能起到消耗能量和收缩脂肪细胞、激活脂肪细胞分解、刺激排毒过程的作用。

包裹物的密封性和保暖性能可使护理部位的热量增加，从而促进草药、无机盐中的能促进排毒、排汗的成分和营养成分的渗透，使身体通过流汗而排出多余的水分和毒素，从而达到收紧皮肤，短暂进行身体局部瘦身，改善身体轮廓以及减少橘皮组织等身体护理作用。

此类身体包裹的效果取决于包裹方法、类型、时间、次数、产品成分效果以及身体的含水量等，较适合于产后瘦身和腹部肥胖的人群，但并不能起到真正的减肥作用。每次包裹时间为 30 ~ 60 min，每周一次，一般 6 次以上的疗程才能见到明显的效果。任何类型的减肥包裹都需要多个疗程才能见效，如果要取得持久效果，还需要改变生活方式，坚持健康饮食和适当的锻炼。

2）保湿身体包裹。保湿身体包裹是使用含有乳木果油、海藻、玫瑰精油、抗氧化剂等具有保湿、滋润、抗氧化、舒缓效果的成分的体膜涂抹于身体皮肤，之后用锡箔纸或塑料薄膜包裹身体并盖上毛毯、电热毯加热保温并置放大约 20 min。

身体包裹产生的热量可以促使有效成分渗入皮肤，为皮肤补充大量水分和营养素，使皮肤变得更有光泽、水润和富有弹性，同时，还能改善血液循环并缓解肌肉和关节的疼痛。保湿身体包裹适合每一个人，特别适用于干性皮肤、脱水皮肤和日晒后的皮肤，并适合在秋冬季节或在干燥地区的人使用。

身体包裹是一个非常放松和享受的护理体验过程，在护理过程中温暖而舒适的包裹、放松的音乐、护理室的香氛和烛光，可以使顾客在清静和舒适的气氛中得到身心放松。

3）草药身体包裹。草药身体包裹是选用各种不同中药成分制成具有抗皱、美白、排毒、消炎杀菌、缓解关节疼痛等不同效果的体膜涂覆于身体皮肤并进行包裹。半成品草药粉可加入蜂蜜、牛奶、精油、绿茶、矿泉水等天然舒缓和保湿剂后加热并调成糊状作为身体包裹原料。

草药提取物作用于皮肤组织，可以为皮肤提供所需的氨基酸、维生素等营养物质，也能软化角质层，使皮肤变得光滑和润泽。某些草药成分能达到减肥纤体效果。

4）海藻身体包裹。海藻是最常用的身体包裹原料，其富含无机盐、维生素、蛋白质、氨基酸、脂肪酸、钙、铁、镁等元素，具有消炎、修复、软化角质、排毒、保湿、增加皮肤弹性、紧致皮肤等护肤功效。用海藻制成的包裹原料适合所有皮肤类型，常作为保湿、排毒、减肥、消除橘皮组织等身体包裹的原料。海藻身体包裹能缓解关节和肌肉疼痛，减压放松。

5）泥浆身体包裹。用于身体包裹的泥浆含丰富的无机盐和营养元素，具有软化角质、吸收油脂、深层清洁、净化皮肤、促进新陈代谢、促进血液循环、排毒、缓解肌肉紧张等作用，泥浆身体包裹通常用于减肥、油性皮肤和粉刺痤疮皮肤护理。常用的原料包括死海泥、膨润土、白泥、绿泥、摩洛哥红泥等。

6）咖啡身体包裹。咖啡具有多种美容功效，其富含抗氧化成分，并富含铁、钙、钾、镁等无机盐，具有消除自由基、抗衰老、防晒和抗辐射的作用，能刺激血液循环和脂肪细胞代谢等；咖啡中的绿原酸具有抗炎、抗菌、抗氧化、抗肿瘤的作用，有助于缓解皮肤发炎红肿、痤疮症状。

在调膜时，可以在咖啡粉中加入柠檬汁、蜂蜜、牛奶、热水、肉桂粉、巧克力粉等，制成气味香甜的咖啡体膜，特别适合喜欢体验咖啡香醇的顾客。护理完后，可以为顾客递上一杯香醇的热咖啡，使护理效果更加持久，给顾客留下美好的印象。

7）巧克力身体包裹。可可提取物有多种美容功效，其所含的可可多酚、原花青素、儿茶素、维生素 E 等具有很强的抗氧化作用，能起到抗衰老、保湿滋养和活化肌肤的作用；可可中的可可脂、蛋白质、维生素 A、锌等物质具有滋养皮肤、舒缓抗敏、抗炎的功效；可可香气能刺激内啡肽的分泌，让人心情愉快。

在调膜时，可将可可粉、玫瑰粉、蜂蜜、橄榄油等混合成气味香甜的巧克力体膜。护理完后，可为顾客送上一小碟巧克力或巧克力草莓，使顾客享受到恋爱般的甜蜜滋味。

8）身体蜡膜包裹。温暖的石蜡刷在身上后会立即形成一个封闭空间将皮肤包裹，其热量可促进血液循环，减少肌肉疼痛，缓解关节炎等症状，适合干性皮肤和在寒冷季节使用，也具有良好的保湿作用。蜡膜应避免使用于容易产生粉刺痤疮的背部和前胸。在涂蜡前，可以先在皮肤上涂抹润肤霜，有的蜡含有精油及其他护肤成分。

9）红外线毯包裹。远红外线能渗透到皮下脂肪层，在皮肤中转化为热能，使身体的核心温度提高，有效地促进血液循环，激活代谢过程，促进脂肪燃烧，促使身体出汗，排出废物和毒素，起到帮助减肥的作用。

另外，红外线所产生的热量能促进血液循环，具有缓解关节炎、肌肉劳损和扭伤、肌肉僵硬和疼痛等症状，和促进细胞再生、帮助伤口愈合等益处。

红外线毯包裹被广泛用于美容机构和家庭中。护理时间一般为 15 ~ 30 min，一次能减少 4 ~ 6 cm 腰围和臀围，效果可持续约 48 h。建议每周护理 2 次，10 ~ 15 次左右的疗程才能达到较明显和较长久的减肥效果。

需要注意的是，在护理前不宜吃高蛋白、高脂肪、高能量的食物，且饭后至少 1 h 才能进行护理。有健康问题的顾客在护理前应咨询医生。

10）家制体膜。全身身体包裹一般不方便在家中进行，如果需要，可以在家人的帮助下尝试腹部减肥包裹或抗橘皮组织包裹等，操作方法与专业护理相同。常用的配方如下。

①减肥。黏土 + 绿茶 + 精油，膨润土 + 苹果醋 + 有利尿作用的精油（如杜松精油、茴香精油），膨润土 + 姜粉（保暖）。

②抗橘皮组织。海藻泥 + 杏仁油 + 抗橘皮组织精油，芦荟 + 咖啡 + 海藻泥。

③排毒。泻盐（排汗、排毒、促进新陈代谢）+ 椰子油 + 迷迭香精油。

④保湿。水果 + 蜂蜜或植物油。如木瓜（含酵素，可软化去角质、清洁和润滑）+ 蜂蜜 + 橄榄油，椰子油 + 香蕉或草莓。

此外，咖啡、巧克力身体包裹也适用于居家护理。

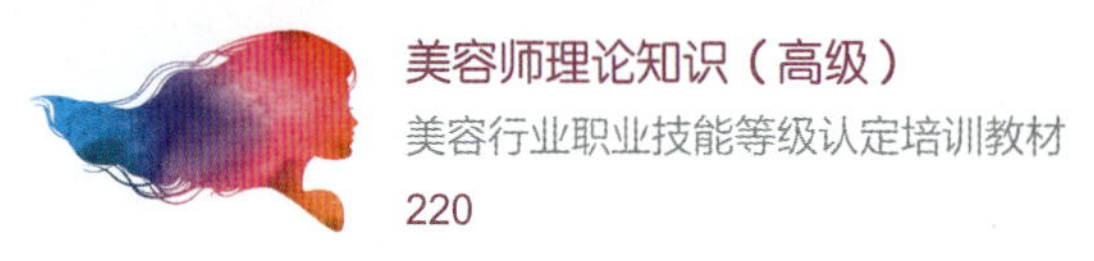

（4）身体包裹的技术要点

1）在进行身体包裹护理前，应进行干刷或身体磨砂护理，去除皮肤多余的角质有利于包裹产品的吸收。

2）应根据顾客的皮肤状况和需求来选择合适的产品或添加适合顾客的精油或植物油，要达到最佳的保养效果，最重要的是选择最佳的成分组合。

3）用手或体膜刷涂抹产品时动作应快而有序，尽量在产品冷却以前完成。涂抹厚度适中，覆盖皮肤即可。

4）有较轻的幽闭恐惧症的顾客如果坚持要做包裹护理，应按照顾客的具体情况和要求，包裹时将其手臂或脚露出来，以便随时活动以减少紧张感。在等待期间可同时进行头部按摩，或用摩洛哥芳香护发油进行头发热油（加热）护理，使顾客从头到脚都得到呵护。

5）包裹结束后，先用热毛巾将多余的产品擦掉，并确保顾客手、脚没有残留产品之后才能让顾客下床，以防滑倒。淋浴时不需要用沐浴露，可用维其浴的方式冲洗。美容师在顾客冲洗时更换床单和毛巾，然后让顾客躺下，将护肤霜涂抹在顾客皮肤上并稍加按摩，以促进其吸收。

（5）身体包裹的禁忌、注意事项

1）禁忌

①患各类皮肤疾病，有皮肤损伤、开放性伤口、骨折、肌肉组织损伤等情况或正处于急性感染期者禁止进行身体包裹护理。

②怀孕、哺乳期，幽闭恐惧症患者及发烧、热敏感者禁止进行身体包裹护理。

③患慢性疾病，服用过会使体温升高的药物，患高血压、严重的循环系统和心脏病、癫痫病或近期接受过手术者不能够做身体包裹。如果需要，应事先征询医生的意见。

2）注意事项

①在护理前几天不能脱毛。护理前，美容师应查看顾客档案表中的禁忌证和过敏物质（如海藻、坚果）。

②身体包裹时顾客容易受凉，应确保房间和床的温度适中，床上最好放置电热毯，操作前需加热产品。

③进行减肥纤体包裹时绷带要缠紧，但不能紧得让顾客难受、令其难以呼吸或阻碍其血液循环。

④护理过程中，应时刻检查并询问顾客的舒适程度。等待期间不要把顾客单独留在房间内，以便顾客有不适或对产品有反应时能及时处理，除非顾客要求单独留在房间内休息。在这种情况下，可在顾客枕边放一个小摇铃，以备随时呼唤。

⑤一般包裹时间在 20 ~ 30 min，不宜过长，以免皮肤因长期与空气隔绝而造成缺氧。如顾客出现皮肤红肿、瘙痒或身体感到不适，应立即去除包裹并清除产品。

⑥包裹后身体会失去一些水分，在护理前、后都需要让顾客喝足够的水，以补充失去的水分，并休息一会再离开。

⑦因为身体护理难免会残留产品在毛巾上，应避免用白色或浅色毛巾。

4. 背部皮肤护理

许多人的背部会长出粉刺或痤疮，而背部是在日常生活中最难以触及的部位。美容机构一般会提供背部皮肤护理（back facial）服务，主要针对背部有粉刺痤疮问题的顾客，特别是其中要穿露背装和比基尼的女性。背部皮肤护理的程序、使用产品、方法和目标与面部粉刺痤疮护理一样，主要是注重深层清洁，去角质，去除黑头、白头、丘疹和脓疱等。

背部皮肤护理程序及要点如下。

（1）清洁。可选择含果酸、水杨酸等成分的洁面剂，清洗 1 遍即可。之后用温热毛巾和水清洗干净。

（2）去角质。可用身体磨砂膏、酵素去角质霜、果酸等去除死皮和多余的油脂。如果顾客有较多的粉刺痤疮需要去除，建议 1 周后再进行果酸抗痘护理，以免过度刺激皮肤。

（3）去除粉刺痤疮。可参考本系列《美容师理论知识（初级　中级）》教材第四章第四节提取术中的相关内容。

（4）消炎杀菌。可用水杨酸爽肤水消毒清洁皮肤，之后可用高频电美容仪、红蓝光美容仪消炎杀菌，减少泛红。

（5）按摩。背部皮肤护理一般不注重按摩，但如果粉刺痤疮症状不严重，在涂抹身体乳时可稍加按摩，但时间不宜太长。

（6）体膜。可使用具有消炎、镇静、保湿作用的面膜或体膜。等待期间应盖上毛巾，以防着凉。

（7）润肤。可使用适合油性或痤疮皮肤的护肤乳或身体乳润肤。

背部皮肤护理的注意事项可参照本书第二章第四节痤疮皮肤护理中的相关内容。

二、瑞典式按摩

瑞典式按摩（Swedish massage）有 100 多年的历史，是欧美 SPA 项目中最常见和最著名的按摩类型之一。芳香疗法按摩、深层组织按摩、运动按摩等多种按摩方式的基本动作都源自瑞典式按摩。瑞典式按摩既具有较强的功能性，也具备一定的舒适性，是非常受欢迎的按摩项目，适合各种人群，特别是对于从未接受过按摩的人来讲，瑞典式按摩是最理想的选择。随着中西方 SPA 文化技术的交融，在亚洲各国的美容机构中，瑞典式按摩也成为非常主流的按摩项目。瑞典式按摩也是国际美容师考试、世界技能大赛及各类美容国际大赛的规定项目。如今，世界各地的 SPA、美容和按摩机构都提供瑞典式按摩。美容师熟练掌握瑞典式按摩的技术不仅可以更好地胜任工作，同时也可以为学习其他的按摩技术打下必要的基础。瑞典式按摩如图 5–18 所示。

图 5–18　瑞典式按摩

1. 瑞典式按摩的概念

瑞典式按摩又称为经典按摩，主要是专注于对表层肌肉进行按摩，用轻至中度力度，以抚摩、长推、揉捏、轻叩 / 拍 / 敲、震动、摩擦等手法进行按摩，使顾客感到柔和、舒适。瑞典式按摩采用五种基本动作来促进血液循环、释放肌肉张力、减轻身体疼痛、缓解身心紧张，从而使身体充满活力。瑞典式按摩更适合肌肉紧张、循环不良、需要放松和缓解紧张情绪的人群。按摩时可根据顾客的需求，附加各种不同的精油来达到更深度地放松。

2. 瑞典式按摩的来源

瑞典式按摩最初由一位瑞典物理治疗师彼赫·亨利克·林格（Pehr Henrik Ling）发明。他以缓解肌肉酸痛、增加柔韧性和促进整体健康为目的，结合中国推拿医学和 19 世纪初期的运动医学创立了一套运动练习方法，这套方法便成为瑞典式按摩的起源。随后，荷兰医生约翰·格奥尔格·梅茨格（Johann Georg Mezger）根据林格医生的方法加以发展，将其简化并改良成五个经典瑞典式按摩手法。

3. 瑞典式按摩的主要益处

（1）放松减压。瑞典式按摩通过刺激神经末梢、镇定神经系统，可以减轻焦虑、压力和头痛，使整个身心得到放松。

（2）促进血液循环。瑞典式按摩能增加血液中的氧含量，促进血液循环、血液供应和肌肉营养的供给，使身体系统恢复活力。

（3）提高柔韧 / 灵活性。按摩时施加适当压力可使紧张的肌肉得到放松、伸展韧带和肌腱、改善身体的柔韧性和灵活性，使关节更加柔软，并减少在运动中受伤的可能性。

（4）清除毒素。瑞典式按摩能帮助促进淋巴循环，有助于排除体内的有害物质。同时，促进淋巴液的顺畅流动有助于增强免疫力，增强身体预防疾病的能力。

（5）缓解疼痛。瑞典式按摩能使血液中氧含量增加，并帮助血液流向疼痛部位，有助于从肌肉中去除乳酸，缓解由运动引起的疼痛，帮助肌肉恢复和放松，减少发炎的概率。

（6）帮助治疗疾病。瑞典式按摩可帮助患者更快地从疾病中康复，促进身心健康。许多研究证明该疗法有助于缓解膝关节炎，降低血压，缓解腕管综合征和纤维肌痛症状，降低焦虑、抑郁和头痛的严重程度。

（7）改善睡眠。睡眠不足的人皮质醇水平较高，瑞典式按摩能减少皮质醇、调节和放松机体、缓解压力、提高睡眠质量。同时，按摩会促进褪黑激素的产生，这是保证良好睡眠所需的一种激素。

4. 瑞典式按摩的五个主要手法

（1）按抚法（effleurage）。按抚法即使用手掌、拇指、指尖或手掌根部位进行长推滑动，重、轻力度交替按摩的手法。这种按摩手法通过朝血液回流到心脏的方向滑动按摩肌肉，使肌肉舒展、放松，如图 5–19 所示。

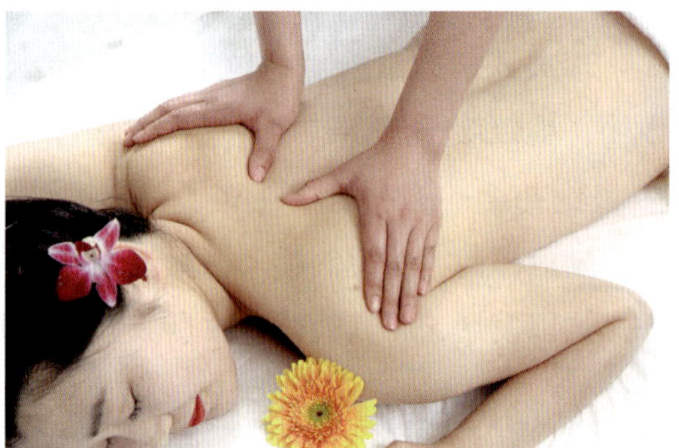

图 5–19　按抚法

（2）叩抚法 / 轻叩法（tapotement/tapping）。叩抚法和轻叩法即用手、手指或手掌的侧面不断有节奏地拍打肌肉的手法。拍打动作可以帮助放松按摩部位的肌肉，以缓解肌肉紧张和痉挛，如图 5–20 所示。

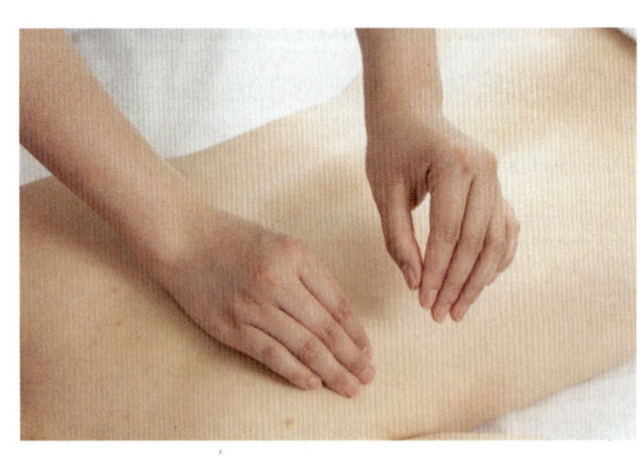
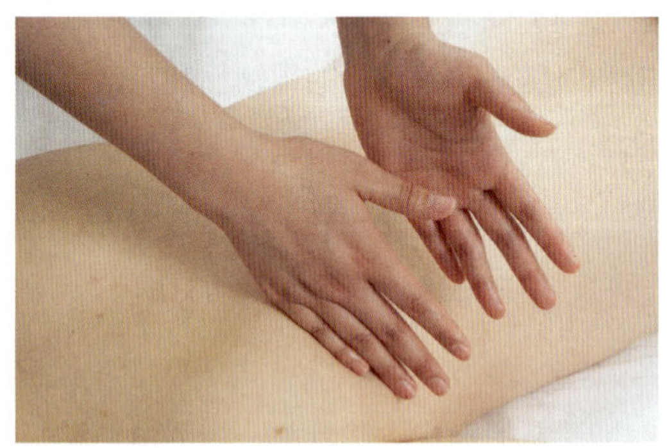

图 5–20　叩抚法和轻叩法

（3）摩擦法（friction）。摩擦法是用拇指、指尖、手掌或手掌根部在按摩部位划圈或划直线，通过强烈摩擦而产生热量的手法。这种手法可以使肌肉放松，令纤维组织伸展，预防粘连，也可以帮助放松肌腱和关节，如图 5–21 所示。

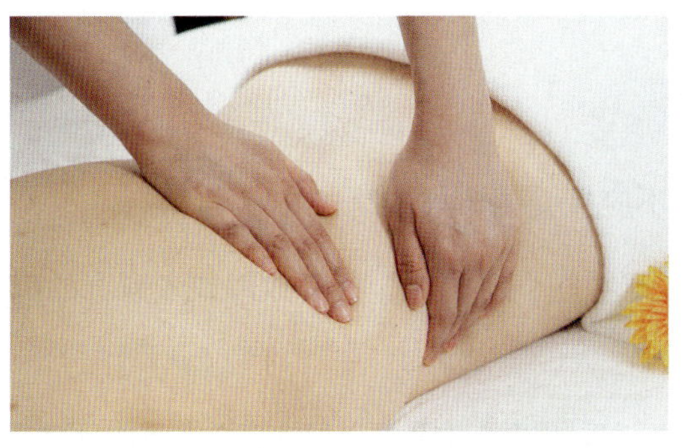
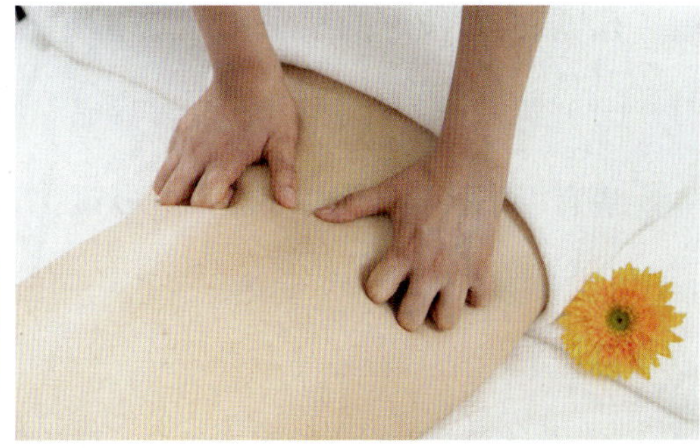

图 5-21 摩擦法

（4）振动法（vibration）。振动法是使用双手掌或指尖进行快速有节奏的小幅度上下振动或摇动的手法。这种手法可以帮助刺激副交感神经系统，舒缓紧张的肌肉，如图 5-22 所示。

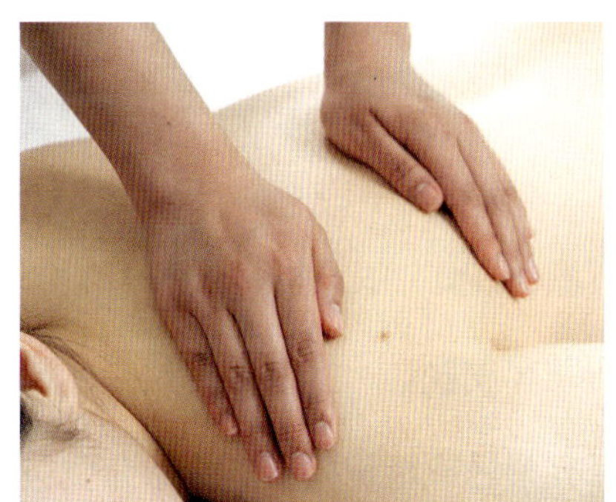
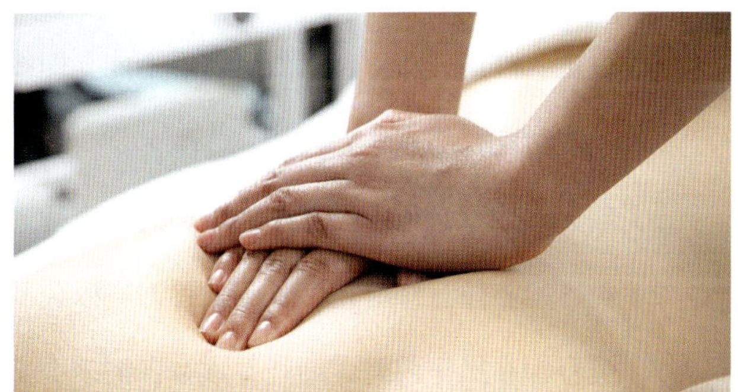

图 5-22 振动法

（5）揉捏法（petrissage）。揉捏法是在施加压力的情况下，揉捏身体肌肉以获得更深层按摩效果的手法。揉捏法主要是用手掌或手指对肌肉进行揉捏、滚动、挤压和提起，旨在通过压缩和释放肌肉组织来放松肌肉并促进血液循环，如图 5-23 所示。

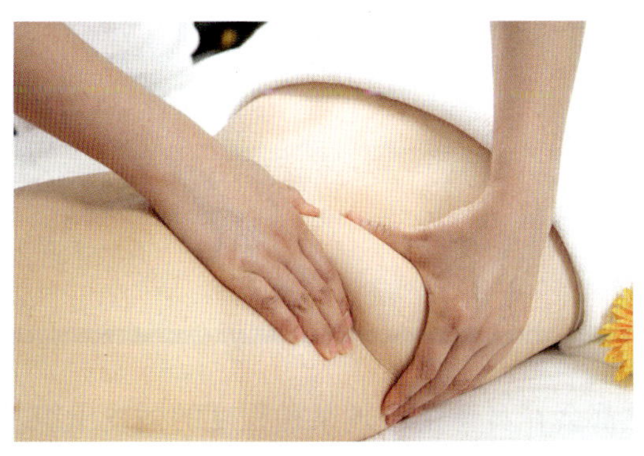
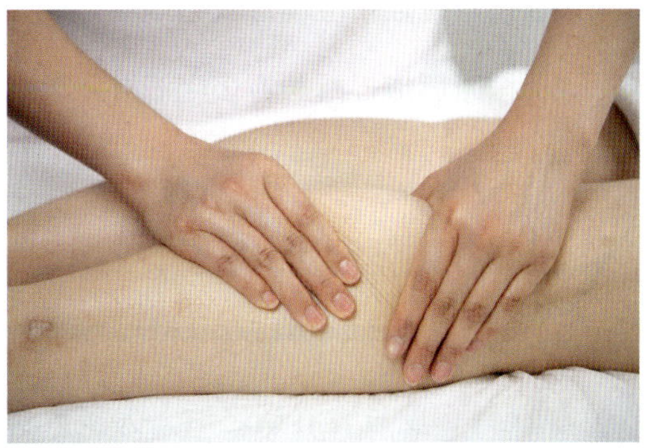

图 5-23 揉捏法

5. 瑞典式按摩的禁忌和注意事项

（1）禁忌

患有以下疾病或有以下症状（状况）者不应接受瑞典式按摩。

1）有恶心、呕吐、发热、骨折、脱臼或严重扭伤等情况，有开放性或未愈合的疮或伤口。

2）身体部位发炎、肿胀或淤青，静脉曲张，近期接受过手术，身体感觉严重的疼痛。

3）孕妇，患传染性疾病、黄疸、肾脏和肝脏疾病，有出血、韧带肌腱或肌肉撕裂等情况。

4）有高血压或心脏问题，有某些种类的癌症、静脉炎或血栓病史。

5）使用血液稀释剂进行药物治疗者，此类药物会增加皮肤下出血的风险。

6）过饥、过饱、酒后、剧烈运动后不能立即按摩。

（2）注意事项

1）瑞典式按摩必须由经过严格培训的美容师进行操作。

2）美容师要注意修剪指甲、不戴首饰，以免刮伤顾客皮肤。

3）美容师在操作前需详细查看顾客咨询表上是否有禁忌或特殊要求。按摩介质应选择顾客喜欢的香味，为对香味敏感的顾客进行服务时，应使用无味按摩介质。

4）按摩过程中要至少询问 2 次力度是否合适，特别是换部位时。按摩力度不能过重或过轻。

5）按摩过程中，应注意顾客的保暖工作和舒适度，可将垫枕置于膝盖下方等部位。

6）按摩过程中应注意观察顾客有无异常情况，如有应立即停止按摩。

7）按摩后应提醒顾客多喝温开水。

三、抗橘皮组织按摩

据统计，度过青春期之后，大多数女性都会在身体上出现某种程度的橘皮组织。由于其好发部位主要集中在身体不常外露的部位，加之橘皮组织并不影响健康，所以大多数女性会选择接受这个不完美的瑕疵，而并不会去寻求改善方法。但是，对于一些爱美女性而言，凹凸不平的皮肤不仅影响了美观，也影响了自信。因此，她们总会试着去寻求一些改善的方法，试图改变这种皮肤的外观状态。

为了满足爱美女性的需求，市面上有许多可减少橘皮组织的方法供选择，例如激光辅助抽脂、无线电波拉皮、超声波溶脂、换肤术、身体裹敷、使用抗橘皮组织产品和专业抗橘皮组织按摩（anti-cellulite massage）等方法，虽然这些方法的效果不能立竿见影也难以持久，但大多能在不同的程度上起到改善的作用。抗橘皮组织按摩也是第 45 届世界技能大赛美容项目的模块之一。

1. 橘皮组织的概念

橘皮组织又称橘皮纹、蜂窝组织，是一种无害但影响美观的皮肤状况，常见于女性，好发于脂肪集中的大腿后侧、臀部、腰部和小腹等部位，有时也会出现在乳房、上臂。有橘皮组织的皮肤呈现如橘皮样的凹凸皱褶状态。

橘皮组织现象分为 0 ~ 3 级：0 级表现不明显，肉眼看不见；1 级（轻度）用手揉捏才能看见；2 级（中度）站立时显而易见但躺下时不太明显；3 级（重度）躺下和站立时都显而易见，如图 5-24 所示。

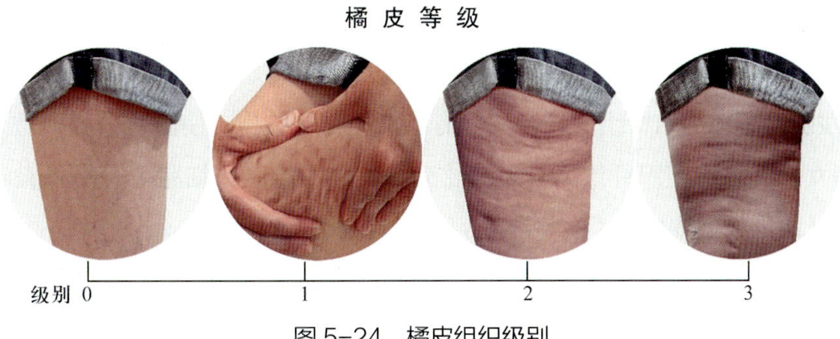

图 5-24　橘皮组织级别

2. 橘皮组织形成的原因

（1）形成原因。橘皮组织形成的确切原因尚不清楚，它涉及皮肤的组织结构、弹性、脂肪细胞的状态等方面。目前认为，缺少张力和强度的结缔组织纤维束将真皮层往下拉，类似皮肤下面绑了橡皮带，同时纤维束周围堆积的增大脂肪细胞向上推进真皮层，从而出现凹凸不平的橘皮组织现象。可以说，橘皮组织是弱化的结缔组织纤维束与堆积的脂肪层之间的相互作用所致，其中，结缔组织纤维束弱化是根本原因，如图 5-25 所示。

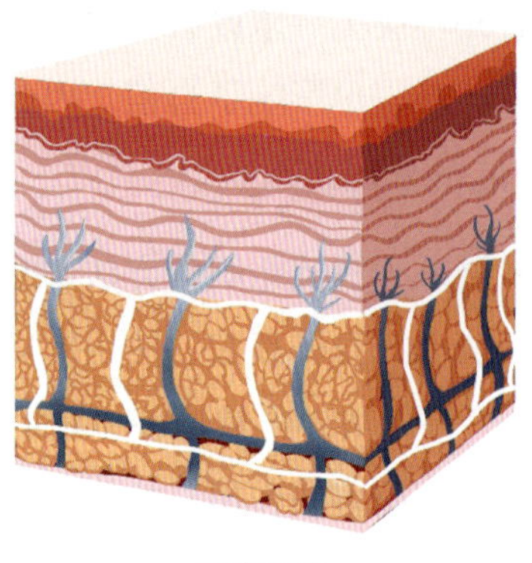

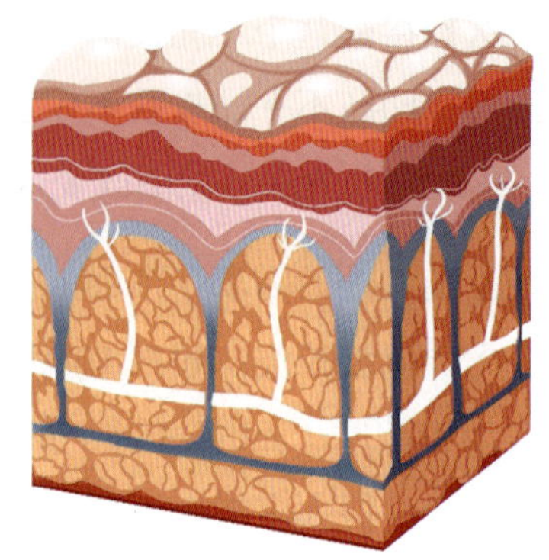

图 5-25　橘皮组织的形成

（2）影响因素。影响橘皮组织形成的因素很多，主要包括遗传、年龄、性别、激素以及生活习惯等几个方面。

1）遗传。遗传因素是橘皮组织形成的主要原因，因为遗传决定了皮肤的结构、血液循环、皮下脂肪的分布和新陈代谢等。

2）年龄。目前还不能确定橘皮组织的形成是否与年龄有关。成年女性不管胖瘦大多会在身体上出现不同程度的橘皮组织。一般来说，随着年龄的增加，真皮中的弹力纤维蛋白含量降低，皮肤变薄而失去弹性，所以，橘皮组织在衰老皮肤中更加常见。

3）性别。男性的结缔组织纤维间隔有纵横交错的结构，使脂肪细胞不易突出进入真皮，而女性的结缔组织纤维则为垂直排列，使堆积的脂肪细胞更容易垂直向上突入真皮层，从而形成橘皮组织，如图 5-26 所示。

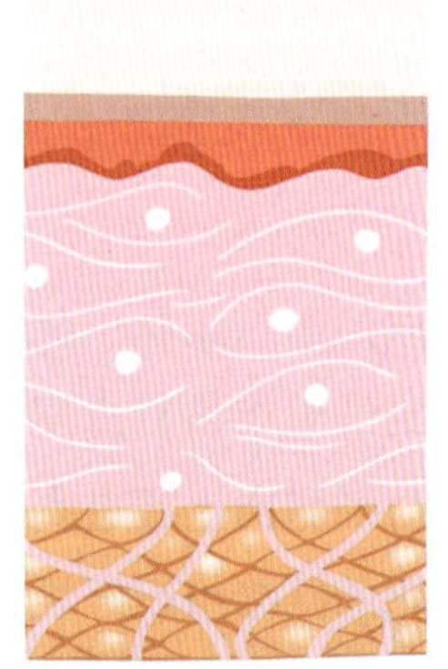

图 5-26　男女结缔组织纤维对比图

4）激素。激素在脂肪代谢的过程中起到重要作用，特别是绝经期雌性激素的减少会引起的脂肪增多。雌性激素的减少也会影响到新陈代谢和血液循环，而流向结缔组织的血流量不足会促进结缔组织纤维束的弱化。

5）不健康的生活习惯。缺少锻炼、饮食不规律等不健康生活习惯会导致体内脂肪增多，使橘皮组织更加明显。虽然健康的人也会有橘皮组织，但久站或久坐，高脂、高热量、高盐饮食和吸烟等因素都可能增加形成橘皮组织的风险。

3. 抗橘皮组织按摩手法

（1）抗橘皮组织按摩的概念。要改善橘皮组织，除进行相对有效的医疗美容方法外，还应结合运动、健康饮食以及定期进行适度的按摩，这样效果才会更加明显和持久。按摩的效果虽然有局限性，但有研究显示，抗橘皮组织按摩会在一定程度上缓解橘皮组织现象并预防橘皮组织的进一步加重。

抗橘皮组织按摩是一种特定的、针对皮下脂肪组织的深层推脂按摩。其主要是通过在患部肌肉施力，结合含活性成分的抗橘皮组织按摩霜或精油，进行深层推脂，以帮助凸起的脂肪细胞更均匀的分散于皮下，同时帮助分解纤维化组织，增加皮肤的胶原纤维强度与数量，预防和缓解橘皮组织现象。

（2）按摩手法。抗橘皮组织按摩主要采用揉捏法、拧扭法、S 形扭捏法、滚推法等深层按摩手法，反复交替且有力的挤压和揉捏受影响区域的肌肉。

1）揉捏法。揉捏法即拇指外展，其余四指并拢，边揉边捏做旋转式移动，如图 5–27 所示。

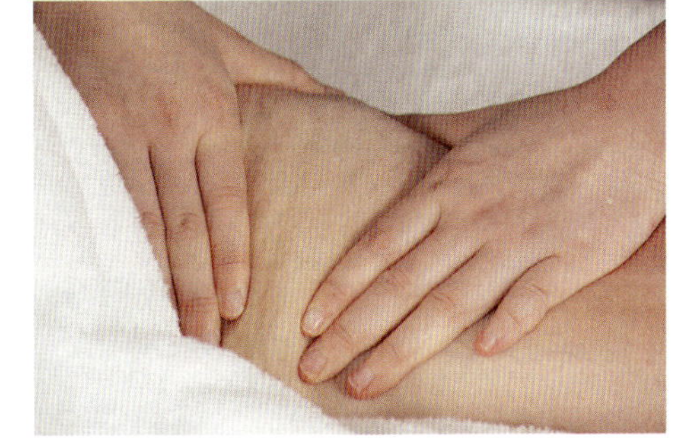

图 5–27　揉捏法

2）拧扭法。拧扭法即拇指与四指提拿住肌肉，双手相对地对肌肉施压，像拧干毛巾一样，如图 5–28 所示。

3）S 形扭捏法。S 形扭捏法即拇指和食指将皮肤提折起，以相反方向交替扭转成 S 形，从多个角度来松解脂肪团，如图 5–29 所示。

4）滚推法。滚推法即先用拇指与其余四指将皮肤提折起，然后拇指向其余四指的方向推动施力，使组织产生波浪状的运动，如图 5–30 所示。

（3）抗橘皮组织按摩的功效

1）促进血液和淋巴循环，有助于增加流向结缔组织的血流量和氧的供应，以保持皮下组织的健康，帮助缓解橘皮组织。

2）防止脂肪堆积和纤维化，防止橘皮组织恶化。

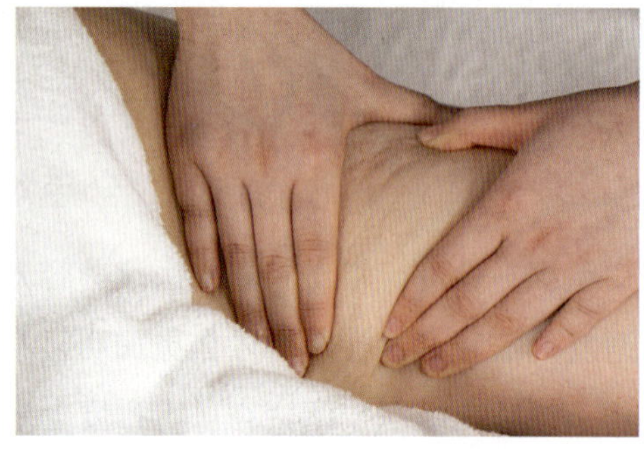
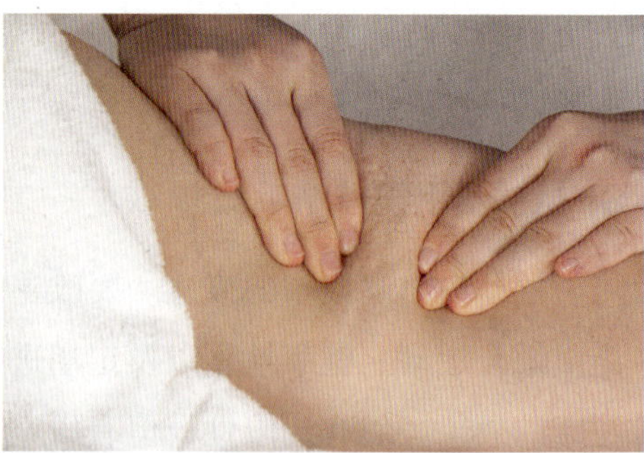
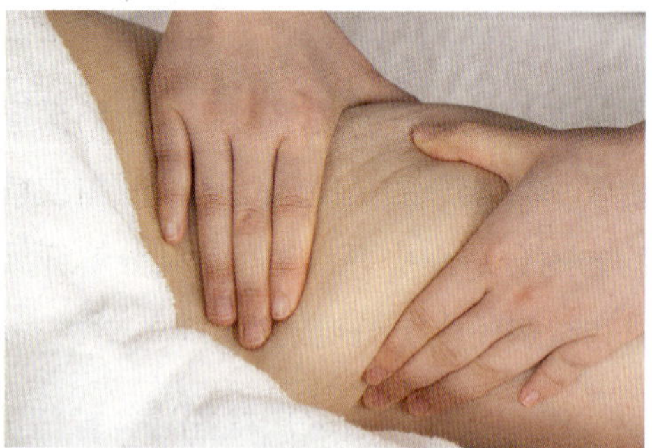

图 5-28　拧扭法

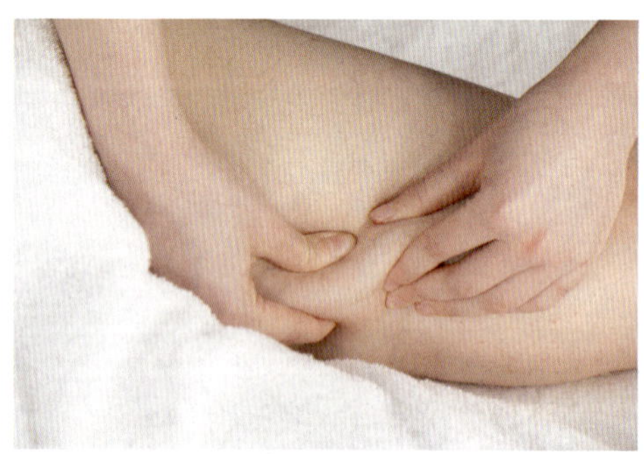
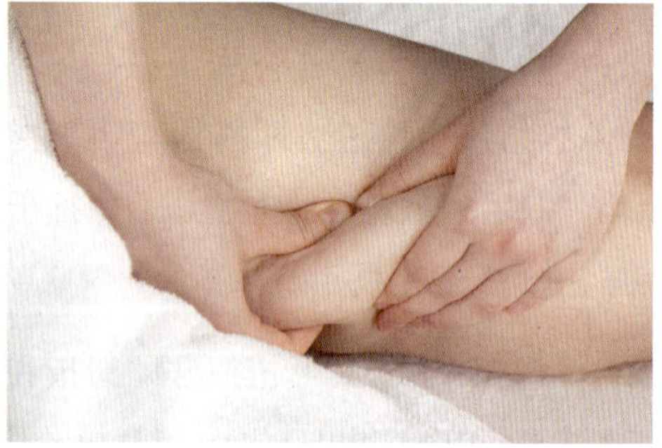

图 5-29　S 形扭捏法

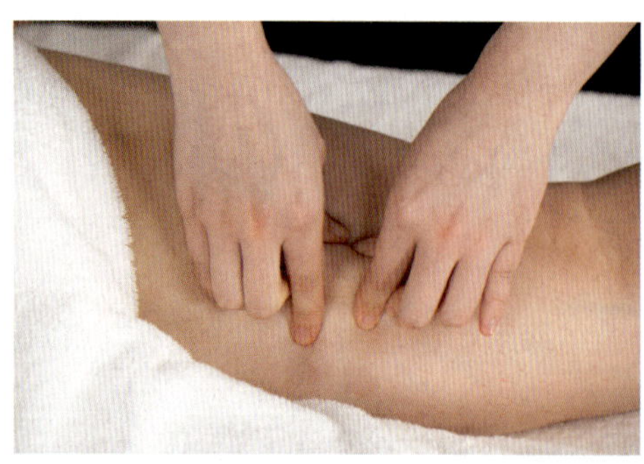
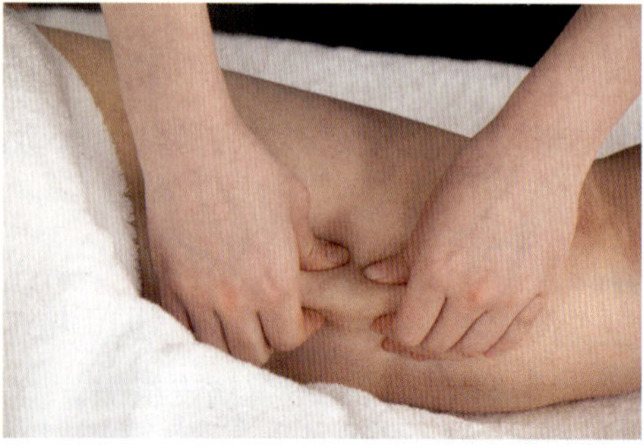

图 5-30　滚推法

3）有助于分散脂肪团的堆积，在一定程度上改善橘皮现象。

4）可增加皮肤的胶原纤维强度与数量，帮助改善结缔组织的强韧度。

4. 禁忌和注意事项

（1）禁忌

患有以下疾病或有以下症状（状况）者不应接受抗橘皮组织按摩。

1）患各类皮肤疾病，有皮肤损伤、开放性伤口。

2）患血管疾病、血小板减少性紫癜、明显静脉曲张、血友病。

3）患恶性肿瘤、全身性水肿，严重的老年骨质疏松症。

4）有骨折、肌肉组织损伤或正处于急性感染期。

5）妊娠期妇女或其他医生叮嘱不可以做按摩者。

（2）注意事项

1）按摩必须有力，但力度不宜过大，以免伤害皮肤。

2）坚持长期有规律的按摩才能见效。

3）美容师需要告知顾客，由于抗橘皮组织按摩时需要用力，顾客通常会感到一些可忍受的不适或轻微疼痛。在按摩时美容师应随时询问力度是否合适。

四、热石按摩

热石按摩（hot stone massage）是深受人们欢迎的美容项目之一，并多次被世界技能大赛美容项目纳入比赛模块。近年来，热石按摩在国内各大城市的 SPA、美容院和按摩机构逐渐流行。因此，美容师有必要了解热石按摩的概念并熟练掌握按摩的技术要点。热石按摩如图 5–31 所示。

1. 热石按摩的概念

热石按摩是一种把热石用于传统按摩中的按摩方法。热石按摩的种类繁多，最常见的热石按摩是将玄武岩的热量与香熏瑞典按摩或深层组织按摩的技术相结合，融合西方的放松按摩、淋巴排毒及中国的经络原理来增加按摩的疗效。该种按摩方法通过

图 5-31　热石按摩

在皮肤上放置热石并配合温热的精油推压肌肤，让热能源源不断地输入体内，配合长推和揉捏等按摩技术，达到加速血液和淋巴循环、舒缓紧张的肌肉和关节、促进深度放松、缓解压力、消除疲劳、改善睡眠和激发活力的效果。

热石按摩也可以用冷石进行操作，此时称为冷石按摩，可单独使用或与热石结合使用。冷石按摩也是促进放松并恢复身心活力的有效方法，适合天生怕热、喜欢冷饮或凉爽天气、需要提神的人群。冷石按摩可减轻外伤及运动后引起的肌肉疼痛、充血、浮肿、发炎，特别适合运动员，也有益于高血压患者。冷热石交替使用的方法在热石按摩中常用于面部按摩，有助于减轻眼袋、鼻窦充血和肿胀。有的美容师喜欢用冷热石交替的方法来刺激循环系统，帮助排毒。我国的热石按摩一般在身体按摩时只使用热石，冷石通常仅用于面部。

2. 热石按摩的简史

有记载表明，我国在 2000 年前就使用加热的石头作为改善内脏器官功能的手段。埃及、印度、美洲和欧洲等地也有将石头用于治愈疾病的历史记录。如，西班牙民间治疗师使用热石来减轻经期的疼痛，使用冷石头来减轻孩子出生后的出血；罗马人在桑拿室中使用石头进行热疗。1993 年，美国治疗师玛丽·纳尔逊（Mary Nelson）发明了热石疗法。此后，热石疗法开始流行并迅速遍及全球。

3. 热石按摩的作用

（1）缓解肌肉紧张和疼痛。热石的热量能够加速血液循环，温暖肌肉组织，有助于缓解肌肉紧张和僵硬，缓解慢性和损伤性疼痛。热石按摩可减少运动后乳酸的堆积，有助于减轻肌肉酸痛，特别适合运动后的人。

（2）增强关节灵活性。肌肉紧张会使关节活动困难并导致疼痛，热石按摩有助于放松肌肉，使关节活动起来更加轻松和舒适，有助于增强关节的灵活性。

（3）有助于缓解疼痛。热石按摩能缓解与慢性病（如关节炎、纤维肌痛综合征、腕管综合征等）有关的疼痛。

（4）缓解压力和焦虑，促进身心放松。热石按摩能引导身体进行深度放松，释放压力，舒缓神经系统，促进睡眠。

（5）增强免疫力。研究证明按摩疗法对免疫力有积极的影响。按摩前后的血液样本显示按摩有助于降低血液中抗利尿激素（一种有助于调节血压的激素）的含量，提高免疫力。

4. 热石的种类及应用

热石按摩通常应选用储热性能良好的玄武岩石及目前备受欢迎的喜马拉雅山岩盐石等。石头的外形应扁平光滑，形状与尺寸应精心设计，以适合使用于身体各部位。

玄武岩、玉石或白英石等都可用于冷石疗法，但一般会采用大理石，因为较高的钙含量可以使其比其他岩石更容易从人体吸收热量，在接触到皮肤后会立即开始变暖，在按摩时不会像冰袋一样因太冷而令人感觉不舒服。

热石一般分为放置石、按摩石、工具石、面部石、脚趾石，每套有 30 ~ 50 块。

（1）放置石。放置石有不同的形状和大小，可根据解剖学、能量点通道（包括 7 个主脉轮）、肌肉酸痛处、身心平衡点来放置，一般放置的部位包括脊柱、脊柱两侧、胸口、腹部、膀胱经、肩颈后、腘窝、腋窝、手足心、脚趾间、手指间和面部。

（2）按摩石。按摩石有不同的形状和大小，应按身体按摩部位的大小来选择使用，既可用于身体按摩也可用于放置。

（3）工具石。工具石有各种形状，通常比按摩石扁且薄，有的呈柱状，以利于点穴或拨动郁结的筋膜肌肉。

（4）面部石。面部石较小，多为扁圆或椭圆，主要用于面部的放置以及面部或头部的按摩。

（5）趾脚石。趾脚石多为扁平，放置于脚趾缝或手指间。

5. 热石按摩前准备

（1）物品用具准备。热石 1 套、热石锅（见图 5–32）1 个、取石勺 1 个、大毛巾

图 5-32　热石锅

4 条、中毛巾 4 条、浴巾 1 条、地巾 1 条、垫枕 1 个、复方香薰按摩油适量。可备 1 碗冷水以冷却刚从热石锅取出，太热的石头。物品用具摆放应整齐有序，具体种类和数量也可根据美容院的具体情况进行调整。

（2）美容师准备。美容师应仔细阅读顾客咨询表或档案，知晓顾客进行热石按摩的目的和禁忌。清洁双手，护理前应告知顾客项目的流程和注意事项。

（3）热石准备。提前 30 ~ 60 min 加热热石至 43 ~ 55 ℃。应使用温度表检查，并随时注意调节温度。热石锅和热石应摆放合理，以便操作。若要冷却石头可采用将冷石放入加冰的水中浸泡几分钟或放入冰箱的方法。

6. 热石的握法及按摩手法

（1）平推法。进行平推法时双手应自然地将热石控制在手里，用其平面施加一定力度来回平推。这种手法适合对较大面积的背部、手臂和腿部等进行按摩，如图 5-33 所示。

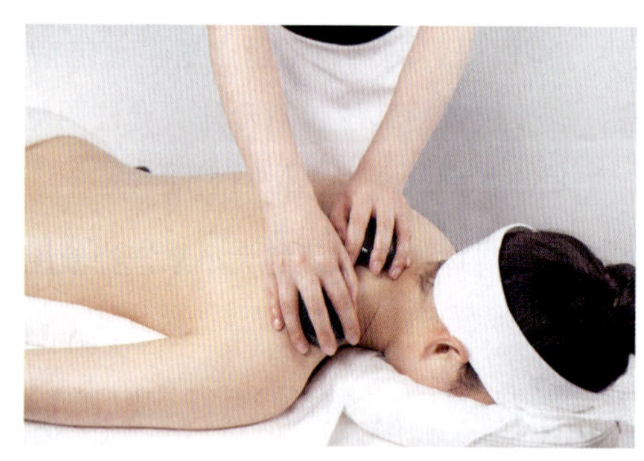
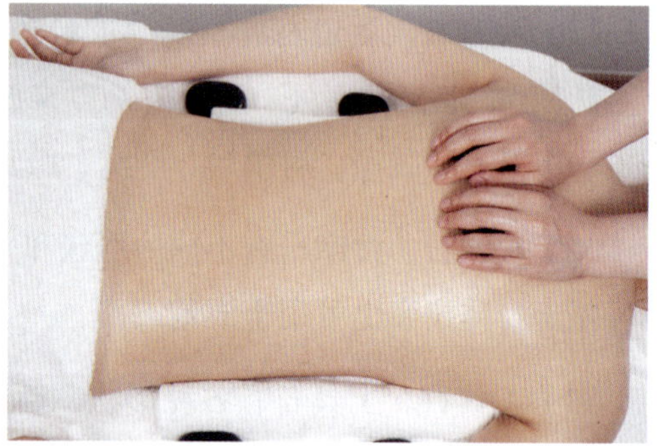
图 5-33　平推法

（2）立推法。进行立推法时用拇指、食指和中指将热石拿起，用其侧面推压，力度应适中。这种手法适合对脊柱两侧、肩胛骨、腰腿部等痛点部位进行按摩，如图 5-34 所示。

（3）定点法。进行定点法时将热石的两头立起来点压，用热石代替手指和手肘按压。这种手法适合对穴位或痛点进行按摩，如图 5-35 所示。

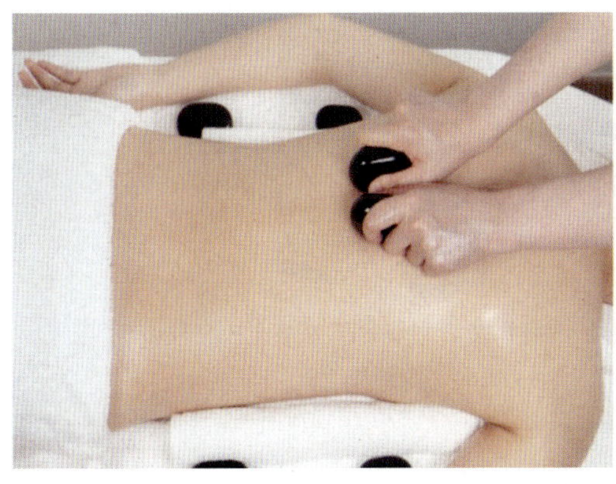
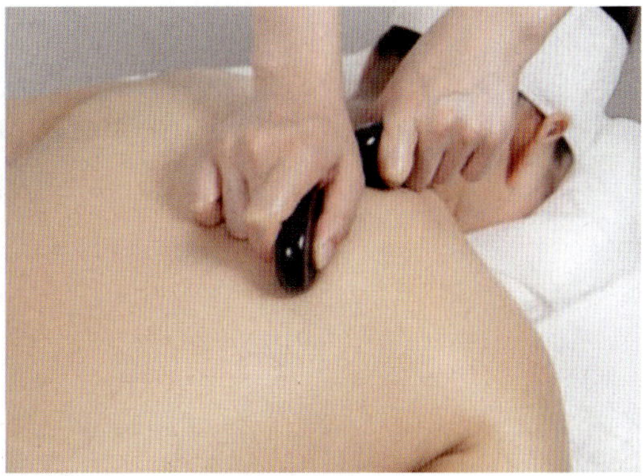

图5-34　立推法

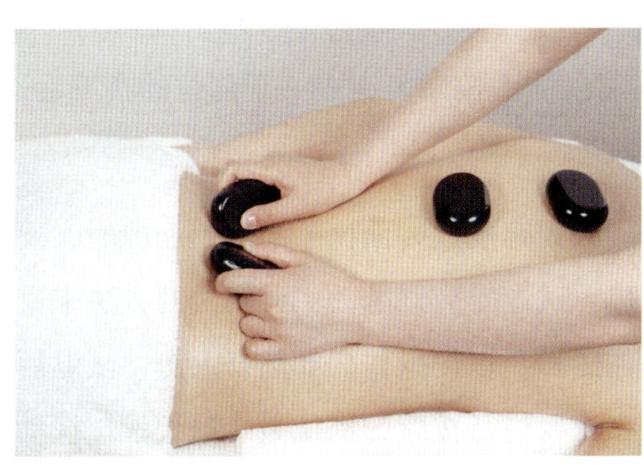
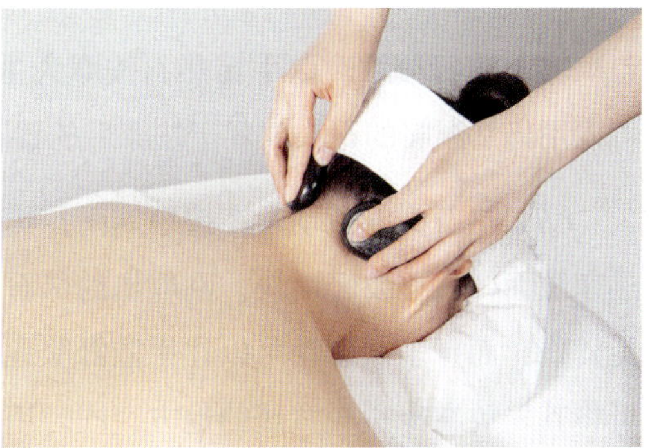

图5-35　定点法

7. 热石按摩的操作顺序

（1）试温。无论冷热石，在放置石头和进行按摩前都需要试温。按摩前美容师应先双手握石试温，之后再将石放在顾客身上试温。

（2）放置热石。放置热石的方法有多种，可在按摩前、按摩中和每个部位按摩后进行。常见的方法之一是按摩前先让顾客坐起来，美容师在床上放置两排热石，放置的位置为顾客躺下时脊椎两侧所在的位置，用毛巾将热石盖住隔热，之后帮助顾客躺下，盖上毛巾，确保顾客躺着舒适安全，热石的温度适宜。

（3）上油。美容师双手上油，之后给按摩石上油，再给顾客的皮肤上油。

（4）热石引入。热石按摩时，美容师要选择好热石引入按摩过程的方式，以免惊吓到顾客。通常采用先用手背在肌肤上轻滑一次，之后动作连贯地翻过手来，快而渐进地把热石引入的方式，让热石引入和按摩融为一体，如图5-36所示。

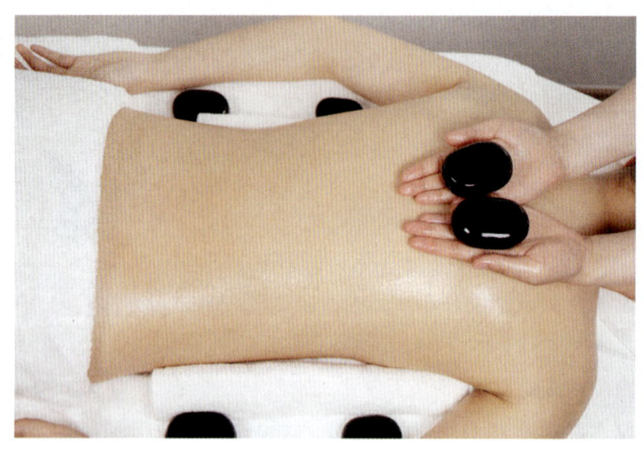

图 5-36　热石引入

（5）热石按摩。以手握热石按摩为主，辅以徒手按摩。完成一个部位的按摩后，可以用仍然温暖的石头放置于按摩后的置石部位。

（6）热石头的翻动。在按摩期间，热石接触顾客皮肤一面比手心这一面凉时，要迅速翻面，过程要轻而快。刚取出的热石较热，试温时应以翻动一、两次的方法来避免烫伤，而且多次翻动可以让手能舒服地握住热石，以便操作。如热石太热，试温后可将其先放在床边较宽阔的地方，同时用手在将要进行按摩的部位做几遍长推按抚动作。如此来回交替几次，直到温度合适为止。

（7）更换热石。完成一个部位的按摩后应检查放置石是否冷却并及时更换。按摩石较凉时也要及时更换，并且取放过程流畅自如、与按摩节奏合拍更能让顾客有行云流水的体验。

8. 热石按摩的结束工作

（1）将面部和身体上的冷热石按顺序移除，为顾客提供按摩结束时的护理。把热石放入锅内，关掉热石锅并盖上盖子。

（2）询问顾客是否需要帮忙起床，注意顾客起身后有无头晕现象。如果顾客有头晕现象，应让顾客喝温水，及时为室内通风，并建议顾客休息。应保证顾客离开时已恢复正常状态。

（3）热石按摩后应让顾客多喝水以补充水分。

（4）使用过的热石要从锅中拿出逐个用肥皂和水清洗，擦干后再进行消毒。清洗消毒并晾干后应用少许按摩油将其浸湿以延长使用寿命，然后保存在消毒干净的热石锅中，将热石锅放置在干燥处。

（5）按标准程序清洁消毒房间，为下一次护理做准备。

9. 热石按摩的注意事项

（1）控制好温度，避免热石烫伤顾客，这是热石按摩最重要的注意事项。要做到这一点，一要控制好热石锅的温度；二要美容师感觉温度合适时再给顾客试温；三要通过询问了解顾客对热石温度的适应范围。

（2）取放热石和按摩时，尽量不要使热石撞击发出声响，按摩时应掌控好握热石的力度和方式，防止热石掉落惊吓顾客。

（3）控制好热石按摩的力度和部位，遇骨则轻，遇肉则重。按摩到骨性隆突处时要轻柔。

（4）切勿在未移动的情况下将热石放置在裸露的皮肤上，必须先用毛巾盖住放置部位隔热，以保护皮肤免受高温伤害。太冷的冷石也需用毛巾盖住放置部位，放置时间不应超过 15 min，否则会冻伤皮肤。

（5）放置热石前要告知顾客放置部位在刚开始时会逐渐加热，如感到太热时，应立即告知美容师，并且不要轻易移动身体，以防热石滑落。

（6）摆放放置石的位置一定要牢记，避免移取时遗忘造成热石滑落。摆放热石的身体部位要面积大而平坦，避免位置过偏，顾客移动身体导致热石掉落。

（7）美容师取热石时要避免热石掉落砸伤自己，并注意不要被热气灼伤。

（8）注意用电安全，提前检查热石锅的电源和水放置的位置，避免发生危险。

10. 热石按摩适宜人群

（1）肌肉组织紧张、僵硬或疼痛，运动后肌肉酸痛的人群。

（2）身体温度偏低，四肢末梢循环不良的人群。

（3）失眠、头痛头晕、精神压力大、身心疲劳的人群。

（4）气血不调，痛经，经期不调的人群。

11. 热石按摩的禁忌

（1）患心脏病、脏器损伤、恶性肿瘤、红斑狼疮、血液系统疾病、癫痫、严重静脉曲张和骨质疏松、血压异常、糖尿病者禁止进行热石按摩。

（2）患流感、肝炎、艾滋病、性病等传染性疾病者禁止进行热石按摩。

（3）有开放性伤口、传染性的皮肤病、过敏性皮肤、牛皮癣、湿疹、大面积烧伤创面等皮肤方面的问题者禁止进行热石按摩。

（4）孕期、饮酒、饥饿或过饱、发热者禁止进行热石按摩。

冷石按摩不适合对低温敏感、皮肤敏感、患心脏病或肾脏疾病的顾客。

五、泰式草药球按摩

草药球按摩以泰式草药球按摩（Thai herbal ball massage）为典型。泰式草药球按摩是一种古老的传统治疗方法，其诞生距今已有数千年历史，是泰国引以为豪的传统医学宝藏之一。古时泰国皇室成员将草药球用于治疗，妇女用其缓解分娩疼痛。这一具有疗效的古法按摩技术流传至今，仍然牢固地扎根于泰国文化中，并且被世界各地以各种形式广泛使用。泰式草药球按摩如图 5–37 所示。

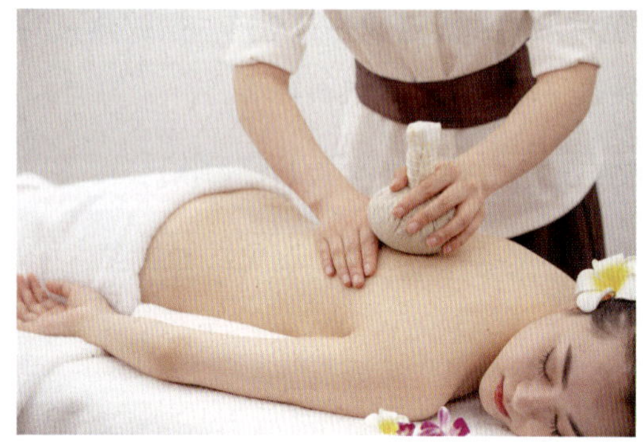

图 5–37　泰式草药球按摩

1. 泰式草药球按摩的概念

泰式草药球按摩又称泰式草药球热敷疗法，该疗法是将由多种天然草药包扎成的草药球浸润蒸热后，在身体或患部缓慢、有节奏地进行深层按压、揉按或滚动，使草药精华经皮肤渗入体内，来帮助缓解肌肉和关节的疼痛及炎症，促进血液和淋巴液循环，消除身心疲劳，焕发身心活力。

2. 草药球主要原料

草药球主要原料及功效如下。

（1）罗望子叶。功效为祛风止痛、活血、消炎、解毒、敛疮。

（2）姜黄。功效为驱寒消炎、通经止痛、和血行气、抗氧化、抗菌。

（3）生姜。功效为祛寒祛湿、刺激血液循环、抗氧化、抗炎、抗菌。

（4）柠檬香茅。功效为镇静、抗菌、消肿止痛、促进血液循环。

（5）青柠叶。功效为祛风除湿、消肿止痛、抗菌、抗炎、舒缓疲劳。

（6）樟脑。功效为消肿止痛、抗菌、发汗。

（7）桂叶。功效为温经散寒，行气活血，止痛、抗菌。

草药球的原料如图 5-38 所示。

图 5-38　草药球的原料

3. 草药球按摩的作用

（1）舒缓身体酸痛，减轻关节炎症。热敷及草药球的药效相结合具有局部消炎镇静、驱寒止痛、松筋舒骨、促进局部血液循环、缓解关节炎和改善关节灵活性的作用。

（2）舒缓僵硬的肌肉，改善肌肉疲劳。草药球热敷可以促进肌肉组织的温度升高，促进局部循环，缓解肌肉僵硬、酸痛和肿胀。

（3）改善血液循环和淋巴液循环。热敷配合天然的草药精华可使毛细血管扩张，促进局部血液和淋巴液的循环，帮助排出体内毒素，提高免疫能力，促进肌肉营养供给，有助于身体病痛的康复。

（4）缓解身心压力，消除身心疲劳。草药球加热后的香气以及热敷的放松作用，可深度缓解紧张情绪，缓解压力和疲劳，改善睡眠质量，使人身心舒畅，有助于身、心、灵的平衡。

4. 草药球按摩的流程

（1）草药球按摩前准备（见图 5–39）

1）物品用具准备。大、小毛巾各数条，地巾 1 条，草药球 2 ~ 3 个，加热锅 1 个或微波炉 1 台，复方香薰按摩油适量。

图 5–39　准备工作

2）美容师准备。美容师应仔细阅读顾客档案，知晓顾客喜好和禁忌。消毒双手，并做好身心准备，保证在接下来的按摩过程中身心合一，全心投入，能时刻观察顾客身体变化。

3）草药球准备。草药球使用前先用水完全浸湿后放入加热锅中蒸 30 ~ 45 min 或用微波炉加热 2 ~ 5 min，使草药蒸透变软，精华素渗出。

（2）草药球按摩操作顺序

1）按摩前进行泰式仪式。

2）按摩部位。背部、手臂、腿部、面部、穴位、经络、关节等。

3）上油及放松按摩。草药球疗法通常在按摩之后进行，应先用香薰精油手法展油，并进行整体放松按摩 5 ~ 10 min。

4）试温。取出草药球并按压排出多余的水分，防止灼伤顾客，操作时可用毛巾包裹草药球隔热，防止过热。操作前应先在前臂内侧试温，以免烫伤自己和顾客。

5）深呼吸。将草药球放在顾客口鼻处，让顾客做 2～3 次深呼吸，吸入草药香气，放松情绪。

6）草药球引入。刚取出的草药球较热，引入到按摩流程中时要控制好温度和湿度，并裹毛巾，以避免温度过高惊吓顾客，并且应动作轻快地在顾客身体上来回点按，以免烫伤皮肤。待草药球稍冷却之后再将毛巾取掉，进行力度深沉、缓慢而柔稳的按揉。

7）手法。采用传统的按压法、揉按法、揉滚法。

①按压法。按压法适合用于对面积较大的背部、腿部、腹部、手臂进行按摩，主要用于按压脊柱、脊柱两侧和腿部整体线条等，如图 5-40 所示。

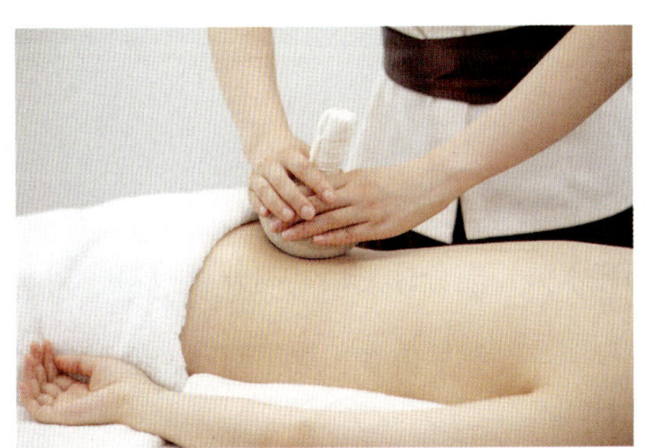
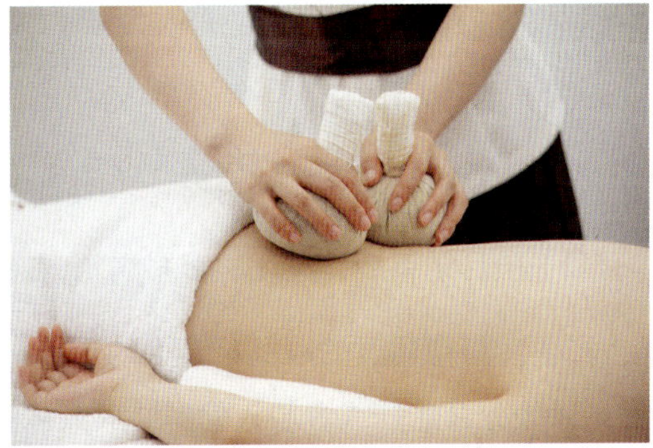

图 5-40　按压法

②揉按法。揉按法适合用于对脊柱两侧进行按摩，也可用于按压肩胛骨两侧、腰部两侧、大腿后侧肌肉群，如图 5-41 所示。

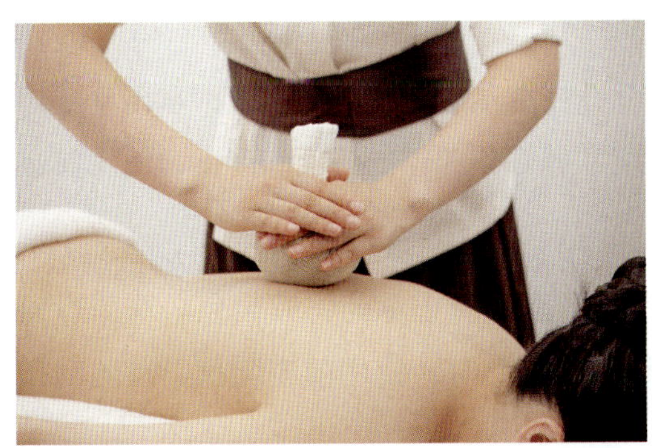

图 5-41　按压法

③揉滚法。揉滚法适合用于对肩胛骨两侧、腿部胆经两侧进行按摩，如图 5–42 所示。

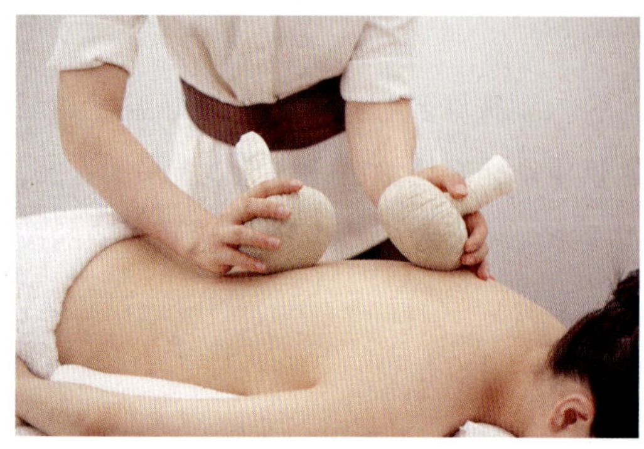
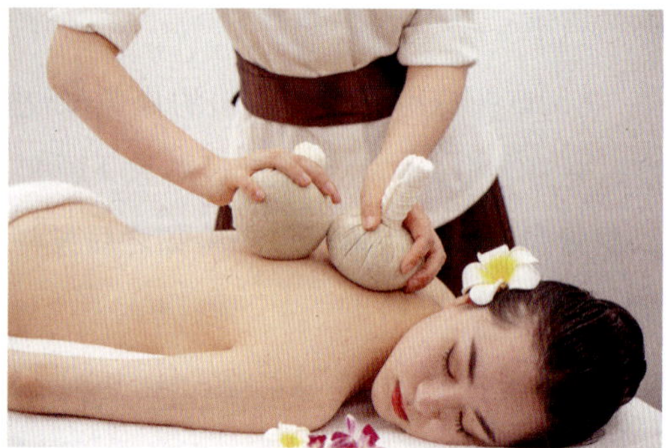

图 5–42　揉滚法

8）换草药球。按摩过程中如感觉草药球变凉，应先用毛巾将顾客按摩部位盖上，再换另外一个草药球继续按摩。

（3）结束工作

1）把草药球放在加热锅内，关闭加热锅。

2）项目结束后，应让顾客多喝水，在补充水分、充分休息后才离开。

3）应将使用过的草药球蒸大约 7 min 进行消毒，然后放在阳光下晾晒，晒干后放在干燥处分开悬挂或者装入保鲜袋放入冰箱里冷藏。

4）护理结束后按标准程序清洁并消毒房间，为下一次护理做准备。

5. 草药球按摩的注意事项

（1）按摩过程中应保持适当的室内温度，避免顾客在护理过程中受寒，并应注意草药球冷却后立即更换。

（2）打开蒸锅时应小心蒸汽，以防烫手，并注意草药球里的水蒸气，拿出草药球后应先在毛巾上按压，把多余的水分挤干。应掌握好草药球的温度和湿度，使用前必须先试温，防止灼伤顾客。

（3）草药球不能直接放在白床单或者白毛巾上，防止草药将其染色。草药球通常由草药粗粉制成，球面光滑，但如有草药枝叶露出时，使用前应除掉，以防刮伤皮肤。

（4）因为草药球无法彻底干燥，霉菌和细菌可能会在草药球中滋生，所以，草药球建议使用两到三次后就扔掉，最好不要多人共用一个草药球，建议每次用完后可把草药球送给顾客。

（5）为了卫生安全，对身体的不同部位应使用不同的草药球，如脸部与身体应分开使用，可使用较小的草药球进行按摩。

（6）按摩过程中应时刻观察顾客的状态，如果顾客有头晕恶心现象，应停止护理，开窗通风，让顾客多喝水、保持体温并安静休息。若顾客感到局部疼痛或被灼伤，应立即停止操作并进行应急处理，同时应及时向经理汇报，严重者需立即就医。

6. 草药球按摩适应人群

（1）哺乳期乳房胀痛、分娩阵痛，月经期小腹或腰背胀痛，产后需祛风活血者。

（2）患纤维肌痛、软组织损伤、腰酸背痛、肩颈痛、肌肉疲劳僵硬、扭伤、痛风、风湿关节炎者。

（3）身心疲劳、心理压力大、偏头痛、焦虑、亚健康状态者。

7. 草药球按摩的禁忌

（1）有急性损伤。如肌肉关节急性损伤，出现肿胀、灼热或发红等症状。

（2）有皮肤问题。如皮肤溃烂发炎、皮肤过敏。

（3）有严重疾病。如心脏病、肾病、糖尿病、局部部位无知觉、血压异常、恶性肿瘤、血液性疾病。

（4）有传染性疾病。如流感、肝炎、性病、传染性皮肤病等。

（5）其他。如孕期，饥饿或过饱，醉酒，近期做过手术、有出血倾向、发热、发烧，热疗后会产生头晕以及身体应激反应者。

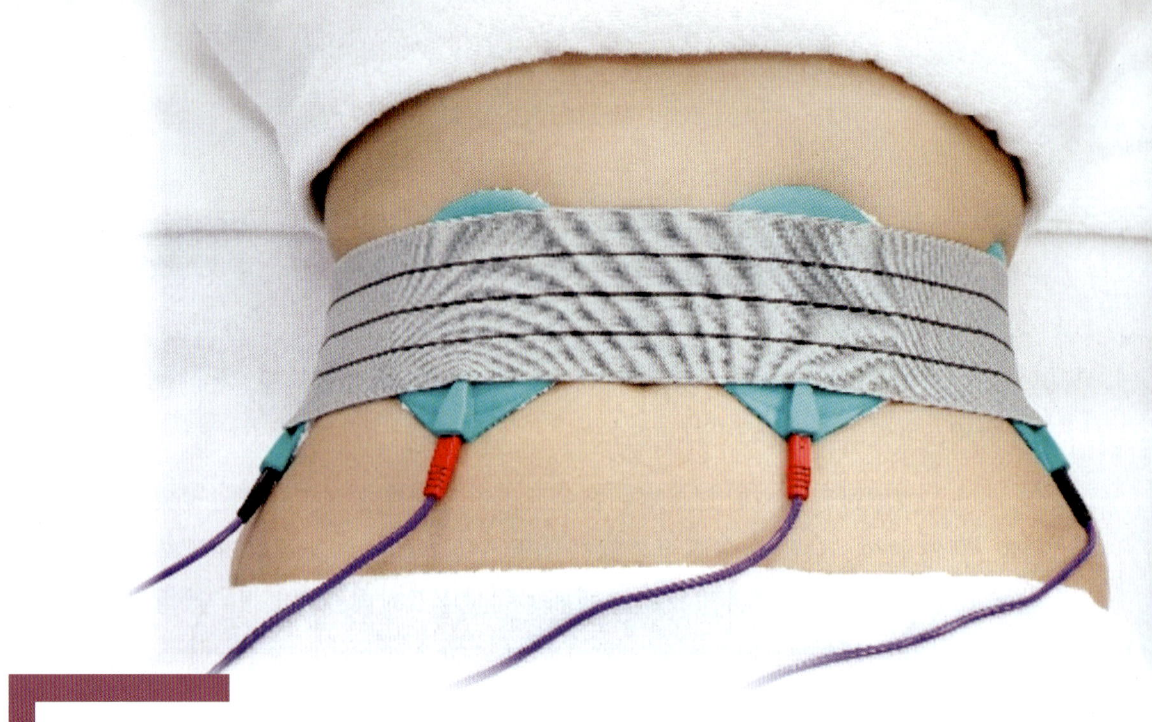

第三节 减肥塑身

一、仪器减肥塑身

仪器减肥塑身服务项目主要是针对因脂肪过度堆积所造成的身体局部围度比例失调，通过非侵入性减肥美体仪器配合按摩手法、减肥化妆品或者利用专门设备进行医疗美容等手段，来适当减少身体局部的过多脂肪，改善橘皮组织和水肿，从而达到美体塑身、紧致皮肤的目的。仪器减肥塑身的主要护理部位包括腰腹部、臀部和大腿部。

1. 美容院

美容院使用的减肥塑身仪器种类繁多，通常是集多种性能为一体的多功能减肥塑身仪器（见图 5-43）。这些减肥塑身仪器利用各种先进技术对人体协同作用，来达到减肥与塑身的效果。例如，先用聚焦超声波技术来爆破脂肪，之后用滚轮机械按摩技术来消耗堆积脂肪，再用多极 RF 射频技术来加热溶解脂肪、加速脂肪酸的排出以及紧致皮肤。具体操作方法应按照对应仪器的培训指南来进行。

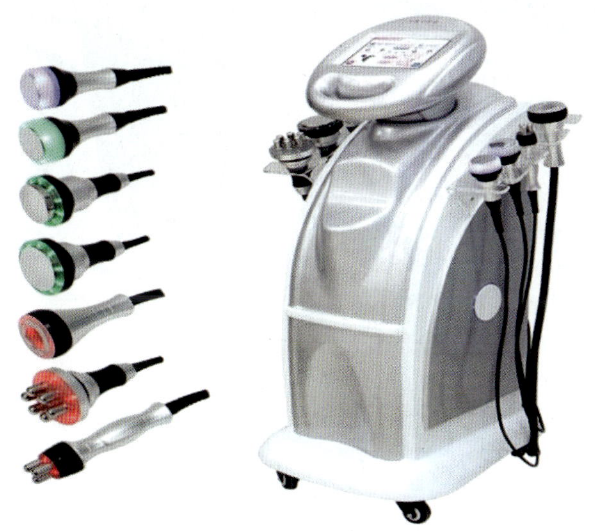

图 5-43 多功能减肥塑身仪器

（1）强超声波爆脂技术。强超声波爆脂减肥的原理是利用聚焦强超声波直接作用于脂肪细胞，使脂肪细胞间剧烈摩擦和撞击，有效消耗能量和脂肪细胞中的水分，使脂肪细胞萎缩、爆碎，从而达到减少脂肪积聚的目的。

（2）滚轮机械按摩技术。滚轮机械按摩通常采用结合滚轮 + 真空负压 +RF 双极射频技术的护理探头，将皮肤及皮下组织吸起，同时对皮下脂肪进行吸、捏、滚的深层按摩，促进爆碎脂肪的液化和分解以及脂肪酸的排出，以达到充分消耗积聚脂肪的目的。

（3）RF 射频溶脂技术。射频溶脂减肥的原理是利用射频加热技术，使身体局部加热升温，使处于活跃状态的脂肪细胞迅速加热、膨胀和破裂，从而达到溶解脂肪细胞的目的。并且，其可促进凋亡的脂肪细胞和毒素排出体外。同时，射频能刺激胶原蛋白和弹性蛋白的产生和重组，具有修复老化受损肌肤、紧致肌肤和改善肤质的效果。

（4）冷冻溶脂技术。采用冷冻溶脂技术的 360 度脂肪冷冻瘦身仪器（见图 5-44）将冷冻、负压、光能技术相结合，利用皮肤组织与脂肪细胞的冻结温差，靶向冷却脂肪细胞。经过 2 ~ 6 个月的护理，脂肪细胞就会逐渐凋亡、溶解和代谢，并通过新陈代谢排出体外，使局部脂肪层逐渐减少、变薄，从而达到减肥塑身效果。

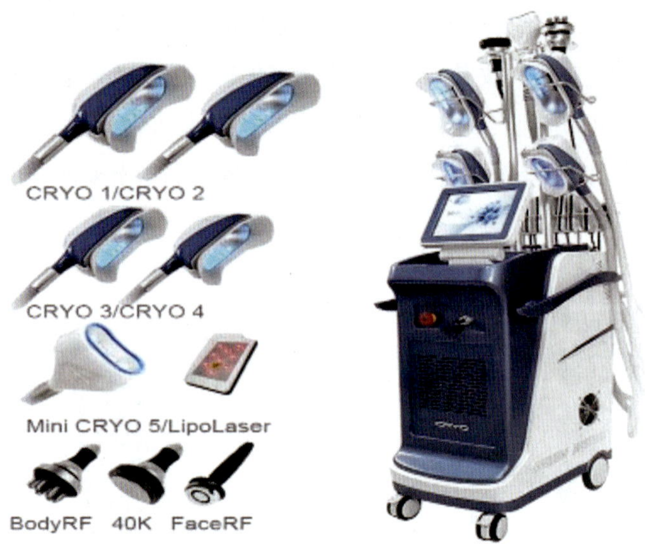

图 5-44 360 度脂肪冷冻瘦身仪器

（5）真空负压吸附技术。真空负压的主要作用是利用真空吸附探头吸取皮下脂肪，以进行射频、冷冻、滚轮机械按摩等护理或治疗。负压的吸附作用也可通过在身体上游走对肌肤产生挤压和按摩，起到吸脂移脂、加速脂肪细胞代谢分解、辅助减肥塑身的作用。同时可促进淋巴循环和血液循环、改善局部组织的氧气和营养供应以及放松疲劳的肌肉组织。

（6）红光、红外光技术。各种护理探头内的红光、红外光能够穿透皮肤深层，可促进皮下脂肪组织的消融和分解，加速废物排泄，可起到辅助减肥、瘦身的作用。此外，红光及红外光具有促进微循环、改善局部组织的氧气和营养供给、促进肌肤新陈代谢、刺激骨胶原的产生和紧致肌肤等作用。

2. 医疗美容

（1）抽脂减肥手术。侵入性抽脂减肥手术的原理是将吸脂管经皮肤上的小切口插入皮下脂肪层吸出堆积的多余脂肪碎块，以达到减肥塑身的目的。

（2）激光溶脂术。激光溶脂术是较传统的医疗美容减肥疗法，适合溶解浅层局部堆积的脂肪。激光溶脂的原理是利用低能量的激光热效应，选择性地将脂肪粒击碎和溶解，使脂肪细胞数量减少。之后根据融化脂肪面积的大小来选择使用挤压、注射器抽吸或探针负压抽吸的方法吸出融化脂肪。激光溶脂术分为体内和体外，体内溶脂术在照射激光前需要在皮肤上做一小切口，以插入射出激光的光纤导管，而体外溶脂术则无须做切口。另外，激光可以刺激胶原蛋白产生，可紧致相应部位的皮肤。

二、其他减肥塑身方法

减肥塑身是一项综合工程，除选择减肥塑身护理或治疗外，更重要的是注重科学饮食并配合运动，只有这样才能达到减重和长期保持身材的目的。除此以外，还可选择其他的减肥方法来达到减肥塑身的效果。

1. 饮食减肥法

科学饮食减肥是最为健康和有效的减肥方法。其关键是降低热量的摄入，使热量的摄入低于机体的热量消耗。要点是要科学搭配三餐，并逐步降低热量摄入，同时将多余脂肪代谢掉。饮食减肥最好在营养师的指导下进行。

2. 运动减肥法

对减肥者来说，进行适当的有氧运动是最有效的健康减肥方法之一，尤其是球类、跑步、爬山、游泳、瑜伽和跳舞等能消耗大量热量的运动，既能锻炼肌肉、减少体脂、使身体紧致并减轻体重，还可预防和辅助治疗心血管慢性病及其他慢性病，促进身体健康。运动减肥需要长期坚持，否则体重会反弹。

3. 药物减肥法

药物减肥法即通过使用具有减肥作用的药物来减少脂肪、减轻体重。常用的减肥药物包括抑制食欲类、增加水排出量类、增加胃肠蠕动和加速排泄类和增加热量消耗类。大部分减肥药虽然有疗效，但也有一定的副作用，应在专业医生的指导下进行治疗。无论使用哪种药物，在使用前都建议先考虑用饮食减肥和运动减肥的方法。

4. 美体塑身内衣

美体塑身内衣又名塑型衣、塑身衣或体雕衣等，其原理是运用弹性材质，利用身体的自然运动而将多余的脂肪燃烧消耗一部分，再通过施加压力，将脂肪推移至乳房、臀部，从而修饰出完美的身体曲线。

美体塑身内衣从整体功能上讲，可分为日常塑身、运动塑身、医疗塑身。从产品性质上讲，可分为调整型文胸、束腰、束裤、整体塑形三件套、塑臂衣、整体全方位塑身衣、收腹带等类型。

（1）调整型文胸。调整型文胸的作用是丰胸、美胸、健胸。它采用U形托胸设计，提拉变形胸，使胸部挺立、增加丰满感，同时减轻副乳，防止双乳外开、下垂，呈现乳沟，如图5–45所示。

（2）束腰。束腰的作用是拉高腰部位置、塑造腰部曲线、调整姿态。体态是否匀称很大程度上取决于腰部曲线，束腰可以塑造腰部曲线，控制胃、腹脂肪的囤积，调整站姿、坐姿等，如图5–46所示。

图5–45　调整型文胸

图5–46　束腰

（3）束裤。束裤的作用是提臀、瘦腿、平腹。束裤采用立体臀杯设计，将脂肪束至最理想的位置，能凸显臀部浑圆上翘曲线，抑制小腹突出，长型束裤还能紧缩大腿赘肉，修饰臀部至大腿间的曲线，如图5–47所示。

（4）束臂衣。束臂衣的作用是聚胸、平背、瘦手臂。它可聚拢胸部，使胸部曲线更丰满，同时可以防止驼背、耸肩，改善“富贵包”，使背部更挺拔，保持优雅体态；其可防止手臂部位脂肪堆积，长期穿着可使手臂更加纤细，如图5–48所示。

图 5-47　束裤

图 5-48　束臂衣

（5）整体全方位塑身衣。整体全方位塑身衣从胸至臀，连身包起，除改善各部位曲线外，还可防止驼背、矫正姿势、全方位塑身，令身形更挺拔，如图 5-49 所示。

图 5-49　整体全方位塑身衣

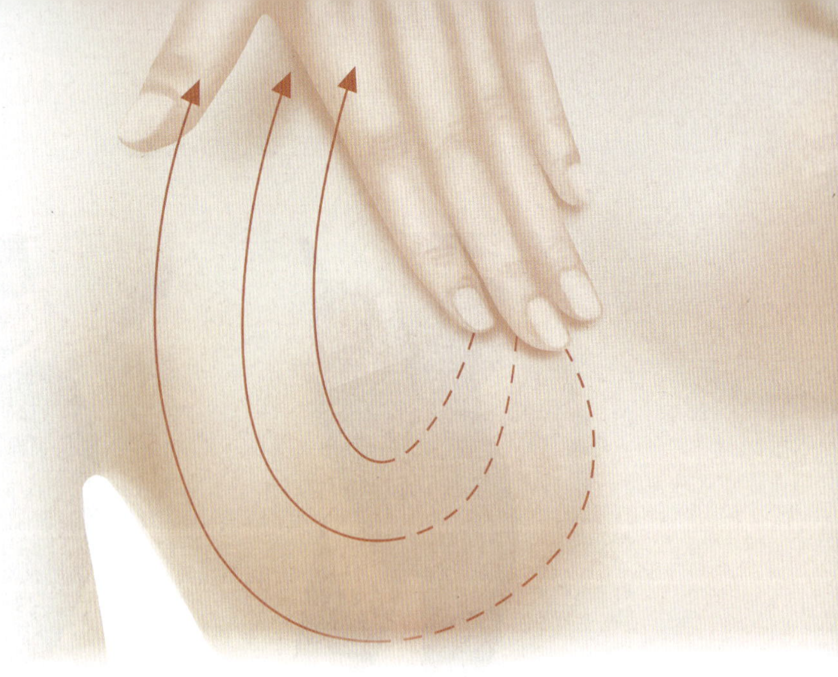

第四节 美胸护理

乳房，对于女性来说不仅是哺乳的重要器官，更是女性健康美的象征。发育成熟的女性会拥有两侧对称和富有弹性的乳房，但因遗传、哺乳和衰老等因素引起的乳房松弛下垂、皮肤粗糙等乳房瑕疵，在很大程度上影响着女性身体的美观，甚至会影响到女性的健康和自信。越来越多的女性通过医学美容和生活保健手段来改善和保持乳房的美观和健康。

根据国家相关规定，美容院开展的美胸护理项目主要包括护肤品美胸和物理美胸。前者是运用含中草药和植物提取成分等具有美胸效果的产品涂抹乳房，在一定程度上为组织细胞补充营养，以改善乳房衰老症状；后者是指美容师运用按摩手法、仪器或美胸护理产品对乳房进行保养，在一定程度上达到滋养皮肤，改善乳房萎缩、松弛、下垂，美乳健胸和预防乳房疾病的目的。

乳房是女性重要的生理器官，护理不当会带来一定风险，美容师必须掌握扎实的乳房组织结构、生理功能等医学理论知识，能正确观察和识别乳房疾病并在顾客乳房健康的情况下进行护理，才能有效规避风险，科学、安全地进行美胸。

一、乳房的生理知识

1. 乳房的体表位置和形态

（1）乳房的体表位置。乳房位于胸前区，胸大肌和浅深筋膜的表面，上起第 2 ~ 3 肋，下至第 6 ~ 7 肋，内侧至胸骨旁线，外侧达腋前线或者腋中线。

（2）乳房类型。按乳轴（从基底面到乳头）的高度与乳房基底面直径比例的大小，乳房组织的丰满度、张力、弹性及乳轴与胸壁的高度可将乳房的形态分为 4 种类型，如图 5-50 所示。

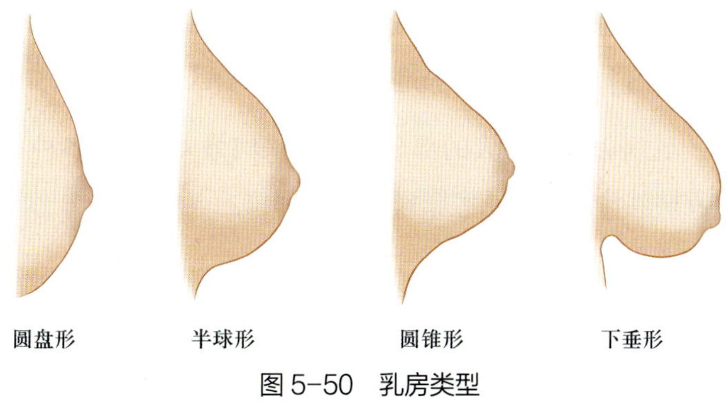

图 5-50　乳房类型

1）圆盘形（扁平形）。乳轴高度 2 ~ 3 cm，小于乳房基底面直径的 1/2，属于比较平坦的乳房。

2）半球形。乳轴高度 5 ~ 6 cm，约为乳房基底面直径的 1/2。

3）圆锥形。乳轴高度在 6 cm 以上，大于乳房基底面直径的 1/2。

4）下垂形。乳轴显著向下，乳房组织松软，弹性差。根据乳房下垂的程度将其分为 3 度，如图 5-51 所示。乳头的黄金点即当女性直立时，两眼平视前方，上臂自然下垂，耳垂外缘的垂直线与上臂中点的水平线相交的点。

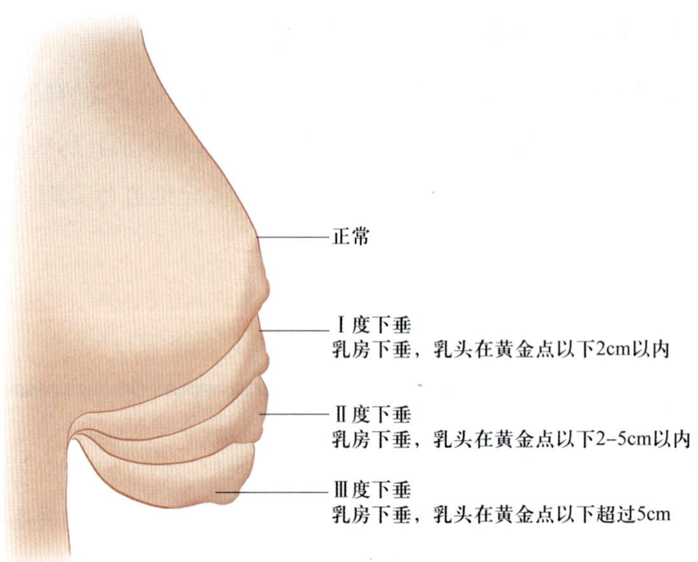

图 5–51　乳房下垂程度

此外，还有萎缩形和巨乳形，这两种类型可能体现为以上 1、3、4 类型。

（3）乳房的分区

1）按象限区分。以乳头为中心作一条垂直线和水平线，可将乳房分外上象限、外下象限、内上象限、内下象限以及中央部（乳头及乳晕区）5 个区，如图 5–52 所示。

①外上象限。乳房腺体量最大的部分（摸起来肉最多），是各种良恶性肿瘤的好发部位，也是哺乳期乳汁淤积和乳房胀痛的常见部位。

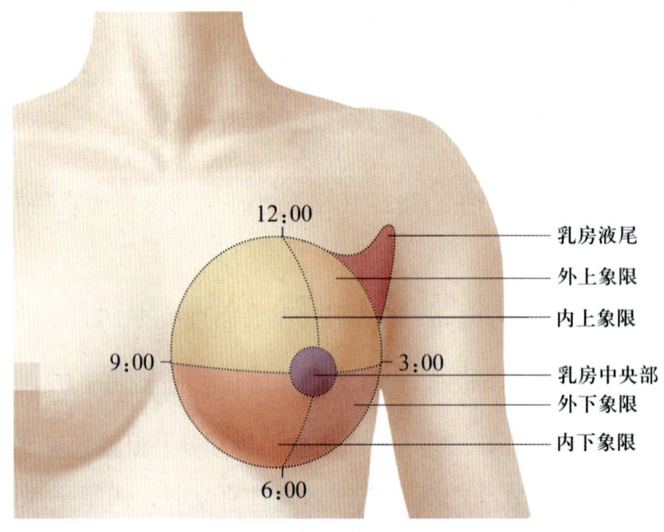

图 5–52　按象限区分

②外下象限。决定乳房弧形轮廓的部分。

③内上象限。“乳沟”形成的主要部分，是内衣显露的部分。

④内下象限。相比其他三个象限，它被内衣包裹，乳腺腺体量较少。

⑤中央部（乳头及乳晕区）。是没有皮肤覆盖的部分，最为娇嫩，应避免对其进行过度刺激挤压。

2）按钟表位区分。为了在乳房表面定位及标注亚健康部位，方便与顾客沟通交流，可将钟表在乳房的投影作为一种标记方式，如图 5–53 所示。

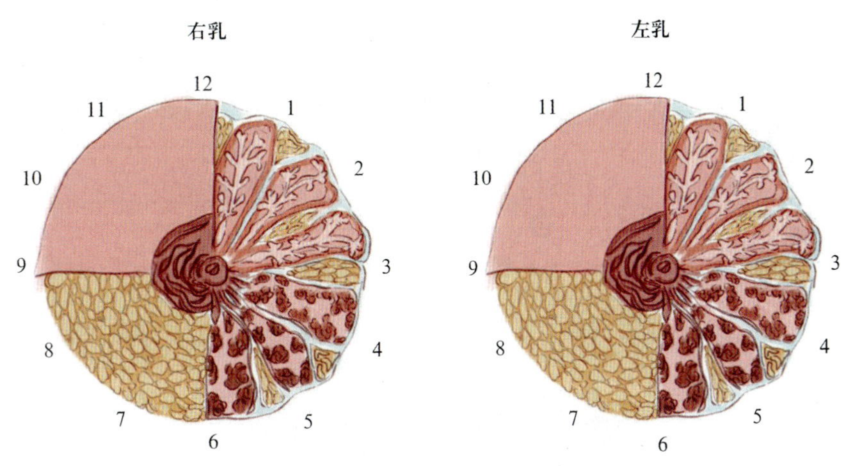

图 5–53 按钟表位区分

时钟的中心代表乳头，结合象限划分来理解：右乳 12 点钟 –3 点钟位（顺时针方向）代表右乳内上象限，左乳 12 点钟 –3 点钟位（顺时针方向）代表左乳外上象限。

描述乳房局部情况时，常用如下表达方式：位于 × 侧乳 × 点钟位距乳头约 ×cm 处。

（4）乳房的健美标准

胸围与身高比值简称“胸身比值”。女性理想胸围大小与身高的关系为：身高（cm）×0.53，如 160（cm）×0.53=85（cm）。若胸围（cm）÷ 身高（cm）≤ 0.49，则胸围偏小；若 0.49 < 胸围（cm）÷ 身高（cm）≤ 0.6，则胸围标准；若胸围（cm）÷ 身高（cm）>0.6，则胸围过大。但标准胸围的胸部是否美观，还要考虑其他条件。

健美的乳房应该是左右对称，发育良好的；乳房内应脂肪充足，大小胸肌发达；乳房形状应挺拔丰满，触感柔韧且富有弹性。

美学家认为挺拔且乳头微微上翘的半球形、圆锥形乳房最有美感，具体来讲，乳房位置应在正常的生理位置，乳头位于第 4 肋间，相距在 20 cm 左右，基底面的直径在 10 ~ 20 cm 之间，乳头、乳晕颜色浅红而不发黑。

乳房的黄金比例如图 5–54 所示。

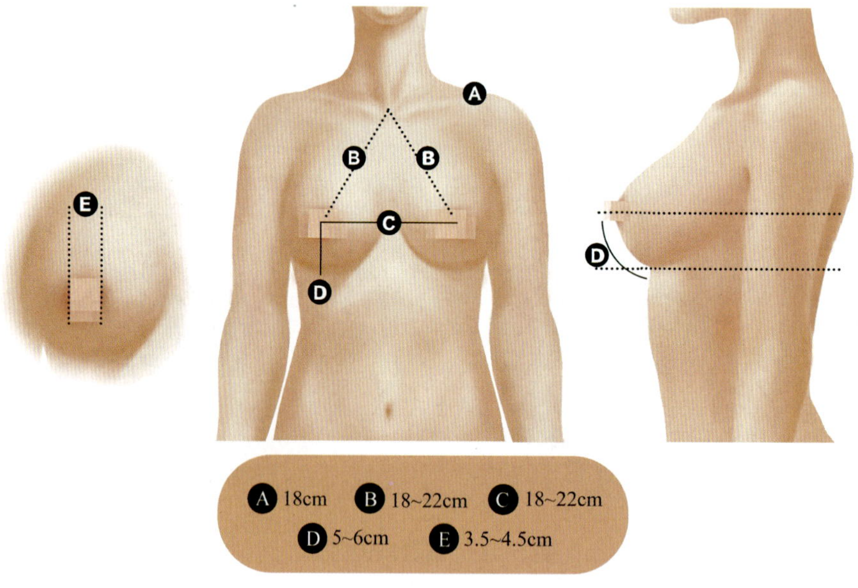

图 5–54　乳房的黄金比例

2. 乳房的结构

乳房为哺乳器官，也是第二性征器官，主要由乳腺组织、脂肪组织、结缔组织、血管、淋巴、神经构成，如图 5–55 所示。

（1）乳腺组织。成人乳腺由 15 ~ 20 个乳腺叶组成，以乳头为中心呈放射状排列，腺叶分成许多乳腺小叶，乳腺小叶由许多腺泡组成。每个乳腺叶有输送乳汁的输乳管，末端形成输乳管窦并开口于乳头，乳腺叶之间由含有脂肪的纤维结缔组织填充。乳腺叶、腺泡、输乳管、输乳管窦等构成了乳房中的乳腺组织。其中，乳腺组织约占乳房体积的 1/3。

乳腺组织具有泌乳功能，是决定乳房是否丰满、有弹性的重要因素，也是乳腺疾病如：乳腺增生、乳腺癌等的好发部位。乳腺组织的发育与遗传和卵巢功能等因素有关。

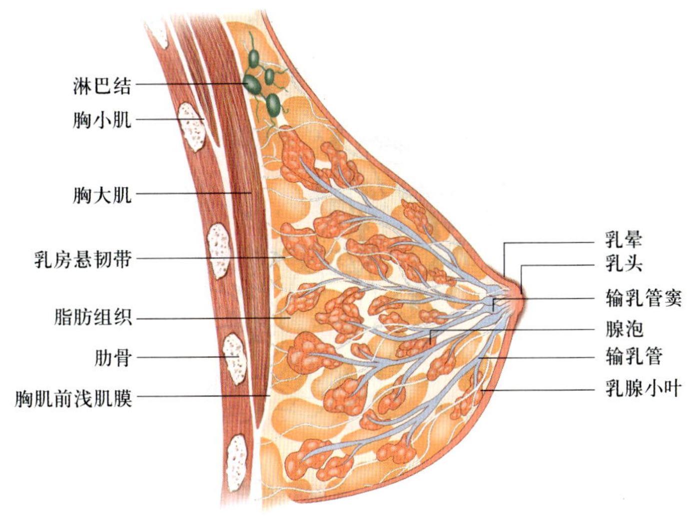

图 5-55　乳房的结构

（2）脂肪组织。乳房的脂肪组织呈囊状包围于乳腺，形成半球形，这些囊状的脂肪组织称为脂肪囊。脂肪囊的厚薄可因遗传、年龄、生育、体重等原因存在个体差异。脂肪组织决定乳房大小，约占乳房体积的 2/3，所以，通常减肥后乳房体积会缩小。

（3）结缔组织。乳房结缔组织是胸壁浅筋膜向外移行的结缔组织部分，由腺体的基底部连接于皮肤或胸部浅筋膜和胸肌筋膜，形成分割乳腺叶的“墙壁”和“支柱”，对乳腺的位置有固定作用，也叫乳房悬韧带。

（4）血管。乳房中的动脉主要分为胸廓内动脉和胸外侧动脉，静脉主要分为浅静脉组和深静脉组。

（5）乳房的神经。乳房的神经主要包括皮神经、胸前神经、胸长神经和胸背神经分支，其中乳头部位神经末梢丰富，是乳房最为敏感的部位。

（6）乳腺的淋巴。女性乳房淋巴管丰富，分为浅、深两组，浅组位于皮内和皮下，深组位于乳腺小叶周围和输乳管壁内。乳房的淋巴主要注入腋淋巴结群，约占 70% 以上，其余部分注入胸骨旁淋巴结、胸肌间淋巴结和膈下淋巴结等（见图 5-56）。妊娠、哺乳、肥胖者以及乳房过于丰满者，其细胞代谢产物增多，腋淋巴易堵塞形成“腋下包”，影响乳房淋巴液正常回流，引起乳腺结节和乳房胀痛。

（7）与乳房相关的肌肉。与乳房相关的肌肉有胸大肌、胸小肌、前锯肌、斜方肌等。通过运动和按摩乳房，可刺激肌肉收缩，一定程度上能起到让乳房结实丰满和促进乳房淋巴回流的作用。

（5）精神因素。心情舒畅有利于平衡女性内分泌，让乳房正常发育。而不良精神因素则会影响乳房发育，甚至会引起乳腺癌的发生。

（6）运动因素。经常锻炼，如扩胸可使胸肌更加发达，有助于乳房高挺。相反，若缺乏锻炼则有可能影响乳房的发育。

7. 致使乳房衰老（松弛、下垂、萎缩）的因素

（1）哺乳后乳房萎缩、下垂。停止哺乳后，乳房腺体组织的收缩速度比乳房皮肤收缩要快得多，致使乳房塌陷萎缩，乳房皮肤出现皱褶。

（2）青春期乳房发育过快。青春期乳房发育过快，在短时期内长得很大，脂肪组织的过度增长会导致乳房过早下垂，使乳房出现早衰。

（3）不适当的快速减肥。体重的减轻会对乳房的外形产生不良影响。因为随着体重的减轻特别是快速减轻时，身体上消瘦最明显的部位就是乳房。所以，每当体重减轻时，乳房都会出现松弛、下垂现象。

（4）乳房发育不良或乳房疾病。有些女性会由于皮肤结构特殊、皮下脂肪疏松、胸部肌肉发育不良或胸部肌力衰弱而导致乳房松弛、发育不良或下垂。

（5）粗野、猛烈的外力。乳房部位遭受粗野、猛烈的外力挤压或外伤，会导致血液淤滞，出现过早衰老现象。

（6）生活压力。生活压力过大、精神郁闷会导致胸部皮肤弹性张力减低而松弛，乳房下垂、变形。

（7）年龄因素。因年龄关系，体内雌激素分泌减少从而引起乳房萎缩，这种情况多出现在更年期。

二、乳房与经络、穴位、气血津液

中医学认为正常乳房的生长、发育和分泌乳汁的功能都和脏腑、经络、气血等密切相关，受五脏六腑十二经脉气血津液之所养，随女子精气的盛衰而在不同时期出现盈亏变化，其生理功能又与月经、胎孕、产育相互联系。因此乳房虽属局部器官，但通过十二经脉和奇经八脉的纵横联系，与其他脏腑形成一个有机的整体，并通过精、气、血、津液的作用来完成其功能活动。

1. 乳房相关经络

乳房为经络交汇之处，其与手太阴肺经、手少阴心经、手厥阴心包经、足少阴肾经、足阳明胃经、足太阴脾经、足厥阴肝经、足少阳胆经及冲任二脉等经络均有关系，其中与肝经、脾经、胃经最为相关，其次为冲任二脉。

足阳明胃经行贯乳中；足太阴脾经，络胃上膈，布于胸中；足厥阴肝经上膈，布胸胁绕乳头而行；足少阴肾经上贯肝膈而与乳联；冲任二脉起于胞中，任脉循腹里，上关元至胸中，冲脉夹脐上行，至胸中而散。以部位分，女子乳头属肝，乳房属胃；男子乳头属肝，乳房属肾。

通过按摩乳房相关经络腧穴，可以达到养生、健胸、美胸的目的，如图 5-57 所示。

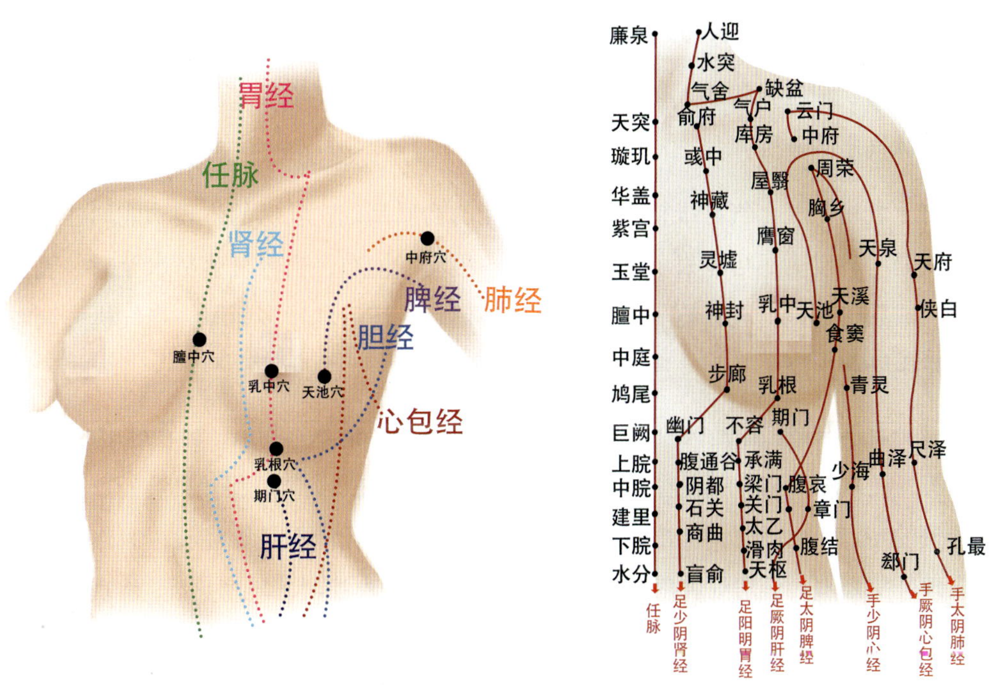

图 5-57　乳房相关经络

2. 乳房按摩常用穴位

与乳房按摩相关的穴位有肩井、云门、中府、屋翳、膺窗、膻中、神封、乳中、乳根、期门、天池、天溪、渊腋、极泉、大椎、膈俞、肝俞、脾俞、肾俞等，部分穴位如图 5-58 所示。

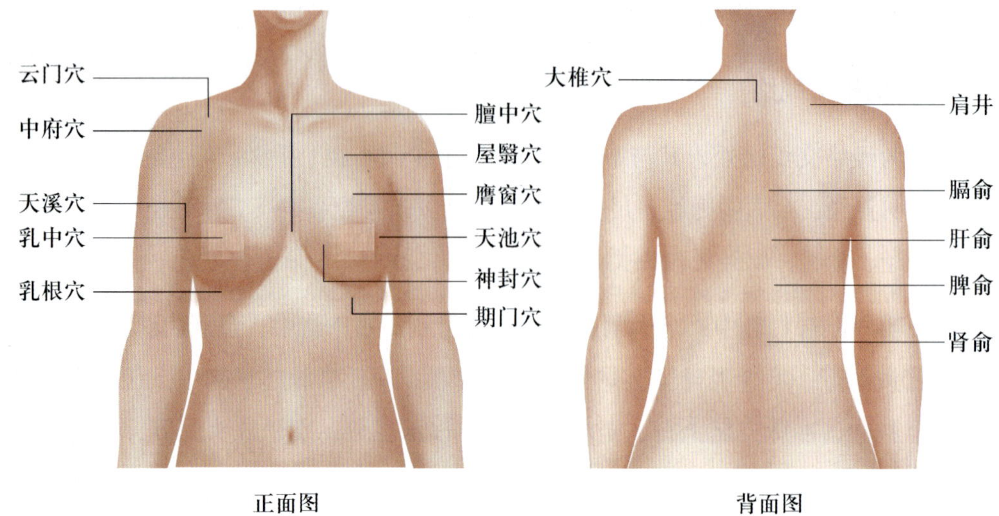

图 5-58　乳房按摩常用穴位

3. 乳房与气血津液的关系

气、血、津液是构成人体和维持人体生命活动的重要物质基础，乳房受五脏六腑十二经脉气血津液所养。

（1）乳房与气。气是维持人体生理功能的物质基础，乳房的生理功能同样离不开气。气是一种动力，可生发、气化、营养、推动、输布，当肾气盛癸水至时，乳房则发育、成熟，功能健全；胃气盛时，则体格健壮，产后乳汁多而厚。当气机失调时则可能发生乳房疾病。

（2）乳房与血。血是构成人体和维持人体生命活动的基本物质，血在脉中周流不息，注五脏，灌六腑，濡养滋润着人体，且有得温则行、得寒则凝、得热则妄行、溢于脉外则为瘀的特点。血虚时，会出现乳房发育不良、产后乳汁不足等症状；血热时，乳房可出现乳头溢血、乳房红肿疼痛、恶性肿瘤等症状；血瘀时，乳房疼痛，出现肿块等症状。

（3）乳房与津液。津液为水谷精微所化生，对全身脏腑器官有营养作用，同时津液的生成、输布、排泄受到脾、肺、肾（三焦）的调节。脾失健运是临床上乳房病中常见的湿聚成痰成肿的原因。

三、美胸护理方法

常见的美胸方法有药物美胸、手术美胸、经络美胸、按摩美胸、仪器美胸、运动美胸、膳食美胸、音乐美胸等。其中，按摩美胸是美容院最常用的美胸方式，乳房按摩可帮助乳房排出代谢产物、促进乳房血液循环和营养吸收，使胸部丰满而有弹性。按摩主要结合乳房淋巴回流方向、乳腺小叶走向和乳房相关腧穴来进行，按摩时通常配合使用一些具有营养和润滑作用的植物精油、乳液、啫喱、精华液或膏霜。

1. 美容院美胸护理方法

（1）美胸护理的功效与作用

1）强健胸肌及结缔纤维组织，让乳房暂时保持年轻态。

2）促进血液和淋巴液循环，使体内代谢能力提高，一定程度上增强乳房组织细胞活力。

3）增加皮肤弹性，促进皮脂腺与汗腺的分泌，使胸部皮肤光洁细腻、乳晕粉嫩。

4）改善肌肉营养供应，提高肌肉的张力、收缩力、耐力和弹力，一定程度上增强肌肉运动功能。

（2）美胸护理接待咨询。美容师在接待顾客时要了解该顾客的乳房健康情况、禁忌和以往护理情况，做好档案建立和管理。

1）准备工作

①接待室准备。接待室应具备隐私条件，温度在26 ℃左右。

②用品用具准备。要准备的用品用具包括美容床、美体服、一次性床垫、毛巾、体脂测量仪、软尺、美胸记录卡、落地镜等。

2）胸部分析

①听取顾客的诉求，询问顾客乳房健康状况，并解答顾客的问题。

②观察乳房的形态、大小，及双侧是否对称，乳头乳晕颜色是否正常，乳头是否内陷、溢液，乳房皮肤是否干燥、有皱纹或丘疹，是否有“酒窝征”“橘皮征”和“青

筋”等表征。

③测量顾客身高、体重、体脂含量，按如图 5-59 所示，测量上胸围、下胸围、胸乳间距、锁乳间距、双乳间距并记录在档。

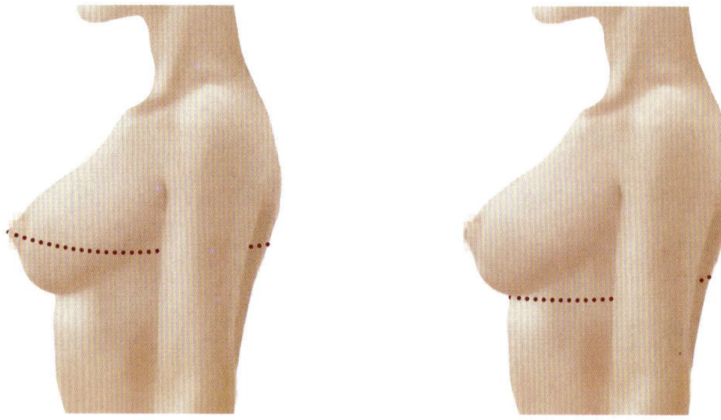

a)　　b)

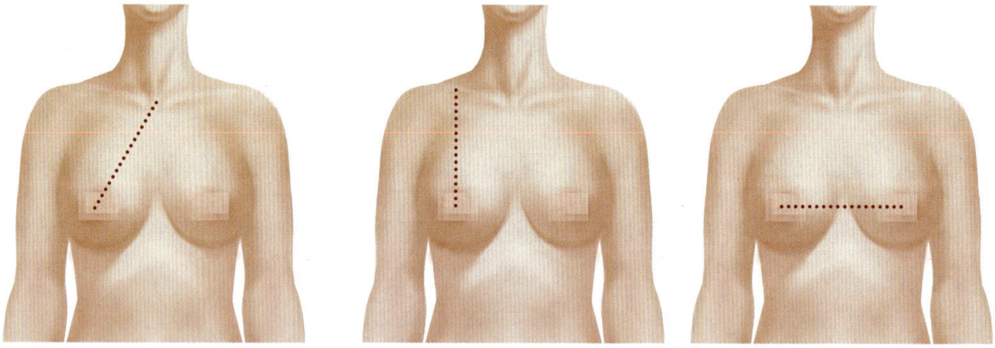

c)　　d)　　e)

图 5-59　乳房测量

④触摸检查。触摸检查的具体操作步骤如下：请顾客躺在美容床上，美容顾问坐在美容床的侧面，面向顾客头侧，同时用食、中、无名指的指腹稍用力，以弹琴的手势由轻到重触摸乳房组织，将乳房组织按压于胸部肋骨上，让指腹来感觉乳房的脂肪含量和乳腺组织发育情况。同时，应检查有无压痛、结节、肿块及乳房的质地、大小、活动度和有无粘连，再轻轻按摩乳头周围，观察是否溢液及乳头颜色。

3）拟定美胸护理方案。美容师根据顾客档案和检查结果，综合判断顾客乳房存在的问题，制定美胸疗程及计划，并与顾客确认美胸疗程、方法和产品。美容师必须严格对顾客隐私及个人信息保密。

（3）美胸护理流程

1）准备工作

①将身体清洁乳、美胸精华油（或其他按摩油产品）、美胸精华素、喷雾机、胸膜、卷尺等相关护理产品整齐有序地摆放在美容推车上。

②查看顾客档案，测量顾客胸围并做好记录，以便进行护理前后对比。

③顾客换上美体服，仰卧于美容床。

2）操作步骤

①清洁皮肤。取适量洗面奶均匀涂抹在胸部，以螺旋打圈的方法清洁胸部皮肤，清洁约 2 min 后用温热水清洗干净。

②热敷或热喷。用热毛巾热敷两侧乳房约 5 min 左右至发热（微红为度，注意温度适当，避免烫伤），然后清洁乳房。

③涂抹美胸产品。以按抚按摩方法将美胸产品涂满整个乳房。

④点穴。用双手拇指或中指点按穴位，每个穴位环揉按摩 3 圈后，由轻到重点压按摩，每次停留 3 s，每个穴位重复 3 次。按摩顺序为：肩井穴、云门穴、中府穴、屋翳穴、膺窗穴、膻中穴、神封穴、乳根穴、期门穴、天池穴、天溪穴、渊腋穴，如图 5-60 所示。

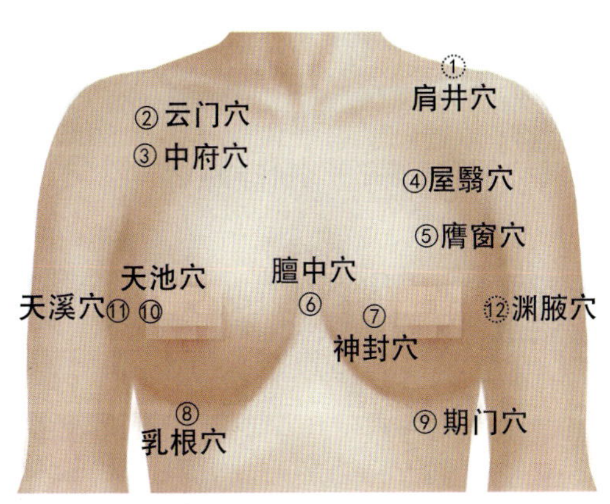

图 5-60　点穴穴位

⑤按摩

步骤 1：寸推任脉。用双手拇指交替从胸骨柄开始，从上而下分段寸推任脉至剑突，推拿 10 遍，如图 5-61 所示。

步骤 2：托抚乳房。双手 4 指并拢，从胸骨柄开始，自上而下按抚按摩全乳，到达乳房根部时，双手分别划向双乳外侧再托起同侧乳房，由外下象限往内上象限提拉按抚，约 10 遍，如图 5-62 至图 5-64 所示。

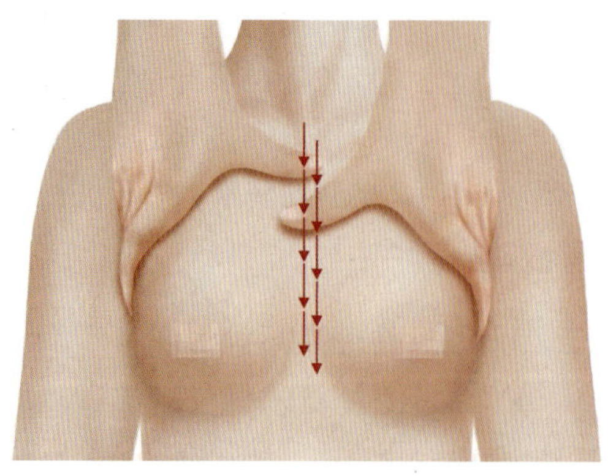
图 5-61　寸推任脉

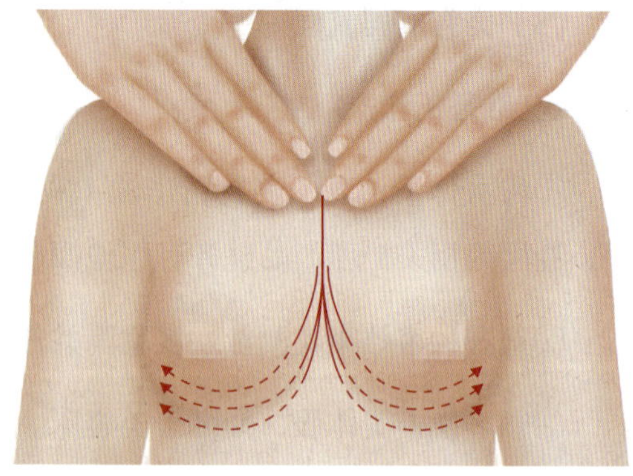
图 5-62　托抚乳房 1

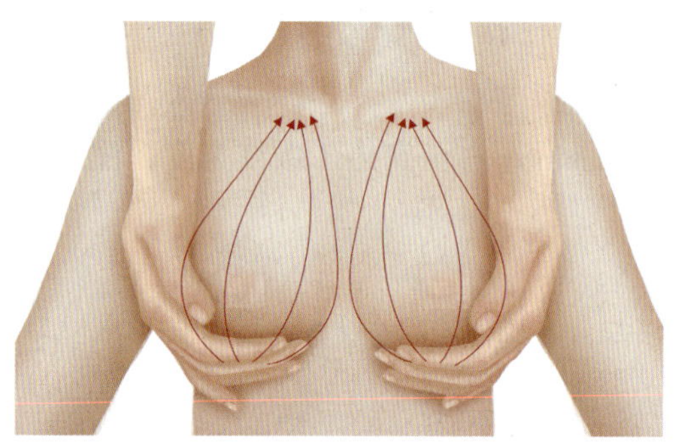
图 5-63　托抚乳房 2

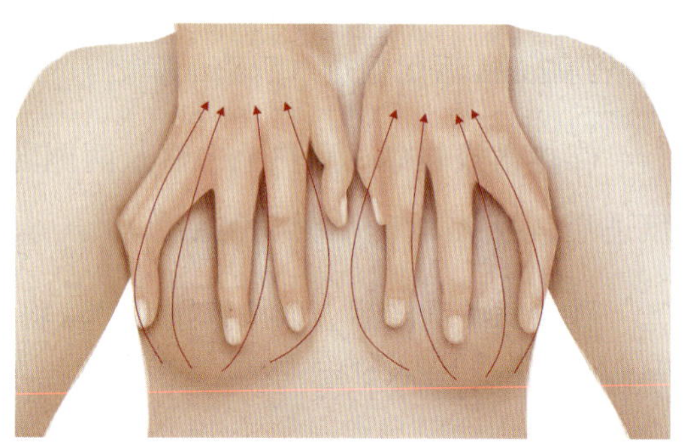
图 5-64　托抚乳房 3

步骤 3：弹拨乳中穴。双手中指和食指夹住乳头，用拇指轻轻触压或者弹拨乳中穴 20 遍，如图 5-65 所示。

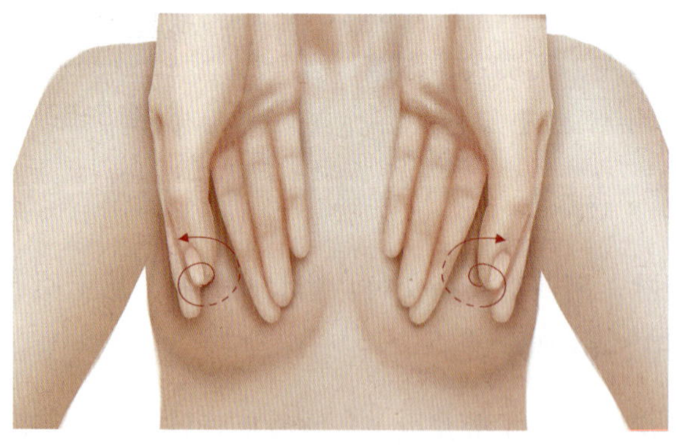
图 5-65　弹拨乳中穴

步骤 4：按揉乳四穴。用双手中指、食指和无名指分别在乳四穴位置环揉按摩乳晕四周乳腺组织 20 遍，如图 5-66 所示。

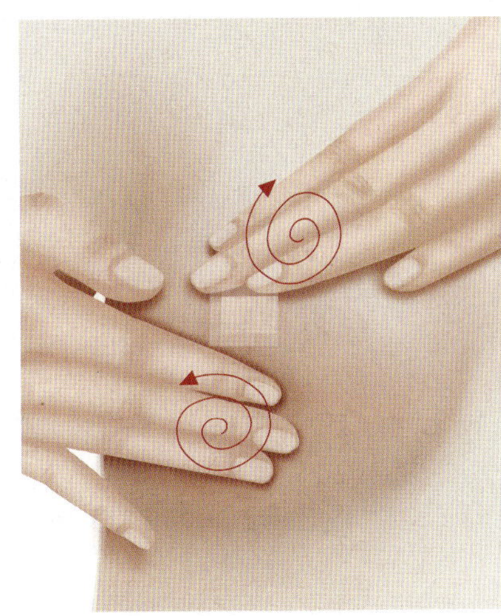
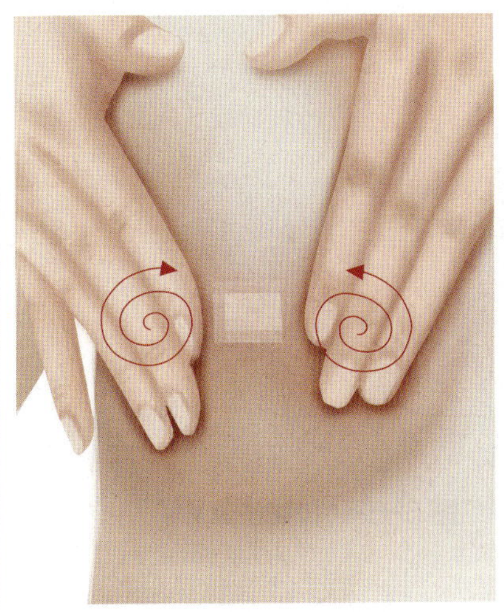

图 5-66　按揉乳四穴

步骤 5：弹拨乳房。先做左乳，美容师站在顾客头部偏右侧，双手虎口分开，捧握左侧乳房，双手指腹稍用力由外下象限向内上象限弹拨乳房 20 遍，然后同样对另一侧进行操作，如图 5-67 所示。

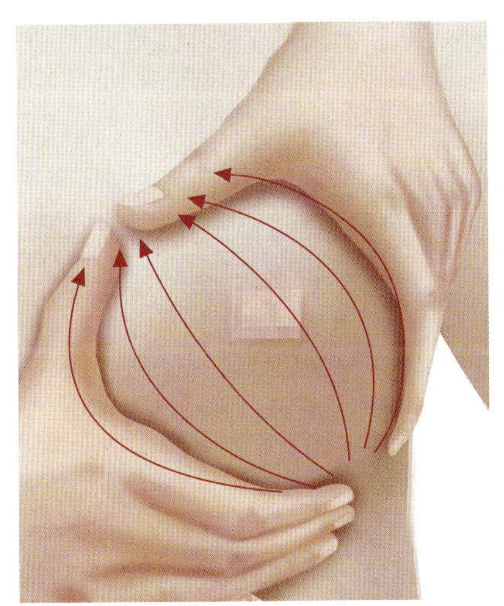
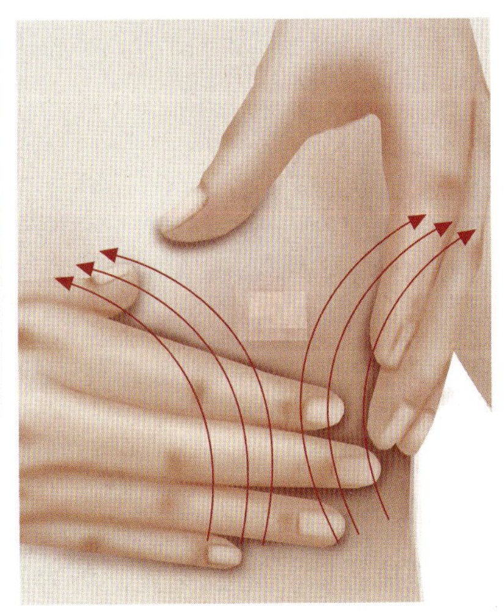

图 5-67　弹拨乳房

步骤 6：排毒按摩。美容师站在顾客乳房同侧，用双手大拇指在乳头上方从乳房外上象限向腋窝方向环揉寸推 30 遍，如图 5-68 所示。

步骤 7：8 字形交叉按摩。美容师站在面向顾客头顶方向，先将右手手指并拢，由膻中穴开始，经过左乳乳根穴到外侧，托起乳房向内、向上提拉按摩，同方法用左手提拉右胸，双手分别在双乳 8 字形交叉按摩 15 遍，如图 5-69 所示。

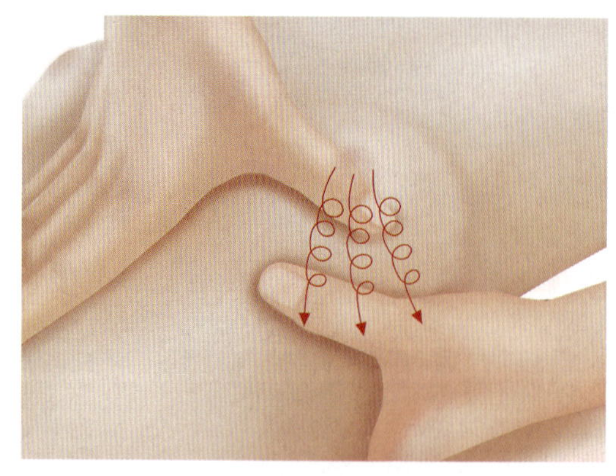
图 5-68　排毒按摩

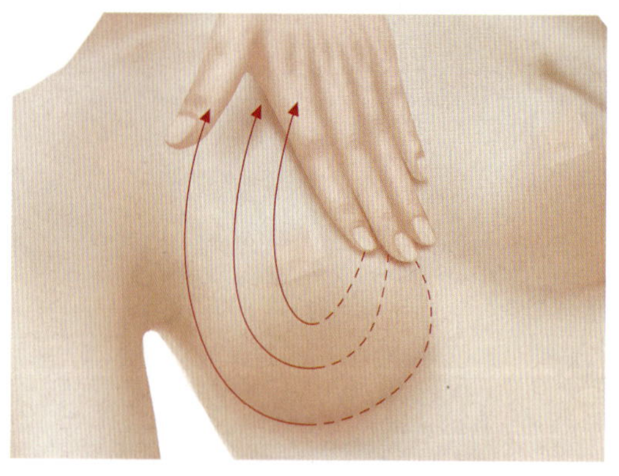
图 5-69　8 字形交叉按摩

步骤 8：上推按摩。先做左乳，美容师站在顾客乳房同侧旁，双手虎口分开交替由乳根部半握乳房，手掌用力向上推，同时内收大拇指按摩至胸锁关节处 30 遍，同方法按摩右乳，如图 5-70 所示。

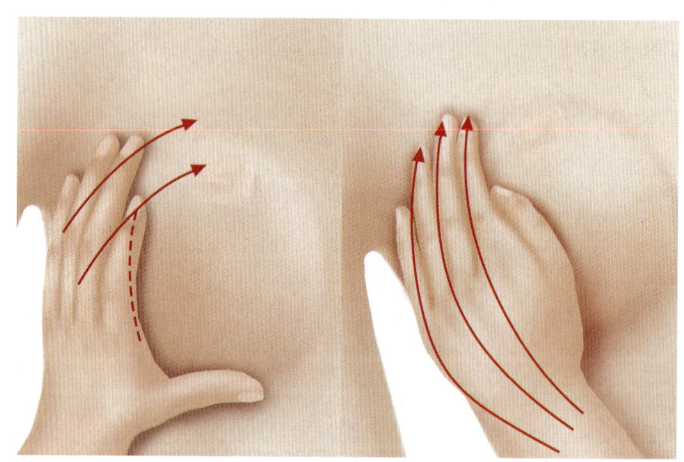
图 5-70　上推按摩

步骤 9：提拉按摩。先做左乳，美容师站在顾客头部偏右侧，张开手掌由左乳房外下象限向内上象限提拉至胸锁关节，注意以手掌用力为主，手指用力为辅，手形随乳房的大小弧度而变，每次提拉 30 遍，同方法按摩右乳，如图 5-71 所示。

步骤 10：调形按摩。双手分别托起同侧乳根部，由外下象限向内上象限提拉按摩 30 遍，调整乳房形状，如图 5-72 所示。

3）胸部按摩注意事项

①进行美胸护理之前，一定要询问顾客乳房健康状况。

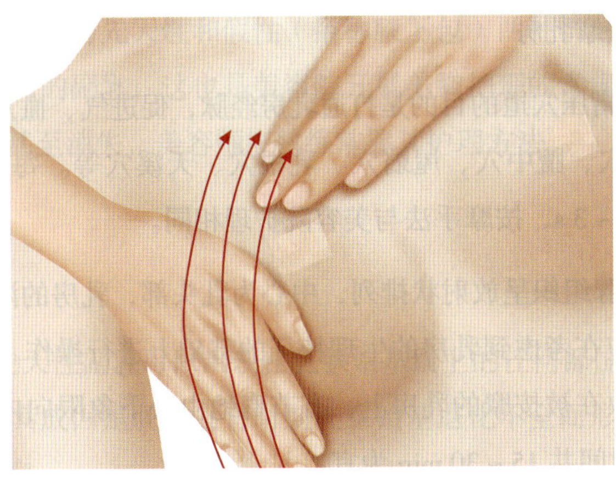

图 5-71　提拉按摩

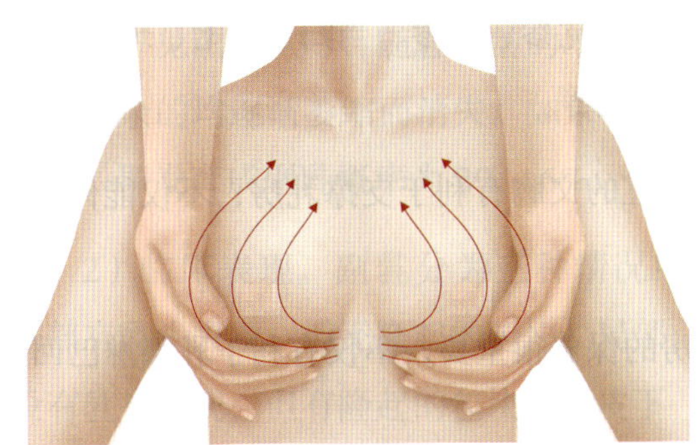

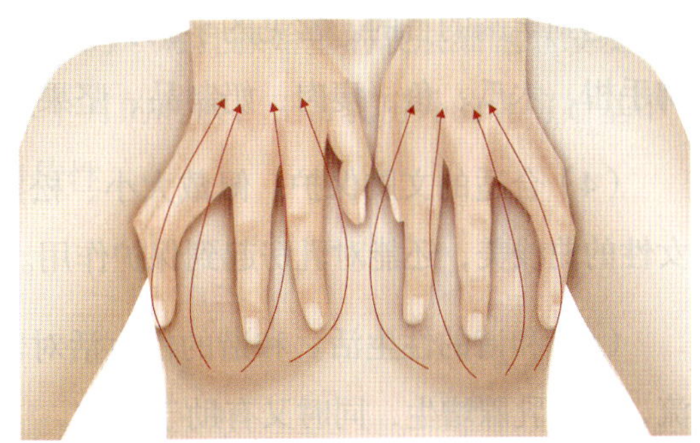

图 5-72　调形按摩

②忌使用含有激素的产品。

③乳房治疗术后 6 个月才可按摩（隆乳术除外）。

④不能刻意按压乳腺结节患者的结节，严禁对患急性乳腺炎、4 类以上乳腺结节或恶性肿瘤者进行按摩。

⑤不宜对妊娠 3 月内者进行按摩，对怀孕 6 个月以后者进行按摩时忌碰乳头。

⑥按摩哺乳期妇女乳房宜在每次哺乳之后进行。

2. 家庭美胸护理方法

要想取得良好的美胸效果，仅靠美容院的美胸护理是不够的，还应坚持家庭自我护理，因此，美容师应建议顾客从以下几方面进行家庭护理，以增强美胸效果。

（1）加强有氧锻炼，锻炼胸部肌肉群。可通过进行养生健胸操、扩胸、绕肩或举哑铃等有氧胸部运动锻炼胸部肌肉群。

和淋巴管而形成局部肿块。

正常情况下，腋窝淋巴群接受来自同侧胸背部的淋巴，其中乳房有 70% 以上的淋巴回流到腋窝，腋淋巴再流入位于锁骨上方的尖淋巴结和锁骨上淋巴结，最后由左右静脉角分别注入左右锁骨下静脉，流回到血液中去。

任何导致腋窝淋巴液回流受阻的因素都可能引起腋窝淋巴有形成分淤滞，局部臃肿突起形成腋下包，如先天性淋巴管发育缺陷、月经前期或妊娠期乳房代谢产物增多、肩颈淋巴淤堵等。

2）临床表现。当女性举臂时，见腋下凸起一包块，大小因人而异，有时有结节或颗粒感，并有压痛感。多数患者在月经前期、妊娠期或哺乳期腋下包体积增大、疼痛加重，特别是未行哺乳、哺乳不充分和进行过人工流产后会更加严重。肥胖者乳房脂肪较多，导致其代谢产物较多，会使腋下包增大，因此后天性副乳较常见于肥胖者，如图 5–75 所示。

图 5–75　后天性副乳

3）注意事项。腋下包容易与中晚期乳腺癌的腋下淋巴结转移相混淆，当发现有腋下包严重的顾客，应建议其去医院进行彩超或者钼靶检查。

2. 美容院腋下包护理流程

（1）美容院按摩方法

步骤 1：局部热敷 3 ~ 5 min。

步骤 2：取护理产品涂抹于腋窝和锁骨下。

步骤 3：用掌心打圈揉按锁骨下方 30 遍，如图 5–76 所示。

步骤 4：用掌心打圈揉按腋下包 30 遍，如图 5–77 所示。

步骤 5：双手拇指交叉向上揉按摩腋下包 30 遍，如图 5–78 所示。

步骤 6：用拇指指腹强化揉按腋前线和腋窝组织 15 遍，如图 5–79 所示。

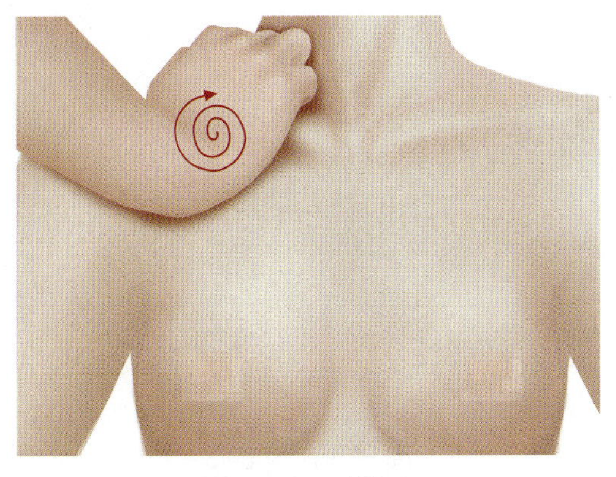
图5-76　步骤3

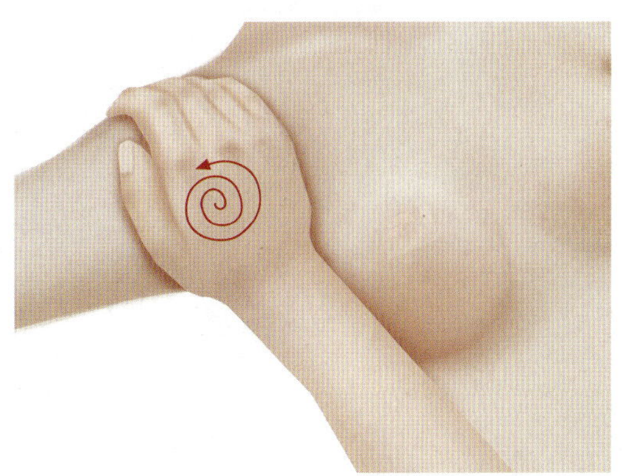
图5-77　步骤4

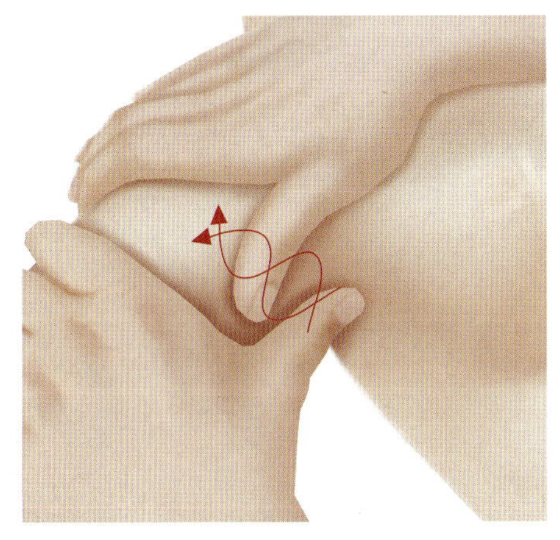
图5-78　步骤5

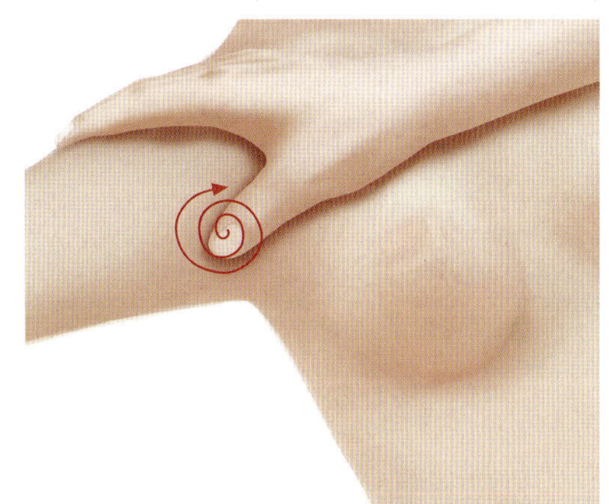
图5-79　步骤6

步骤7：双手掌面紧贴腋下及乳房外侧交替向腋窝推拿20遍，再由腋窝向上推拿到锁骨下方20遍，如图5-80所示。

步骤8：上臂内侧涂抹产品后，双手拇指交替由上臂内侧远端向腋窝及锁骨方向分段打圈揉按至腋窝及锁骨部位30遍，如图5-81所示。

步骤9：双手掌面紧贴上臂内侧，交替由远端向腋窝和胸锁关节方向推拿按摩30遍，按摩力度由轻逐渐加重，应按摩至皮肤发热，如图5-82所示。

步骤10：强化揉按锁骨下方30遍，加强腋窝淋巴疏通，如图5-83所示。

（2）注意事项

1）护理前应确认顾客未患乳腺恶性肿瘤。

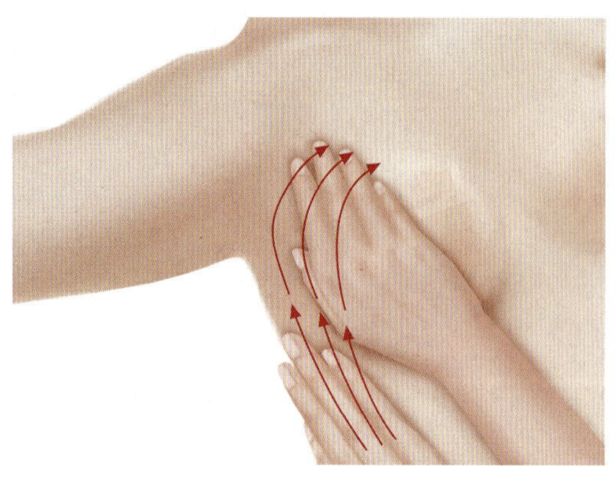

图 5-80　步骤 7

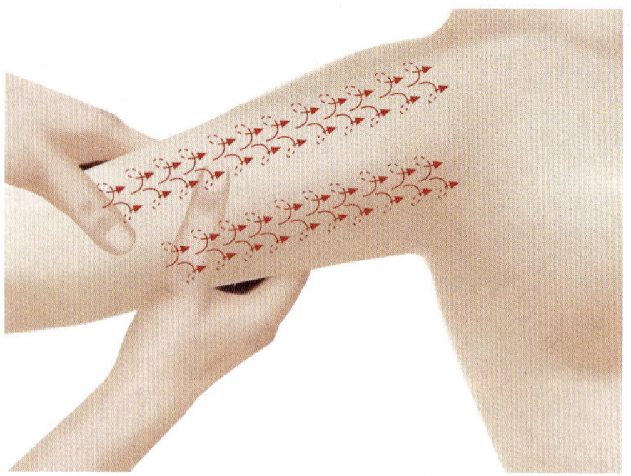

图 5-81　步骤 8

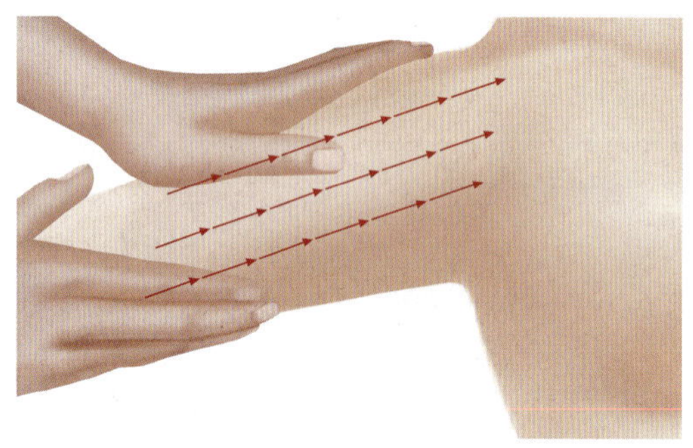

图 5-82　步骤 9

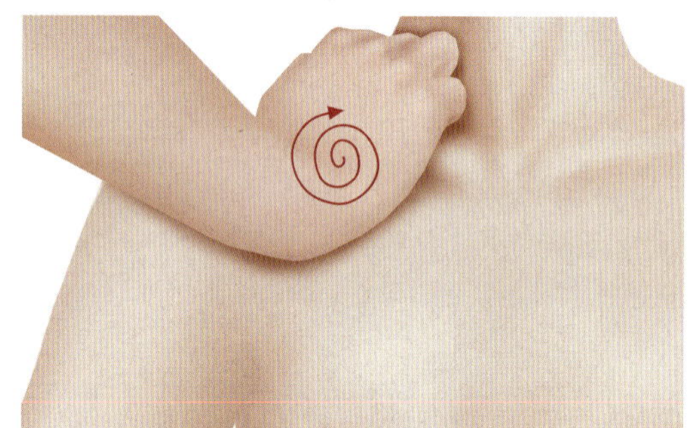

图 5-83　步骤 10

2）美容师应告知首次接受按摩的顾客在按摩时可能出现胀痛感，并根据顾客的耐受能力由轻揉逐渐增加力度。

3）忌暴力按摩。

4）忌与淋巴回流反方向按摩。

3. 家庭护理方法

（1）按摩护理。每天早晚对腋前线顶部和腋下包进行按摩，可以有效改善或减小腋下包。

（2）佩戴合适的文胸。平时一定要佩戴合适的文胸，目前市面上有专门针对改善女性副乳问题的全罩杯、宽肩带的文胸。

（3）坚持健美运动。通过坚持做肩周运动、养生健胸操来减小或消除腋下包。

五、美胸护肤品

1. 美胸护肤品的作用原理

美胸护肤品是一种能改善女性乳房发育不良、乳房松弛、下垂等乳房亚健康问题的调理型化妆品。它将与乳房组织细胞营养相关的植物精华成分有机组合在一起，或在普通膏霜基质中添加特殊活性成分激活乳腺细胞，给胸部组织适度的刺激，能起到促进细胞增殖、增强胸部弹性、重塑胸部、强化胸部立体感的作用。

2. 美胸化妆品的基本成分

美胸化妆品的基本成分主要有乳香、蜂王浆、大粟叶、丹参、人参、胎盘提取液、迷迭香、玫瑰、天竺葵、茴香、甘草、当归、佛手柑、女贞子、红花、赤芍、花粉、元胡、益母草、大豆异黄酮、维生素 E 衍生物、鹿茸等。

3. 美胸化妆品的种类

美胸化妆品的种类包括美胸霜、美胸乳液、美胸精油、美胸精华素、美胸凝胶（啫喱）、美胸膜、美胸贴等。在选购美胸化妆品时，要选择有检测报告单并在国家药品监督管理局备案的护肤品。在使用前要仔细阅读说明，使用前先在手臂内侧做涂用试验，这一点对过敏性体质者尤其重要。

4. 美胸化妆品的特点

美胸化妆品的种类众多，其中以美胸精华油的产品性能最好，其更易于被吸收、易于涂抹，附着性与渗透性都较好。美胸精华油含油分较多，适合中老年以及干性皮肤者使用；美胸凝胶较清爽，适合油性皮肤者使用；美胸霜、美胸乳液为油包水或水包油性状，适合年轻人使用。美胸精华素、美胸膜、美胸贴可以独立或配合前三种美胸化妆品使用。

5. 美胸化妆品使用注意事项

（1）孕期进行护理时，美胸化妆品不应接触乳头，在哺乳期进行护理时，应在哺乳之后再使用美胸化妆品。

（2）严禁使用含性激素的美胸化妆品。

（3）超过敏皮肤、患乳腺癌的女性禁用美胸化妆品。

（4）儿童禁止使用美胸化妆品。

第六章

生活化妆

化妆应遵循 TPO 原则，TPO 是时间（time）、地点（place）、场合（occasion）英文字母的缩写，即根据不同的时间、地点、场合来塑造符合时宜的妆容形象，它是关于服饰、化妆、礼仪等人物形象设计应遵循的基本原则之一。

本章介绍日妆、新娘妆、晚宴妆、摄影妆、艺术彩妆等生活化妆。

要点提示

1. 了解日妆、新娘妆、晚宴妆、摄影妆的特点。
2. 了解摄影妆的分类及特点。
3. 了解艺术彩妆的设计思路与方法。
4. 熟悉日妆、新娘妆、晚宴妆的常用配色。
5. 掌握日妆、新娘妆、晚宴妆、摄影妆的化妆要点。
6. 掌握彩绘艺术妆和装饰艺术妆的特点与表现技法。

关键术语

休闲妆　职业妆　中式新娘妆　西式新娘妆
欧式晚宴妆　烟熏晚宴妆　肖像摄影妆
广告摄影妆　彩绘艺术妆　装饰艺术妆

第一节 日妆

日妆是指适用于日常生活和工作的化妆，是对面容进行简单、轻微的修饰，以展现良好的精神面貌与美丽自信。由于人们在日常生活和工作中接触距离较近，因此日妆应遵循真实、自然、和谐的“自然美”原则，扬长补短，轻妆淡抹。日妆的特点是五官描绘精致，形态比例和谐，色彩清淡，线条柔和，妆面干净。根据人们出现场合的不同，日妆主要分为休闲妆和职业妆。

一、休闲妆

休闲妆是指适用于生活休闲情景中的化妆，包括朋友聚会、参加庆典、走亲访友、外出旅游等非正式场合时的化妆。因活动场景不同，妆容也有所不同。

在妆容设计过程中，应先了解顾客的实际年龄、职业及身份、个性特点、服饰打扮、兴趣爱好、活动场景及角色等基本情况，观察顾客皮肤及视觉年龄、五官比例、服饰色调、发型等形象设计相关因素，扬长避短，设计出符合个性特点、与场景协调，展现人物日常健康、美丽、自然大方的妆面。

1. 休闲妆配色

休闲妆适用范围较广，常使用中高明度、中低纯度的色彩，以类似色、邻近色的配色方法进行妆容色彩的搭配。这类配色方式可以呈现柔和、自然的视觉效果。常用眼影、口红及腮红的三种配色见表 6–1。

表 6–1　休闲妆配色

配色	眼影色	唇色	腮红色
配色 1	粉驼色	奶茶色	粉橘色、藕荷色
配色 2	蔷薇色	浅玫瑰色	杏粉色、咖粉色
配色 3	白茶色	橘红色	枫叶棕色、珊瑚粉色

2. 休闲妆化妆要点

（1）底妆。少而薄透，呈现清透及自然感，可根据脸型及五官特点的需要，做适度的深浅修容，如图 6–1 所示。

（2）眼影。多采用单色平涂法或渐层法晕染描绘，呈现自然淡雅的眼影效果，如图 6–2 ~ 图 6–4 所示。

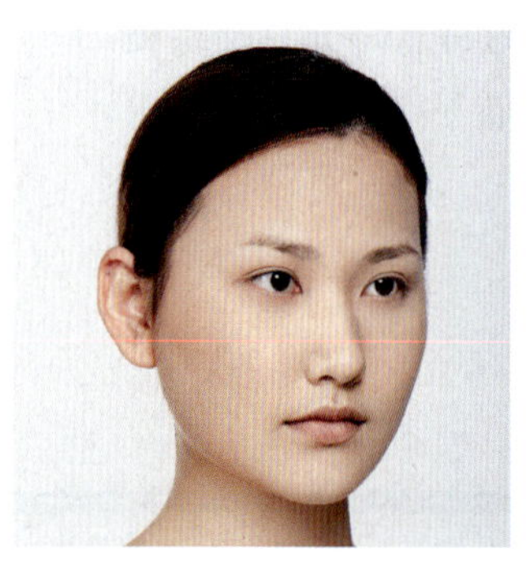
图 6–1　底妆

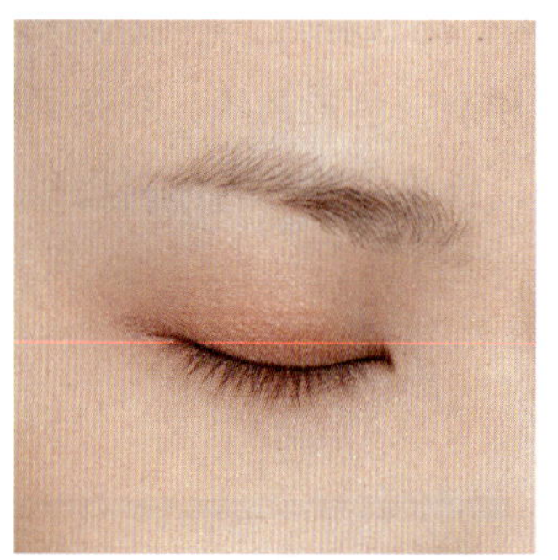
图 6–2　平涂第一层眼影

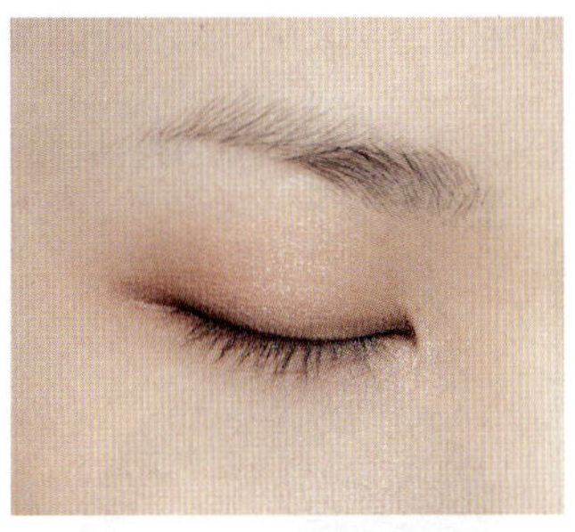

图 6-3 加强眼影层次

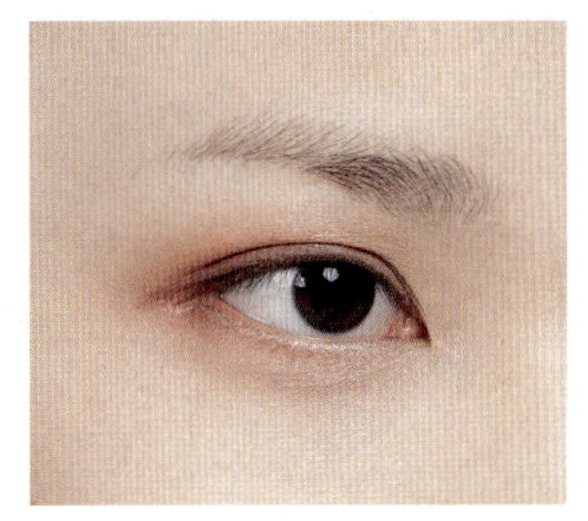
图 6-4 涂下眼影

（3）眼线。线条流畅、柔和，可用小号眼影刷蘸取深色眼影在眼线边缘进行晕染，以增加虚实感和柔美感，如图 6-5 所示。

（4）睫毛。根据睫毛基础条件选择不同类型的睫毛膏，呈现干净自然、根根分明的状态。可适当选择自然型的假睫毛配合修饰，如图 6-6 所示。

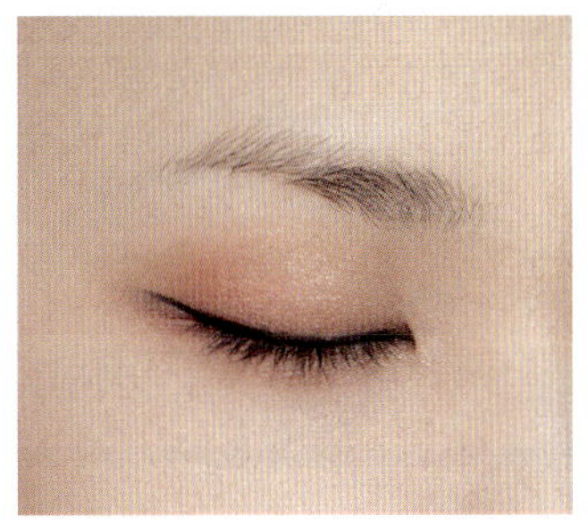
图 6-5 眼线

图 6-6 睫毛

（5）眉毛。浓淡适度、自然流畅。眉毛基础条件较好者，只需用眉粉或满足眉色需要的眼影粉轻扫以强调眉形及立体感，如图 6-7 所示。

（6）腮红。涂抹薄而透，呈现健康红润的状态，如图 6-8 所示。

图 6-7 眉毛

图 6-8 腮红

（7）唇。颜色自然，不刻意矫正唇形，呈现健康自然的状态，如图 6–9 所示。

（8）整妆。符合休闲妆的特点。对妆容的整洁度、对称性与协调性进行调整，并对妆容细节进行修正完善，如图 6–10 所示。

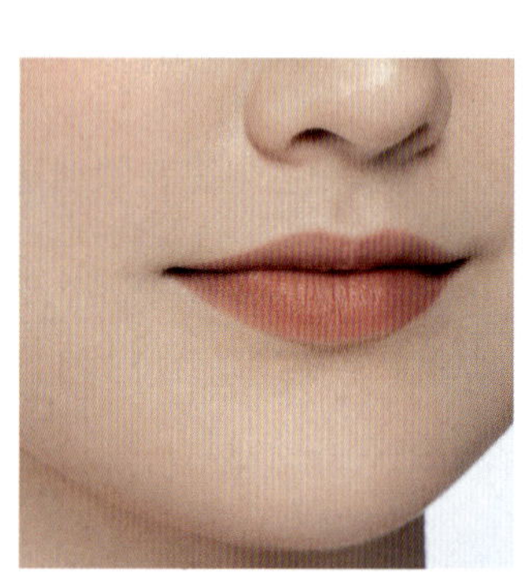
图 6–9　唇

图 6–10　整妆效果

二、职业妆

职业妆是指适用于职业场合的化妆，包括应聘求职、商务会谈、客户拜访、仪式典礼等正式场合的化妆，非正式场合的日常上班妆与休闲妆类似。不同职业有着不同的特性及工作环境，社会及公众对不同职业的从业者也有不同的形象要求，如空姐甜美亲切，医务人员稳重和善，教师及公务员知性大方，商务人员及律师简约干练等。因此，妆容也应符合不同职业的特点及职业场合要求。

职业妆是运用端庄又不失活力的颜色、柔和而有型的线条来展现职业形象的妆容，重在表现人物的精神面貌。职业情景中的人物呈现的是一种社会公众形象，妆容效果应干净整洁、精致细腻、清新淡雅，给人自然和谐、赏心悦目的美感，不能炫目夸张。

1. 职业妆配色

职业妆配色应遵循与职业特性、工作场景和服饰风格协调统一的原则，选择适合顾客年龄及肤色的配色方案。一般情况下，职业日妆常以暖调、中性色为主要色调。常用眼影、口红及腮红的三种配色见表 6–2。

表 6-2　职业妆配色

配色	眼影色	唇色	腮红色
配色 1	灰紫色、茶灰色	深豆沙色	珊瑚红色、浅桃红色
配色 2	米色、红咖色	奶茶色	浅豆沙色、酒红色
配色 3	金棕色、咖驼色	肉橘色	肉橘色、杏色

2. 职业妆化妆要点

职业妆的化妆要点与休闲妆大致相同，主要侧重点如下。

（1）底妆。若出席正式场合，或需要拍摄证件照，可加强底妆遮瑕及修容效果，使面部轮廓更加立体精致，如图 6–11 所示。

（2）眼影。应采用中性色调，有适当层次及立体感的小范围眼影晕染，呈现端庄又有活力的视觉效果，如图 6–12 ~ 图 6–14 所示。

（3）眼线。着重增加眼睛神采，不可过于夸张，如图 6–15 所示。

（4）睫毛。呈现干净自然、增加眼部神采的效果，如图 6–16 所示。

图 6–11　底妆

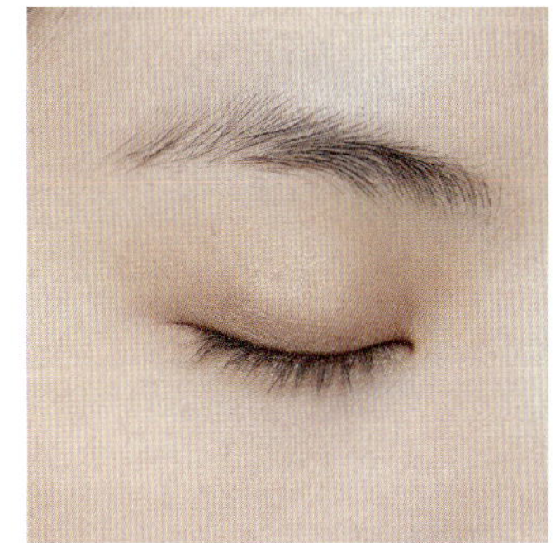

图 6–12　平涂第一层眼影

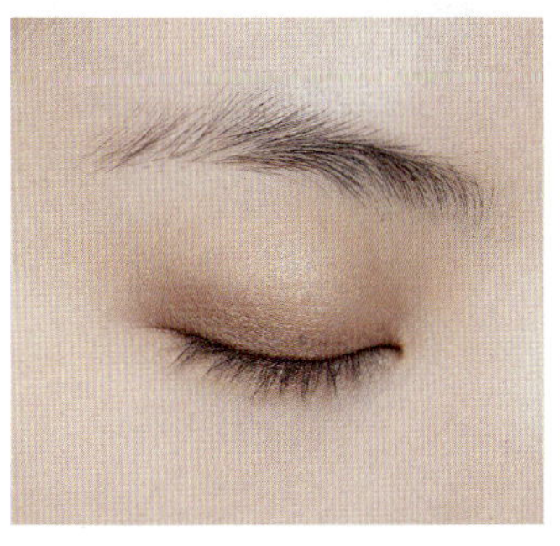

图 6–13　加强眼影层次

图 6–14　加深眼尾眼影

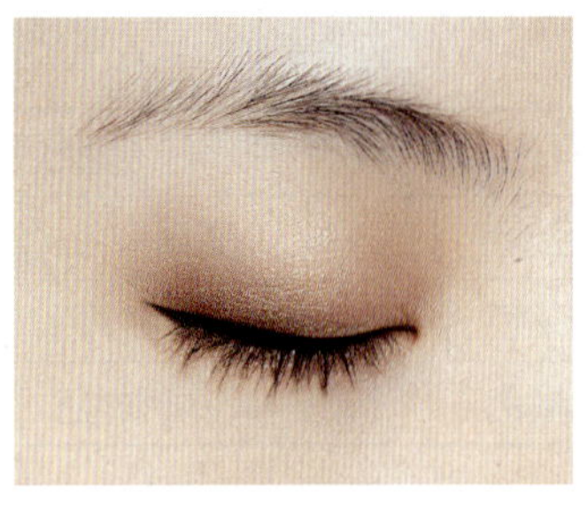
图 6-15　眼线

图 6-16　睫毛

（5）眉毛。眉形清晰立体，展现精神面貌及个人气质，如图 6-17 所示。

（6）腮红。自然立体，与眼妆色彩搭配协调，呈现健康气色，如图 6-18 所示。

（7）唇。唇线干净整洁，用色自然、大方，与妆容色彩协调统一，如图 6-19 所示。

（8）整妆。妆容符合职业特点。对妆容的整洁度、对称性与协调性进行调整，并对妆容细节进行修正完善，如图 6-20 所示。

图 6-17　眉毛

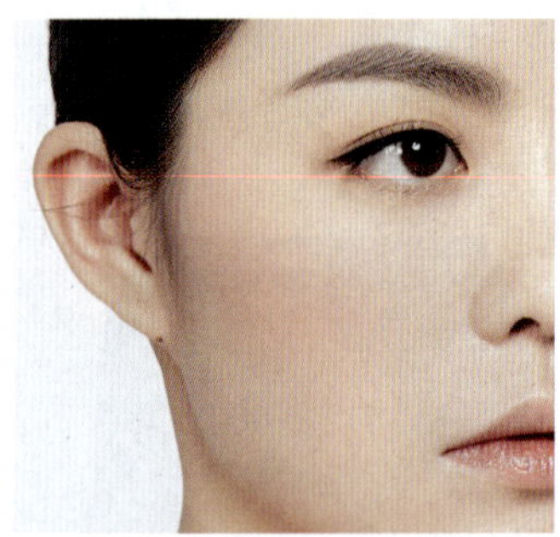
图 6-18　腮红

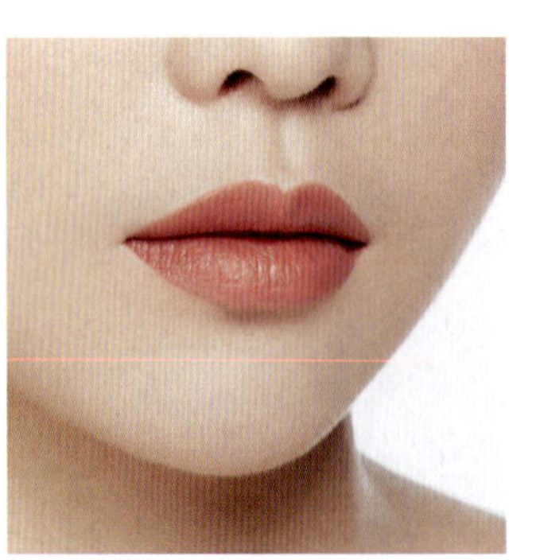
图 6-19　唇

图 6-20　整妆效果

第二节 新娘妆

婚礼场合有特定的主题风格和与之相适宜的环境氛围、光源、场景布景以及摄影摄像等要求，新娘妆是适用于婚礼特定情景中的化妆。在新娘化妆设计中，应综合考虑这些因素，结合新娘年龄、气质、身份、喜好、服饰、发型等形象塑造要素进行妆容设计。

新娘妆具有底妆晶莹通透、妆面干净自然、妆容精致耐看和牢固持久等特点，妆容应与服饰和发型相协调，整体形象上凸显新娘的柔美与幸福，让其成为婚庆典礼中耀眼的主角。

一、中式新娘妆

中式婚礼是指以中国传统婚庆文化元素设计婚礼场景，传承中国传统礼仪精髓的婚礼。中式新娘妆是在中式婚礼主题及情境中的新娘的妆容。

中式婚礼场景充满着吉祥和幸福的中国元素，比翼双飞的龙凤、喜庆欢乐的中国红等，大红镶金的秀禾服、龙凤褂、旗袍等中式服装在展现中国传统新娘古典、端庄秀美的同时，烘托出喜庆而热烈的婚庆气氛。

中式新娘妆的设计，就是将这些传统形式、元素与人物形象特点进行融合，设计出符合婚庆主题及个性特点的新娘妆容方案。

1. 中式新娘妆配色

中式新娘妆根据服装色调进行配色，一般以红色为主调、金色为辅助色来表现幸福吉祥的风貌。色彩的纯度不同，展现的韵味也有所不同。通常高纯度配色给人娇媚明艳之美，中纯度配色给人优雅端庄之美，可根据新娘特征及喜好进行配色，常用眼影、口红及腮红的三种配色见表 6–3。

表 6–3　中式新娘妆配色

配色	眼影色	唇色	腮红色
配色 1	粉紫色、浅桃红色、粉白色	红心火龙果色、正红色	粉紫色、桃粉色
配色 2	棕调玫瑰色、三文鱼色	胡萝卜色、棕调枫叶红色	米橘色、米橘红色
配色 3	珊瑚红色、金棕色、酒红色	干枯玫瑰色、辣椒色	番茄水红色

2. 中式新娘妆化妆要点

（1）底妆。可加强底妆及修容，使面部轮廓柔和、有立体感，妆面更持久，如图 6–21 所示。

（2）眼影。有层次及立体感，使眼部呈现神采奕奕的视觉效果，如图 6–22 ~ 图 6–24 所示。

（3）眼线。可用防水眼线笔描画，使眼线柔和、自然，如图 6–25 所示。

（4）睫毛。粘贴仿真假睫毛可增加眼睛神采。下睫毛分段式粘贴，涂抹防水型睫毛膏，确保真假睫毛衔接自然、粘贴牢固，如图 6–26 所示。

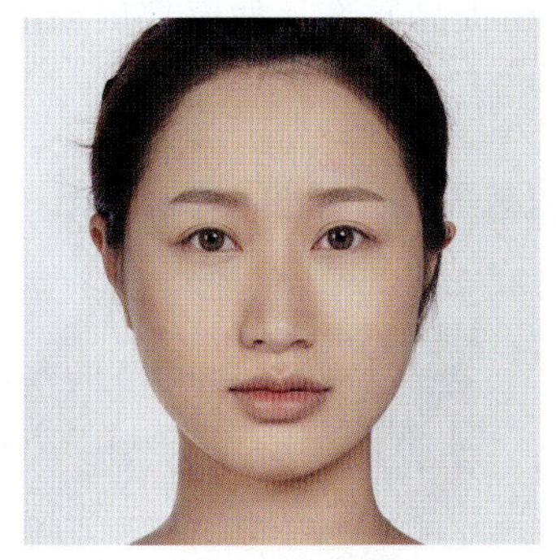

图 6-21　底妆

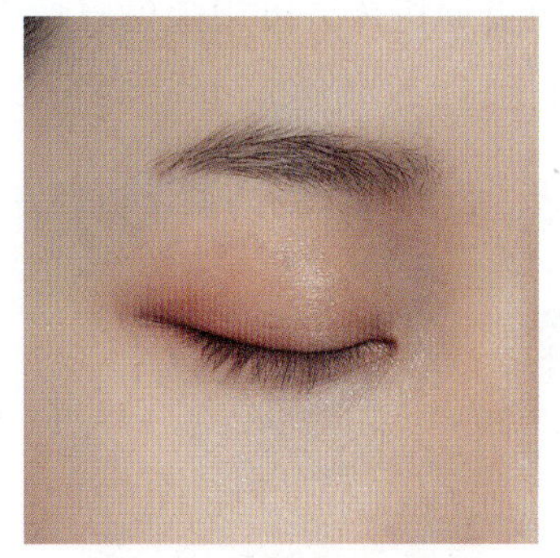

图 6-22　平涂第一层眼影

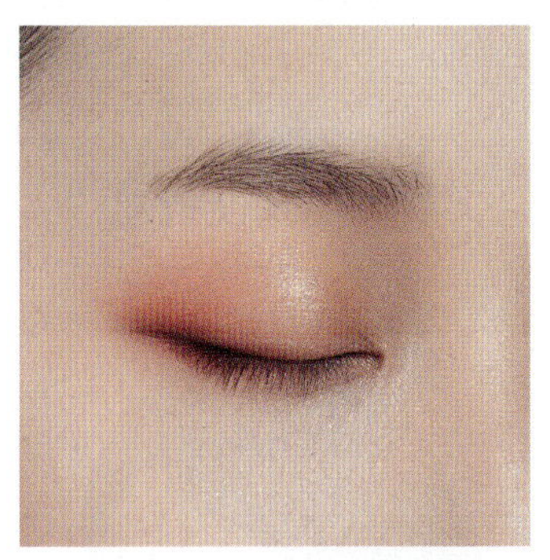

图 6-23　加强眼影层次

图 6-24　下眼影

图 6-25　眼线

图 6-26　睫毛

（5）眉毛。颜色柔和自然，眉形舒展流畅。避免让眉毛显得细弯、粗平、浓黑、生硬，如图 6-27 所示。

（6）腮红。颜色浅淡，可使用含珠光粉的腮红增加脸部饱满感，如图 6-28 所示。

（7）唇。颜色与服装主调协调，与眼影色调呼应。可反复多层地涂抹唇膏以防止脱妆，让唇妆更加持久。可用金色唇膏或眼影粉提亮唇珠，使唇部更加饱满立体，如图 6–29 所示。

（8）整妆。妆容与服饰协调。梳理发型，佩戴饰品，如图 6–30 所示。

图 6–27　眉毛

图 6–28　腮红

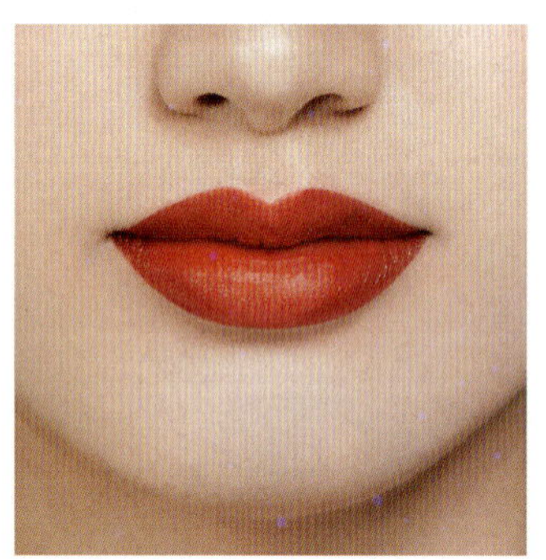

图 6–29　唇

图 6–30　整妆效果

二、西式新娘妆

西式婚礼是借鉴西方传统婚礼形式，结合现代审美观形成的一种婚礼形式。西式新娘妆是在西式婚礼主题及情境中的新娘的妆容。

西式婚礼主题繁多，场景装饰元素及风格呈现多元化和个性化，主要凸显简约大气、庄重而浪漫的气氛。新娘服饰多以象征着纯洁和忠贞的白纱为主。因此，西式新娘的妆容风格选择更广，主要考虑新娘年龄、气质、身份、喜好等个性化因素，展示端庄大方、高贵典雅、纯洁甜美等新娘形象。

1. 西式新娘妆配色

西式婚礼色调一般以白色及浅色为主，新娘妆通过柔和的色彩和柔美的曲线来表现新娘的纯洁和优雅。中性色、同类色、邻近色配色都可带来柔和、浪漫、典雅的视觉效果。常用的眼影、唇色和腮红色配色见表 6–4。

表 6–4　西式新娘妆配色

配色	眼影色	唇色	腮红色
配色 1	粉调豆沙色、莫兰迪色	粉调豆沙色、奶茶色	桃粉色、奶茶色
配色 2	金杏色、浅棕粉红色	枫叶红色	蜜桃豆沙色、枫叶红色
配色 3	暗玫瑰色、灰茄子色	玫红色、酒红色	柔玫瑰色、丁香紫色

2. 西式新娘妆化妆要点

（1）底妆。可加强底妆及修容，使面部轮廓柔和、有立体感，妆面更持久，如图 6–31 所示。

（2）眼影。在眼头、中间眼球最高处用珠光眼影进行眼部提亮，增加眼部立体感，如图 6–32 ~ 图 6–34 所示。

（3）眼线。可用防水眼线笔描画，眼线柔和、自然，如图 6–35 所示。

（4）睫毛。粘贴仿真假睫毛可增加眼睛神采。下睫毛分段式粘贴，涂抹防水型睫毛膏，确保真假睫毛衔接自然、粘贴牢固，如图 6–36 所示。

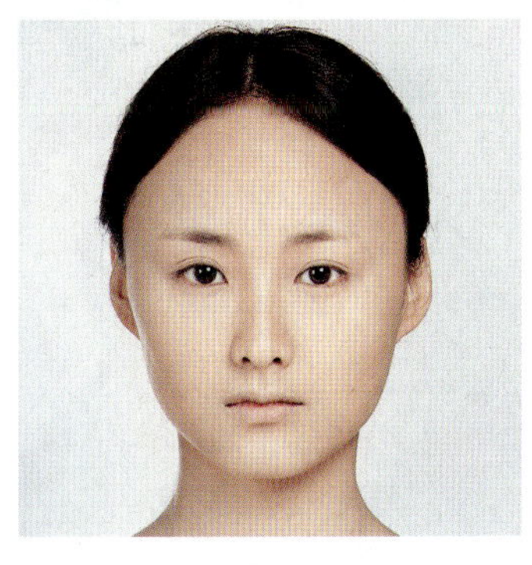

图 6–31　底妆

图 6–32　平涂第一层眼影

图 6-33　加强眼影层次

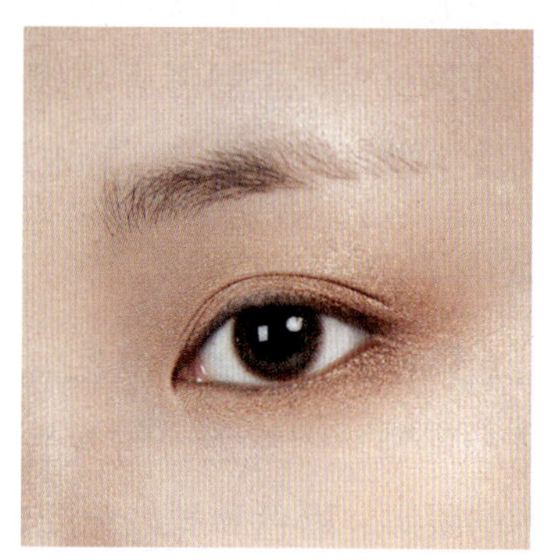
图 6-34　下眼影

图 6-35　眼线

图 6-36　睫毛

（5）眉毛。颜色柔和自然，眉形舒展流畅。避免让眉毛显得细弯、粗平、浓黑、生硬，如图 6-37 所示。

（6）腮红。选择与眼影颜色相协调的腮红，增加脸部的饱满感和立体感，如图 6-38 所示。

图 6-37　眉毛

图 6-38　腮红

（7）唇。颜色与眼影色协调，可用珠光白眼影粉提亮唇峰轮廓，用浅色高光唇彩提亮下唇珠，使唇部丰满立体，如图 6–39 所示。

（8）整妆。妆容与服饰协调。梳理发型，佩戴饰品，如图 6–40 所示。

图 6–39　唇

图 6–40　整妆效果

三、相关人员化妆及跟妆要点

1. 相关人员化妆要点

（1）新郎妆。新郎也是婚礼的主角，应展现干净、帅气、喜气的形象，但不是每个新郎都需要和接受化妆。如果肤色肤质不够健康，人显得不够精神，可用轻薄、控油的自然色粉底均匀肤色、提升肤质，也可适当进行深浅修容，加强面部轮廓，一般不用散粉定妆。对残缺或稀少的眉毛，可用灰色眉笔按眉毛生长方向一根根描画出仿真眉毛，加深眉色，自然衔接，使眉毛更有型。如唇色不健康，可适当涂抹浅咖色唇膏并用纸巾吸去油光，保持最自然的效果。新郎妆应避免显露修饰痕迹。

（2）伴娘妆。伴娘是新娘的陪衬角色，妆容应甜美、清纯、自然，切忌修饰过重，喧宾夺主。伴娘妆化妆要点与休闲妆相同。由于多数情况下伴娘身穿统一的服装，建议伴娘们的妆色及浓淡应统一。

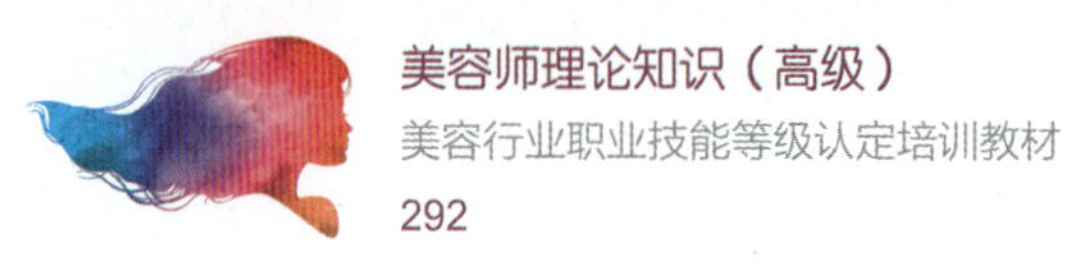

（3）妈妈妆。妈妈妆化妆要点与职业妆相似，清淡自然的妆效会使人显得更年轻。底妆修饰不可以过厚、过白，以免显现皱纹。眼影可用自然的大地色系进行渐层涂抹，眼线要柔和自然，如眼角下垂可进行适当矫正。眉形柔和可适度上扬，使整个眼部显得柔和而有精神。腮红要轻淡。口红可用豆沙色、砖红色等自然色提升气色。

2. 新娘试妆及跟妆要点

（1）试妆。建议新娘婚礼前一周保持充足的睡眠，进行面部护理，保证婚礼当天的皮肤和精神状态良好，以使妆面达到最佳效果。试妆时可对新娘的服饰、发型、指甲等给予一些搭配造型建议。

（2）补妆。新娘一般带妆时间较长，因油脂分泌出现脱妆时，应先用吸油纸轻轻按压面部吸去油脂，再用蜜粉进行定妆，使妆面牢固。如眼部出现晕妆，先用棉签去除晕妆，再用粉底将皮肤修饰干净，最后用眼影、眼线进行补色。

不同款式风格的服装应对应不同的妆容，如果新娘在敬酒等环节更换不同色调的礼服，可适当增减或微调妆色。

第三节 晚宴妆

随着社会的不断进步和繁荣发展，出席婚庆晚宴、庆功宴、商务晚宴、舞会等各种社交晚宴活动已经成为人们生活和工作的一部分。晚宴活动气氛隆重，灯光较暗或舞台灯光较强，出席者的形象塑造也较正式得体，既与高雅的社交场合协调，又符合社交礼仪规范。

晚宴妆也称为宴会妆，是一种适用于宴会场所的妆容，可依据参加晚会的场合、环境、服装风格进行设计。相对于日妆来说，晚宴妆的五官描绘可适当夸张，妆面稍浓，五官轮廓更加立体，重点突出明亮而深邃的眼睛和经典的红唇，以展现光彩照人的个人风采。本节以比较能体现晚宴妆特点的欧式晚宴妆和烟熏晚宴妆为例讲解晚宴化妆的基本要点。

一、欧式晚宴妆

1. 欧式晚宴妆的特点

欧式晚宴妆强调塑造面部轮廓的立体结构。高挑清晰的眉形，立体深邃的眼妆、浓密纤长的睫毛，以及饱满性感的唇妆，都是欧式晚宴妆容所呈现的特点。妆容的特点在于面部结构明暗关系的调整与塑造，凸显面部的轮廓与立体精致的五官，呈现出欧美人面部结构及妆容风格的妆容效果。

2. 欧式晚宴妆的配色

欧式晚宴妆在配色方面会更加丰富、大胆。常用的色彩搭配方式见表 6–5。

表 6–5　欧式晚宴妆配色

配色	眼影色	唇色	腮红色
配色 1	浅豆沙色、深酒红色、珠光粉色	奶茶粉色、裸粉色	蜜桃色、浅奶茶色
配色 2	金杏色、浅棕粉红色	摩卡色、枫叶红	蜜桃豆沙色、浅蜜桃色
配色 3	暗玫瑰色、宝蓝色	柔玫瑰色、棕调酒红色	摩卡奶茶色、裸色

3. 欧式晚宴妆化妆要点

（1）底妆。应选取深浅不同的粉底，用立体打底的方法适度修饰、塑造面部轮廓结构及五官立体感，尤其注重鼻部和眼部的立体表现，达到无瑕、哑光质感的底妆效果，如图 6–41 所示。

（2）眼影。应根据眼部结构特点，综合运用眼影表现技法调整眼部黑白灰关系对比度，达到修饰眼形轮廓，塑造眼部立体感的效果。

1）进行眼部结构晕染，用哑光及深浅不同的棕色与明度接近的其他颜色眼影搭配，表现眼窝凹陷结构，形成过渡自然、层次丰富的阴影色区域，反衬出鼻梁根部及眉弓的高度，如图 6–42 所示。

2）用浅米色或哑光白色，先从内眼角处勾画提亮眼球轮廓。再选用由浅至深的其他眼影色，逐渐向眼尾方向虚化。提亮眉弓部位，反衬眼窝凹陷度，加强立体感，如图 6–43 所示。

3）下眼影与上眼影协调，外眼角处略宽。眼影的范围根据顾客的眼形而定，多数形状为杏仁形，如图 6–44 所示。

（3）眼线。上眼线沿着睫毛根部描画，线条略粗，眼尾处适当拉长加宽并略向上扬。下眼线眼尾略宽，可根据需要与拉长的上眼线做闭合或开放式衔接，如图 6–45 所示。

（4）睫毛。应根据眼睛弧度选择浓密纤长的假睫毛粘贴上睫毛，再涂抹睫毛膏，使真假睫毛衔接自然。下睫毛可粘贴单簇假睫毛，如图 6–46 所示。

图 6–41　底妆

图 6–42　眼部结构晕染

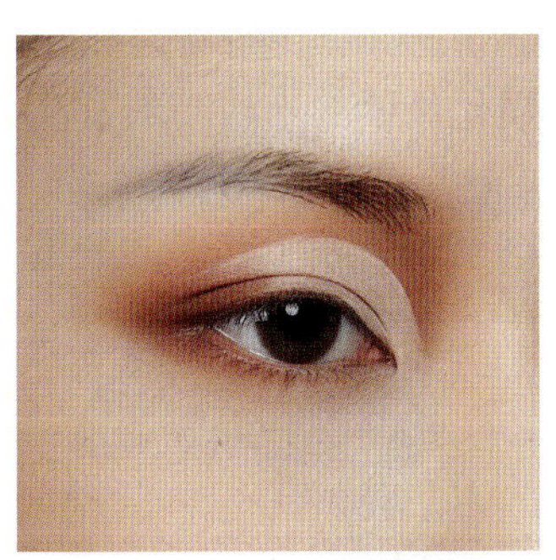

图 6–43　加强立体感

图 6–44　下眼影

图 6–45　眼线

图 6–46　睫毛

（5）眉毛。应用眉粉和眉笔表现出眉毛立体感及质感，眉形稍高挑，眉毛下缘干净整齐，如图 6–47 所示。

（6）腮红。应在颧骨与颧弓下陷处用自然、健康的蜜桃豆沙色与阴影色自然衔接，塑造面部轮廓的立体效果，如图 6–48 所示。

图 6–47　眉毛

图 6–48　腮红

（7）唇。唇膏应涂满整个唇部，可以反复涂抹 2 ~ 3 次，使唇部达到雾面厚重的质感，并且唇形饱满，如图 6–49 所示。

（8）整妆。应强化妆容立体感，在颧骨高点、鼻根、鼻头、唇峰上方、下巴尖、内眼角等处用珠光色的高光产品提亮。阴影色强化鼻梁的小巧精致及高挺。检查妆容的整体效果，对妆容细节进行修正完善，梳理发型，如图 6–50 所示。

图 6–49　唇

图 6–50　整妆效果

二、烟熏晚宴妆

1. 烟熏晚宴妆的特点

烟熏晚宴妆是比较普遍的大众化的妆容，可以提升魅力，展现个性。烟熏妆常给人以夸张的印象，这与选用的眼影颜色、深浅，以及眼影晕染面积大小有关。根据晚宴场合的特点，烟熏晚宴妆不宜过于夸张，眼影适合晕染面积较小、颜色明度低的“小烟熏”，既能展现女性妩媚及个性，又不过分张扬。

2. 烟熏晚宴妆的配色

烟熏晚宴妆的眼影一般会选用低明度、同类色或邻近色系配色，加入金属质感的眼影，给人华丽、时尚的印象。常用的色彩搭配方式见表 6-6。

表 6-6 烟熏晚宴妆配色

配色	眼影色	唇色	腮红色
配色 1	酒红色、金棕色	焦糖奶橘色、豆沙色	暖铜色、焦糖古铜色
配色 2	玫红色、梅子色	枚粉色、丝绒绛红色	浅蜜桃色、浅茶色
配色 3	灰色、烟灰色、黑色	裸色、复古红色	冷驼色、红豆冰沙色
配色 4	蓝绿色、灰蓝色	浆果红色、中国红色	橘棕色、焦糖色

3. 烟熏晚宴妆化妆要点

（1）底妆。烟熏晚宴妆的底妆与欧式晚宴妆类似，如图 6-51 所示。

（2）眼影。根据眼部结构特点，在大渐层或小渐层眼影表现方法中选其一进行眼妆修饰。

1）确定眼影晕染范围。在选取的眼影色中，用明度较高的眼影色在眼睑及眼窝结构的位置薄涂，使眼窝的轮廓清晰，如图 6-52 所示。

2）用明度较低的眼影色加强眼影的层次，范围小于上一层眼影，最后用带珠光的高光眼影在眼头微微提亮，让眼睛看上去更加深邃，如图 6-53 所示。

3）下眼影范围可略大，眼影的整体范围根据顾客的眼形调整，形成杏仁形，如图 6-54 所示。

图 6-51　底妆

图 6-52　确定眼影晕染范围

图 6-53　加强眼影层次

图 6-54　下眼影

（3）眼线。上眼线沿着睫毛根部描画，线条略粗，在眼尾处适当拉长并略向上扬。下眼线的眼尾稍粗，与拉长的上眼线自然衔接，过渡至内眼角。再用黑色眼影晕开眼线边缘，与眼影自然衔接，如图 6–55 所示。

（4）睫毛。上睫毛选择中浓密假睫毛进行粘贴，再涂抹睫毛膏，使真假睫毛衔接自然。下睫毛可粘贴整副自然型假睫毛，如图 6–56 所示。

图 6-55　眼线

图 6-56　睫毛

（5）眉毛。用眉粉和眉笔表现出眉毛的立体感及质感，眉形稍高挑，眉毛下缘干净整齐，如图 6–57 所示。

（6）腮红。选择与眼影、唇妆、服饰相协调的腮红色。运用斜向打法在颧骨处进行晕染，与修容自然衔接，如图 6–58 所示。

（7）唇。先用粉底液均匀覆盖唇部，使口红更显色。再用唇线笔或哑光唇膏勾画清晰的唇线，线条要流畅，使唇形更加饱满立体，如图 6–59 所示。

（8）整妆。检查妆容的整体效果。对妆容细节进行修正完善，梳理发型，如图 6–60 所示。

图 6–57　眉毛

图 6–58　腮红

图 6–59　唇

图 6–60　整妆效果

第四节 摄影妆

人像摄影作品是数码科技与人物造型艺术的结合，摄影妆则是配合人物造型，适用于平面人像摄影要求的特殊化妆方法。相对于其他化妆方法，摄影妆既要符合灯光、数码摄影对化妆技术的客观要求，又要满足后期修片对妆容质感及效果的预期。

另外，摄影妆需要根据摄影主题进行妆容创作。化妆师应先了解摄影作品需要表达的艺术主题，主动与摄影师沟通，领会摄影师要表达的人物艺术感觉，配合摄影师刻画与表现顾客的具体相貌、神态及个性，更好地展现人像摄影作品的艺术魅力。

常见的人像摄影形式有肖像摄影、婚纱摄影、广告摄影、艺术写真、模特及艺人形象照等，本节主要讲解常见肖像摄影化妆和广告摄影妆的主要特点及化妆方法。

一、肖像摄影妆

1. 肖像摄影妆的分类及特点

肖像摄影是指以人物为主要创作对象，摄影师通过捕捉人物的相貌、神态特征或肢体语言等，来表达拍摄对象独有的性格、思想、内在情感的一种摄影类型。肖像摄影一般可分为黑白和彩色摄影两种，黑白摄影除去了丰富的色彩，只依靠黑白灰关系的过渡来表现人物的层次与质感，使人物成为画面的焦点，与彩色照片相比，黑白照片单纯、朴实、含蓄而富于想象空间，具有简洁、精炼、鲜明的表现力。

（1）黑白肖像摄影妆特点。黑白肖像摄影妆就如同素描中描绘人像，在化妆时，以线条和块面表现黑白灰明度变化为主，强调人物的容貌轮廓特点，突出人物原本的精神面貌特征。

（2）彩色肖像摄影妆特点。彩色肖像摄影妆是通过彩色胶片所呈现出的妆容，妆容的色彩呈现比较真实，化妆一般用色简洁，妆容柔和自然，并且妆色与光色要协调，妆容的风格与表现的主题及服饰风格也要协调。

2. 黑白肖像摄影妆要点

（1）底妆。宜自然薄透，可根据拍摄效果需要，适度修饰面部轮廓和遮盖瑕疵。

（2）眼影。选择自然的大地色系或浅暖色，根据人物的面部特征进行眼妆修饰，能更好地塑造自然立体的眼部结构及立体精致的妆效。

（3）眼线。颜色不宜过深，内外眼角的眼线可适当延长，眼线的上边缘用眼影颜色晕开，与眼影自然衔接过渡。

（4）睫毛。睫毛效果纤长而自然。可用假睫毛增加睫毛的翘度和长度，特别是眼尾，以强调眼部立体感。

（5）眉毛。可根据人物脸型与气质搭配不同眉形，眉形描绘自然清晰，形态立体生动。

（6）腮红。选择偏浅暖色，强调颧弓下陷部位及刻画面颊的立体结构。

（7）唇。唇形轮廓线条清晰，唇膏可选择哑光丝绒质地的浅淡暖色。

（8）整妆。梳理发型，检查妆容是否符合灯光的要求。

二、广告摄影妆

1. 广告摄影妆的分类及特点

广告摄影是注重商业效应和产品宣传的具有市场性的策划摄影，是融合了商品信息、市场价值和艺术表现力的摄影类型。它运用直观的视觉形象、审美特性及情感表达力来传播商品及其品牌形象，以达到广而告之的宣传目的。

广告摄影所创作的模特形象是为商品广告服务的，因此，广告摄影妆与广告策划主题的艺术风格基调应一致，以更好地展现、烘托广告主题。根据商品种类不同，广告摄影妆的类型众多，常用的广告摄影妆及特点如下。

（1）服装类广告摄影妆。主要以模特展示服饰形象与品牌所呈现的艺术风格为主，化妆造型设计上应以衬托服装或配饰风格及服饰所要表达的意境为重点，化妆设计应体现出整体的艺术品位。

（2）化妆品广告摄影妆。主要以模特面部特写来表现产品特质，为达到最直接的宣传作用，不管是整体还是局部的五官刻画，都要突出化妆品的特性和质感，在化妆技法上追求精致细腻。

护肤类化妆品的广告摄影妆一般用“裸妆”的形式来表现，妆容重点突出模特的气质而不留化妆痕迹。相较而言，彩妆类化妆品的广告摄影妆模特妆容及视觉形象更具视觉冲击力和表现力。

2. 广告摄影妆案例解析

以彩妆底妆产品的广告摄影作品为例，广告摄影妆的操作技术要点如下。

（1）拍摄前的妆容设计。根据广告方案设计妆容造型。

（2）妆前护肤。彩妆产品类广告对模特肤质及皮肤滋润状态的要求非常高。在上妆前，应根据模特的皮肤状况进行充足的补水保湿护理。唇部干燥者可先去角质，再使用唇膜进行补水保湿，并涂抹润唇膏以确保皮肤滋润。

（3）底妆。粉底涂抹清薄并充分遮瑕，打造出通透无瑕的肌肤状态；面部高光部位用提亮色薄而精准地涂抹；在阴影色部位加重面部结构的凹陷感，以突出面部轮廓；最后用少量透明蜜粉涂抹在油光明显的部位。

（4）眼影。为强调底妆的素净无暇质感，眼妆部分可使用黑色小烟熏妆进行对比衬托。

（5）睫毛。将睫毛修饰得根根分明、自然纤长。

（6）眉毛。眉毛修饰淡雅自然。可用眉毛定型液将眉毛刷出簇簇分明的效果，打造出野生眉的自然效果。

（7）修容。为突出裸妆，一般不使用腮红，而用修容方式在颧骨下方强调面部的立体感。

（8）唇。为营造干净、裸妆的质感，口红选择质地滋润的浅豆沙色。

（9）整妆。梳理出与妆容相配、自然而随意的发型。

广告摄影妆如图 6-61 所示。

图 6-61　广告摄影妆（来自 MAKE UP FOR EVER 官方广告）

第五节 艺术彩妆

艺术彩妆是以设计主题作为创作依据，以彩绘化妆方法为主要技术手段，通过不同形式的化妆方法及饰品点缀，使作品呈现出不同的情感与思想内涵，是具有创造性和艺术表现力的一类彩妆，适用于欢度节假日、主题聚会活动，以及某一特定展示或表演情景下的化妆。

化妆师创作有灵魂、有感染力的艺术彩妆作品，应具备良好的艺术审美能力、必要的绘画功底、创作设计能力，以及娴熟的化妆技术。本节主要讲解艺术彩妆的基本知识、设计思路和表现技法。

一、艺术彩妆设计

艺术彩妆设计是指在实施化妆前，根据创作主题选取适合的设计元素，结合人体生理结构特点，通过合理的设计规划，并采用恰当的表现技法表达出作品主题设想的过程。其设计思路与基本方法如下。

1. 确定设计主题

任何形式的艺术作品都有相应的主题，设计主题是作品的灵魂，也是造型设计的基础。艺术彩妆设计主题的范围十分宽泛，自然、人文、历史、未来、童话、传说等均可采用，“真、善、美”则是永恒的、能打动人心的主题。

2. 素材资料分析

当确定设计主题后，就需要根据主题查找并收集与之相关的素材资料。在素材分析过程中，应围绕主题，以发散、跳跃的思维展开与主题直接或间接相关的想象，多角度思考作品内在与外在的联系，并以某种形式来链接或承载作品。

3. 设计元素提取与表达

艺术彩妆从灵感来源到作品表达，最重要的设计环节体现在设计元素的提取与表达上，并要将元素融入妆容与装饰设计。其主要方式有以下 3 种。

（1）直接应用。临摹具体的图形、图案或符号，将其设计绘制在面部及身体适当的位置，辨识性强，艺术再现的特征明显。

（2）提炼和概括。可以在灵感来源的物象或图像中提炼一个元素或多个元素，一般抓取物体或图形主要的形态轮廓或标志性色彩，注重表达其神韵。

（3）组合应用。将从灵感来源获取的设计元素与其他不同的元素进行创新融合，如融入某种文化、某种题材、某种绘画技巧或某种材料，使作品产生独特的意境与艺术魅力。

二、彩绘艺术妆

1. 彩绘艺术妆的特点

彩绘艺术妆是在生活类或表演类妆容基础上，以局部彩绘形式拓展、丰富妆容主题内容的化妆。绘画的艺术表现手法与形式使妆容主题表现更加艺术化和多元化。

2. 彩绘艺术妆的材料及工具

（1）材料。人体彩绘颜料根据产品成分的不同，可分为油膏型和水溶性油彩两类。油膏型油彩具有表现力强、色彩鲜明、不易干燥、易于晕染等特点，但保存时间短，随着外界温度的增高和模特自身体温的变化容易导致图案混浊，影响绘画效果。水溶性油彩具有易干、易清洗、含油少、不易脱妆、不易晕染、适合画线条等特点。另外，色彩丰富的亮粉也较常用，起到提亮、点缀画面效果的装饰作用。

（2）工具。彩绘工具主要有油彩化妆笔、眼影刷、婴儿油、纸、海绵、水杯（粉质用）、调色盘等。此外，常用的工具还有彩喷仪，即将颜料装在彩喷仪中，借助高喷射的原理将颜料喷绘在皮肤上。彩喷仪分为提式和台式，由喷头、喷管、颜料瓶和压缩机四部分组成。喷绘具有表现力强、层次丰富、着色均匀、速度快、色彩感强及妆型持久等特点。

3. 彩绘艺术妆的基本表现技法

在彩绘艺术实际操作中，通常综合使用以下方法来表达艺术作品。

（1）勾绘法。勾绘法是指运用线条勾勒出图案的轮廓形状。勾绘法可单独使用或与晕染法结合使用。使用勾绘法时，用笔应平稳，笔触应轻快，线条应平滑流畅，体现出线的粗细、虚实及方向等的变化。

（2）晕染法。晕染法是将颜色从浓到淡、从深到浅地渐变推展，使图案中的形态产生虚实的变化，显得细腻柔美。晕染法可以单色晕染，也可从一种颜色过渡到另一种颜色相互连接进行多色晕染。

（3）平涂法。平涂法是将颜色依据图案形态分割成块面涂抹。平涂后色彩饱和度高，在形成块面对比时视觉冲击力强，远视效果好，但应注意色彩间对比的协调。

4. 彩绘艺术妆案例解析

（1）设计步骤

1）设计主题：梦中的花。

2）灵感来源：莫奈的《睡莲》。

3）素材分析。《睡莲》是莫奈代表作，紫蓝色的基调中点缀着明亮调子的睡莲，彩色的线条笔触柔软细腻，使人仿佛置身于静谧的夜色中，宁静而神秘，为彩绘妆面的创作提供了艺术灵感。

4）设计构思。从绘画作品中提取蓝紫色系作为妆面的主色调，提取莲花轮廓的形态作为主要图案。紫蓝色的过渡中加入少许金色，使妆面更有质感。眼尾绘制的线条勾勒出水面的延展感，写意的花饰纹样似花非花，展示着花的婀娜。白色的点缀是夜色中远远摇曳的花枝。梦中的花，没有纷扰，淡定从容。设计图示如图 6-62 所示。

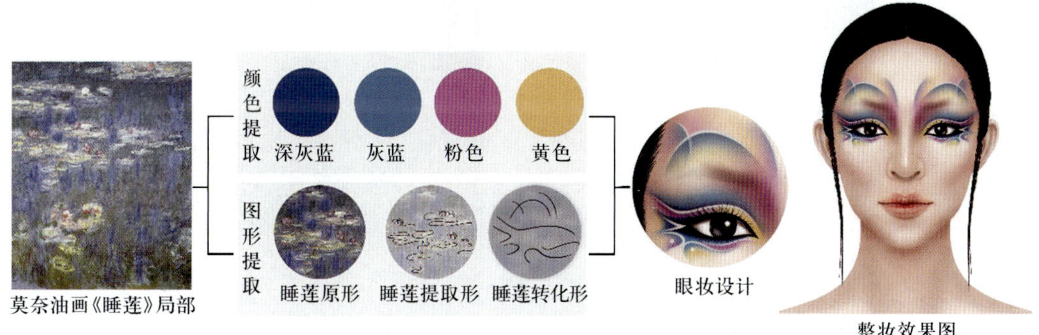

图 6-62　彩绘艺术妆设计图示

（2）化妆步骤

1）底妆。选择与模特肤色相近的粉底调整肤色，厚薄适度。用阴影色及提亮色修饰、塑造面部轮廓立体结构。取少量透明散粉，轻薄定妆。底妆如图 6-63 所示。

2）勾线。在眼部及额头部位用蓝色颜料勾勒出图案的基础轮廓。线条的颜色要尽量轻浅，起到定位作用即可，如图 6-64 所示。

图 6-63　底妆

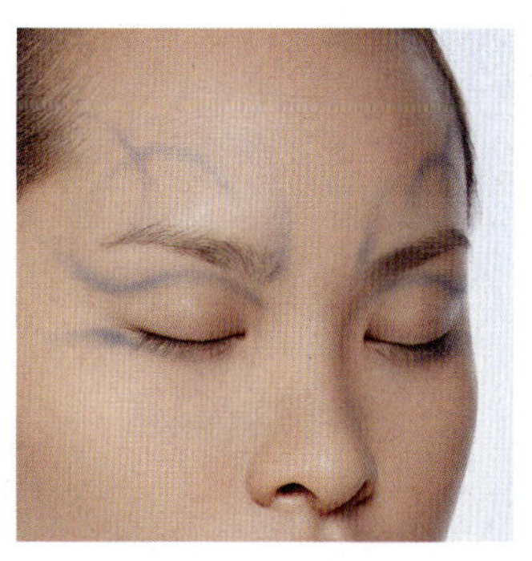

图 6-64　勾线

3）颜色晕染

①第一层晕染。用蓝色彩绘膏沿着眼形在轮廓线部位晕染，颜色由深至浅向眉毛方向推展，在眼部形成立体凹陷的视觉效果，如图 6–65 所示。

②第二层晕染。用紫色与蓝色做衔接，由深至浅过渡。眉毛隐藏在过渡色中，不过多修饰，避免与紫蓝颜色冲突。晕染时要有明暗深浅的变化以塑造立体效果，如图 6–66 所示。

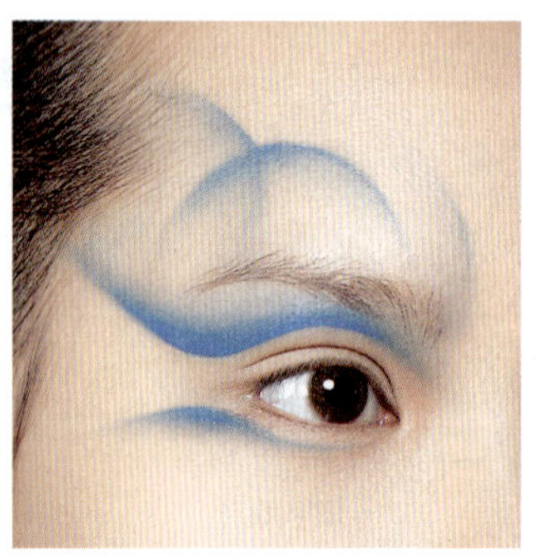
图 6–65　第一层颜色晕染

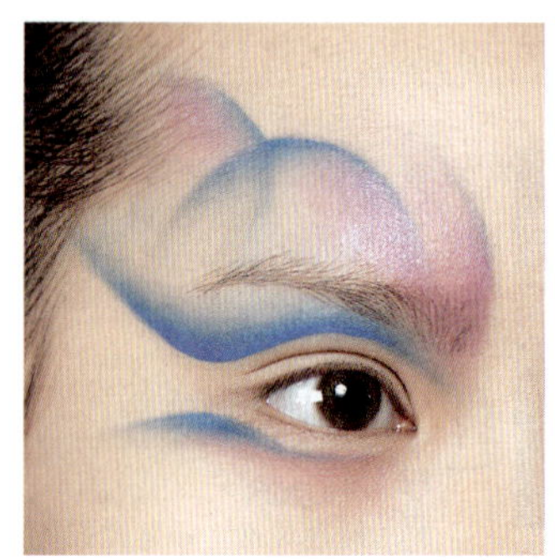
图 6–66　第二层颜色晕染

4）眼线。用黑色眼线液笔画上下眼线，线条流畅光滑，向眼尾延展，使眼睛形状清晰，如图 6–67 所示。

5）加强彩绘层次。在眼球及图案的高光部位用含有珠光成分的白色和金色眼影提亮，增强妆面的立体感。用蓝色眼影深入刻画，增强眼窝的凹陷感。在蓝色结构线边缘勾画白线，使眼窝结构更加立体清晰，眼妆颜色更加丰富，妆面更有美感，如图 6–68 所示。

图 6–67　眼线

图 6–68　加强彩绘层次

6）下眼睑彩绘。用与上眼睑相同的颜色在下眼睑晕染，白色线条与上眼睑相呼应，如图 6–69 所示。粘贴假睫毛以增强眼妆效果。

7）腮红。用同色调的腮红晕染，使脸型更具立体感，腮红的边缘和彩绘的图案自然衔接，融为一体，如图 6–70 所示。

图 6–69　下眼睑彩绘

图 6–70　腮红

8）唇。涂抹浅色的唇膏，弱化唇妆色彩，烘托眼妆效果，如图 6–71 所示。

9）整妆。检查妆容的整体效果，修正完善妆容细节，如图 6–72 所示。

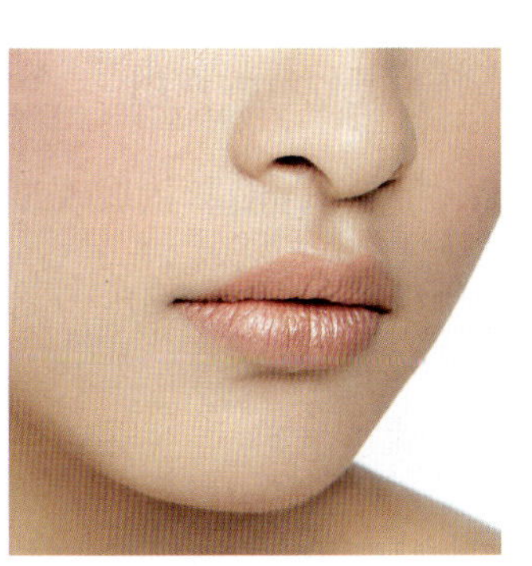

图 6–71　唇

图 6–72　整妆效果

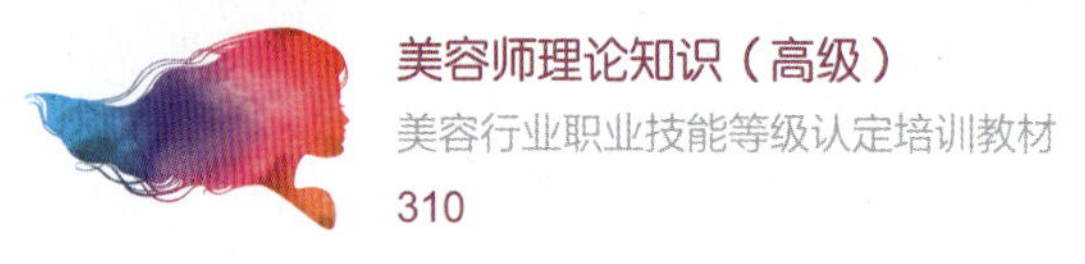

三、装饰艺术妆

1. 装饰艺术妆的特点

装饰类艺术彩妆是在生活或彩绘妆容的基础上，粘贴适合面部使用的装饰性材料，以加强立体及质感装饰效果，丰富妆容表达，是一种极富想象力和空间层次感的艺术彩妆表现形式，具有较强的视觉艺术效果。

2. 艺术妆的材料及工具

（1）材料。常用的有亮钻、亮粉、珠片、蕾丝、金银箔、羽毛、纸等轻盈、柔软、易造型的材料。亮钻、亮粉、珠片等具有华丽璀璨的外观，适合以点缀的形式使用；蕾丝具有柔和细腻的外观特质，适合以块面或线条的形式展现；羽毛则适合用来表现轻盈、柔软的装饰效果；金银箔和纸轻盈且可塑性强，适合表现多种风格的装饰效果。

（2）工具。常用工具有化妆胶水、剪刀、镊子及勾线笔。其中化妆胶水用于黏合装饰物，起到固定形状的作用，镊子及勾线笔用于亮钻、亮粉、珠片等黏合装饰物的取用。

3. 装饰艺术妆的基本技巧

（1）点缀法。点缀法是指以某一部位为据点，将装饰物顺势铺开或零星点缀，既不能喧宾夺主，又能起到画龙点睛的作用。

（2）衬托法。衬托法是利用某种装饰物来衬托作品主题风格。通常以某一五官或面部结构为主体，围绕其展开装饰，起到烘托和提升主题创意的作用。

（3）结合法。结合法是将彩绘与装饰化妆方法相结合，使彩妆展现出亦真亦幻、亦虚亦实的视觉效果。

4. 装饰艺术案例

（1）设计步骤

1）设计主题：流金溢彩。

2）灵感来源：金秋故宫。

3）素材分析。秋日的故宫，红色宫墙与黄色琉璃瓦，在金色银杏叶映衬下显得雍容华贵，彰显独属于皇家的尊贵与典雅。

4）设计构思。从摄影作品中提取金秋色系作为妆面的主色调，提取银杏树叶的廓形为点缀形态。以金色为妆面主色调，辉煌的金色与浑厚端庄的中国红相呼应，显示出尊贵与华丽，演绎传统与潮流的碰撞，展现中华传统文化悠久的历史感与时尚感。眼下与腮红部分运用红色作为局部强调色进行渲染，金色贴片与金箔的加入使金色更加厚重，富有空间层次的变化和装饰感。设计图示如图 6-73 所示。

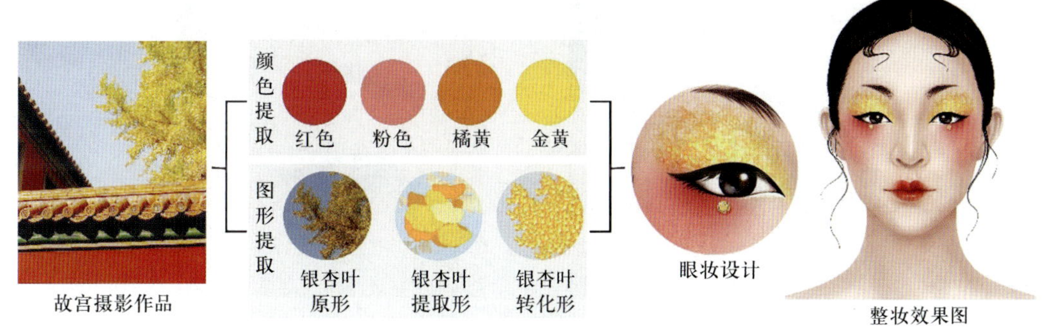

图 6-73　装饰艺术妆设计图示

（2）化妆步骤

1）底妆。选择与模特肤色相近的粉底调整肤色，厚薄适度，遮盖眉峰至眉尾的眉毛。用眉毛定型膏刷出理想的形态并定型。用阴影色及提亮色修饰塑造面部轮廓立体结构。取少量透明散粉，轻薄定妆。底妆如图 6-74 所示。

2）眼影

①用浅金色眼影从内眼角沿眼眶边缘晕染。下眼睑从眼尾处用浅红色向外轮廓方向呈扇形晕染，如图 6-75 所示。

图 6-74　底妆

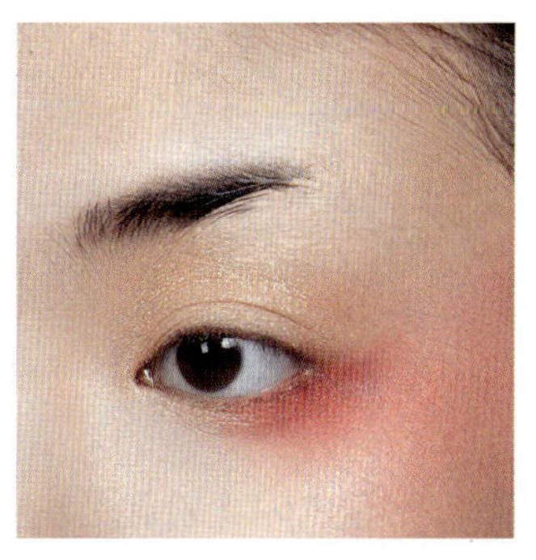

图 6-75　浅色眼影晕染

②靠近内眼角处金色眼影颜色厚重清晰，向眉弓、太阳穴的方向晕染出渐变的效果。靠近眼睑处红色饱和度高，形成由内至外、由上至下渐淡的变化，如图 6–76 所示。

③眼线。眼线的眼尾部分略微上扬，呈现修长的中式古典式眼线。使用黑色眼线液勾画出清晰流畅的线条，内眼角微微下压，如图 6–77 所示。

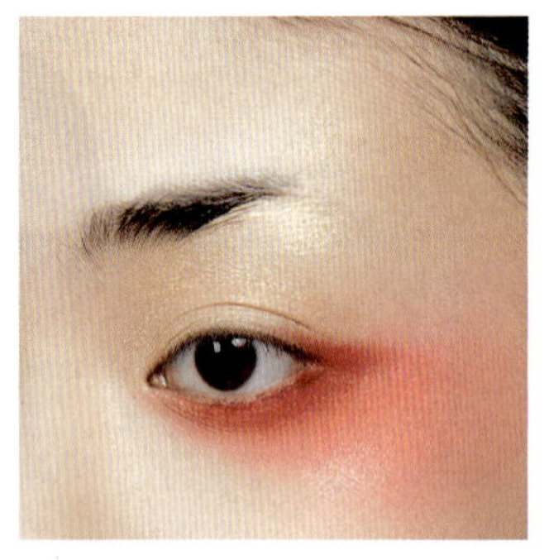
图 6–76　眼影层次晕染

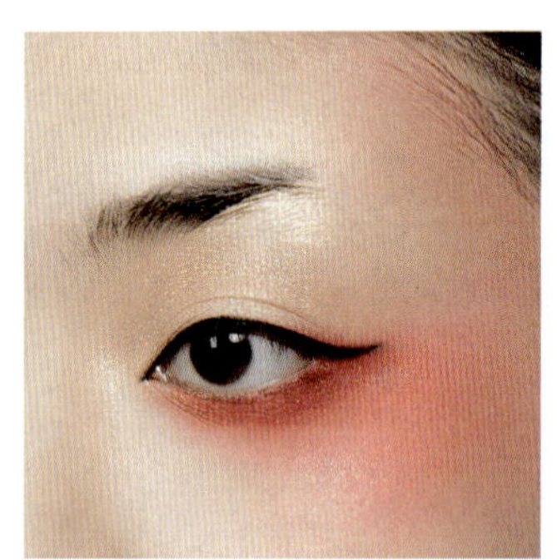
图 6–77　眼线

④金箔装饰。将金箔撕碎，从内眼角处斜向太阳穴的方向贴出前紧后松的疏密形态，层层叠叠似银杏树叶，如图 6–78 所示。

⑤眉毛与睫毛。用透明睫毛膏将眉头毛发塑造成簇状，呈现出线条感清晰的立体感，用削尖的眉笔在空缺处画上几根眉毛，以增强毛发质感。粘贴假睫毛以增加东方女性妩媚韵味，如图 6–79 所示。

图 6–78　金箔装饰

图 6–79　眉毛与睫毛

⑥点缀装饰。将金色闪光粉点缀在金箔之间，呈现出装饰的虚实变化，增强渐变的节奏感。在下眼睑中部点缀一颗金色水钻，使妆容呈现神秘、华丽之感，如图 6–80 所示。

⑦腮红。腮红与下眼睑眼影自然衔接，并延伸至太阳穴，呈现“酒晕妆”的效果，如图 6–81 所示。

图 6–80　点缀装饰

图 6–81　腮红

⑧唇。先用金色唇粉晕染整个唇部，再用深红色沿唇裂线向外晕染红色，颜色逐渐变浅，晕染出渐变的效果。唇峰画出花瓣的形状，增加唇的娇柔妩媚感，如图 6–82 所示。

⑨整妆。检查妆容的整体效果，修正完善妆容细节，如图 6–83 所示。

图 6–82　唇

图 6–83　整妆效果